生态美学视域下的
旅游文化翻译研究

罗 雪 ◎ 著

吉林出版集团股份有限公司

图书在版编目（CIP）数据

生态美学视域下的旅游文化翻译研究 / 罗雪著. —长春：吉林出版集团股份有限公司，2022.9
ISBN 978-7-5731-1964-3

Ⅰ．①生… Ⅱ．①罗… Ⅲ．①旅游文化－翻译－研究－中国 Ⅳ．①F592-05

中国版本图书馆 CIP 数据核字 (2022) 第 154344 号

生态美学视域下的旅游文化翻译研究

著　　者	罗　雪
责任编辑	郭亚维
封面设计	林　吉
开　　本	787mm×1092mm　　1/16
字　　数	260 千
印　　张	11.75
版　　次	2022 年 9 月第 1 版
印　　次	2022 年 9 月第 1 次印刷
出版发行	吉林出版集团股份有限公司
电　　话	总编办：010-63109269
	发行部：010-63109269
印　　刷	北京宝莲鸿图科技有限公司

ISBN 978-7-5731-1964-3　　　　　　　　　　　定价：68.00 元

版权所有　侵权必究

前　言

随着经济的不断发展，旅游业作为一种新兴产业，在各大地区有着重要的影响力，正处于蓬勃发展的阶段，旅游翻译也逐渐成为衡量一个地区文化软实力的重要标志。

在时代发展、科技进步的同时，生态翻译学作为一门新兴的学科已经获得越来越多的关注。生态翻译学为翻译学科的发展提供了新视角，对于旅游英语的翻译也有很大的借鉴作用。旅游英语翻译在生态翻译学视角下，很大程度上能够提升翻译策略的应用能力，进一步提高翻译水平，更好地为游客服务，推动旅游地区文化事业的发展。可以说，翻译生态系统是整体翻译管理系统的核心，在整体上对旅游翻译具有较高的指导意义。

鉴于旅游翻译的专业性、多样性与复杂性，在生态美学背景下实现旅游文化翻译理论与实践研究的创新和突破势在必行。本书立足于生态美学视域，围绕旅游文化翻译学的基本理论知识，从宏观角度分析旅游文化翻译理论、旅游文化生态翻译策略，以及旅游文化翻译实践等。

本书涵盖旅游翻译诸多方面，涉及范围较广，在成书过程中笔者参阅大量的专著和文献，并引用部分专家和学者的相关内容，在此表示衷心的感谢。由于笔者学术水平有限，书中不当之处在所难免，敬请译界同人不吝赐教。

目 录

第一章 旅游文化翻译概述 ... 1
- 第一节 旅游文化的概念和特点 ... 1
- 第二节 旅游文化翻译的目标和界定 ... 7
- 第三节 旅游文化翻译的性质和文化转向 ... 11
- 第四节 旅游文化翻译对译者素质的要求 ... 14

第二章 旅游文化翻译理论研究 ... 16
- 第一节 语言学理论与旅游文化翻译 ... 16
- 第二节 旅游体验理论与旅游文化翻译 ... 19
- 第三节 功能目的论与旅游文化翻译 ... 25
- 第四节 跨文化交际理论与旅游文化翻译 ... 26
- 第五节 接受美学理论与旅游文化翻译 ... 27
- 第六节 认知图式理论与旅游文化翻译 ... 30

第三章 生态美学：传统旅游文化研究的新视角 ... 35
- 第一节 生态美学的理论基础 ... 35
- 第二节 生态美学的本质及其内涵 ... 41
- 第三节 生态美学理论与旅游文化 ... 49
- 第四节 生态美学的现实价值与意义 ... 53

第四章 旅游文化的生态翻译策略 ... 62
- 第一节 生态翻译的优化选择策略 ... 62
- 第二节 旅游文化中专有名词的翻译 ... 71
- 第三节 旅游文化翻译的句式特点 ... 84
- 第四节 旅游文化中的修辞手法及其翻译 ... 92

第五章　旅游文化翻译的生态美原则
第一节　动态平衡原则
第二节　多维整合原则
第三节　多元共生原则

第六章　生态美学视域下的旅游文化翻译实践探索
第一节　生态美学视域下旅游文化广告翻译
第二节　生态美学视域下旅游景点公示语的翻译
第三节　生态美学视域下英语旅游景点介绍常用句型
第四节　生态美学视域下英语导游词翻译技巧
第五节　生态美学视域下旅游文化负载词的翻译

附录
中国著名旅游景区中英文名称

参考文献

第一章 旅游文化翻译概述

第一节 旅游文化的概念和特点

旅游的核心问题是文化问题。旅游文化是旅游的精髓和灵魂,是推动旅游发展的原动力。研究旅游,无论是将它作为一种经济现象,还是将它作为一种文化现象,都离不开旅游文化。

一、旅游文化的概念

关于旅游文化的概念,存在以下几种说法。

(一)"旅游+文化"说

20世纪80年代,在我国旅游业和旅游学研究还处于刚刚起步的情况下,部分学者围绕旅游与文化的关系,提出了旅游文化就是旅游与文化的简单叠加的观点。于光远就曾指出:"旅游不仅是一种经济生活,而且也是一种文化生活","旅游业不仅是一种经济事业,也是一种文化事业;从旅游资源角度看,文化事业的发展也是具有决定作用"。这种看法认识到文化在旅游过程中所起的重大作用,认为旅游业是文化性很强的经济事业,或者说是文化型产业。但对旅游文化的这种认识尚处于朦胧阶段,尚未将其作为一个独立的概念进行明确的阐述,对其内涵、外延、具体研究对象等也未做进一步分析。此后一段时期对旅游文化的界定基本上都继承了这一观点,着重围绕旅游与文化的关系进行阐释。

晏亚仙在《旅游文化管见》一文中提出:"旅游文化,是根据发展旅游事业的规划和旅游基地的建设,以自然景观(名山、名水、名景)和文化设施为依托,以包括历史文化、革命文化的社会主义精神文明为内容,以文学、艺术、游乐、展览和科研等多种活动形式为手段,为国内外广大旅游者服务的一种特定的综合性事业。"这里所说的旅游文化被定义为一种"综合性事业",显然与旅游业的概念有所混淆。持"旅游+文化"说的还有姚家齐、彭华和焦正安等。

将旅游与文化联系起来,重视文化在旅游过程中的作用,弥补了我国旅游学科研究的一个空白，客观上起到了促进旅游业健康发展的作用。但对旅游文化的这种阐述过分笼统，使旅游文化这一分支与其他文化分支的差别模糊化，不利于这一新兴学科的进一步深入研究。

（二）总和说

陈辽认为："旅游文化是人类过去和现在所创造的与旅游有关的物质财富和精神财富的总和。"郁龙余在《论旅游文化》中认为简单来说，旅游文化是指与人类旅游活动紧密相关的精神文明与物质文明。首届中国旅游文化学术研讨会提出："旅游文化是以一般文化的内在价值因素为依据，以旅游诸要素为依托，作用于旅游生活过程中的一种特殊文化形态，是人类在旅游过程中（一般包括旅游、住宿、饮食、游览、娱乐、购物等要素）精神文明和物质文明的总和。"这是旅游文化总和说的另一种表述形式。持此观点的还有王明煊的《中国旅游文化》："旅游文化是人类过去和现在创造的与旅游关系密切的物质财富与精神财富的总和，凡在旅游活动过程中能使旅游者舒适、愉悦、受到教育，能使旅游服务者提高文化素质和技能的物质财富和精神财富，都属于旅游文化的范畴。"谢贵安在《旅游文化学》中指出"旅游文化是人类通过旅游活动改造自然和化育自身的过程中所形成的价值观念、行为模式、物质成果和社会关系的总和"。至此，总和说开始形成了比较完整的体系。但其阐释只是在《辞海》中"文化"的定义上加上了一个"旅游"限域，以至于对旅游文化的界说基本偏向文化学，抹杀了旅游文化与文化二义的区别。

（三）民族文化说

这种学说的鼻祖是《中国大百科全书·人文地理卷》。这部率先在中文书刊中使用"旅游文化"一词的辞书认为，旅游文化即"旅游主体在旅游过程中所传播的本国文化和所接受的异国文化的总和"。当时的作者所理解的文化局限于绘画、雕刻、戏剧、舞蹈、诗词、散文等文学艺术形式，还不是广义上的文化。尽管如此，这一说法还是影响了部分研究者，其中比较典型的就是喻学才。喻学才在早期的研究中指出："所谓旅游文化，指的是某个民族或某个国家在世世代代的旅游实践过程中所体现出来的本民族或本国家文化。它包括只有这个民族、这个国家独有的哲学观念、审美习惯、风俗人情等文化形态。或者说，旅游文化，就是一个民族的共同文化传统在旅游过程中的特殊表现。"也有学者认为："作为旅游内容之一的文化（含目的地文化和行业文化）即是旅游文化。"我们承认民族文化是旅游文化的一部分，但旅游文化还有其他的组成部分。旅游文化与民族文化等同论的观点混淆了二者本质上的不同，旅游文化被孤立地理解为一个民族的文化，排除了其他不可少的有机组成部分。

（四）主客体说

周谦提出："旅游文化是指与自然风光、古迹遗址有关的历史掌故、民俗文化、文学艺术、传说故事及百科知识等。"这种阐述强调旅游客体，我们不妨称其为客体说。与之相对应的主体说则突出主体——旅游者的中心位置，认为旅游文化应是旅游者在旅游观赏或旅游服务过程中反映出来的观念形态及其外在表现。

主体说与客体说都是从旅游的基本要素出发界定旅游文化的。旅游客体（包括自然旅游资源和人文旅游资源）不仅是旅游文化的内容之一，而且是产生旅游文化的基础。但仅有这个基础还不能揭示旅游文化的本质内容，这正是客体说所忽略的。与之相比，主体说明确指出旅游文化与旅游客体间为包含关系，而不是并列关系，这是认识上的一大进步。但将旅游文化仅仅归结为主体文化在旅游过程中的体现，不免有点矫枉过正。

（五）碰撞说

旅游文化是自由的文化，是开放的文化。正如苏恒所言："旅游文化是旅游最通俗化的，最愉快的，最多样的手段。它的活动舞台最大，它的活动方式最灵便，它的价值最多方面。"碰撞说正是抓住了旅游文化的这一特性，用旅游媒体在主体与客体间架起一道桥梁。首届中国旅游文化学术研讨会将碰撞说叙述为"旅游文化是旅游主体、旅游客体和旅游媒体相互作用所产生的物质和精神成果"。这种看法突出了旅游文化概念中跨文化交际的媒介或渠道作用，因而被部分学者，特别是20世纪90年代以来多数学者所认同。尤其值得一提的是肖洪根在比较了国内外多位学者关于旅游文化的定义后，提出"旅游文化是以广义的旅游主体为中心，以跨文化交际为媒介，在丰富多样的旅游活动中迸发出来的，形式复杂广泛的各种文化行为表征的总和"。

这是对旅游文化动态部分的准确解释。另外，喻学才经过多年的深入研究，对旅游文化的界定也由原来的民族文化说发展为碰撞说，提出"旅游文化指的是旅游主体和旅游客体之间各种关系的总和"。其他有关碰撞说的表述可查阅《旅游学——要素·实践·基本原理》一书以及马波的有关论述。

碰撞说受西方人本主义的影响较大，从旅游主体、旅游客体和旅游媒体的关系出发，围绕旅游文化的动态特征，着重研究旅游过程中主客体通过媒介"碰撞"而产生的各种文化现象。与主体说相比，碰撞说同样把旅游者置于旅游文化结构框架研究之中心位置，它又注意到旅游三要素在旅游文化中须分清主次，而非孰有孰无，这正是其优于主体说之处。

二、旅游文化的特点

旅游文化的特点与文化的特点紧密联系，文化的特点决定并包含了旅游文化的特点，旅游文化特点是文化特点的具体表现。不过，由于旅游文化和文化在外延上并不相同，因而旅游文化有着不同于一般文化的类型和特点。

（一）延续性

最早的旅游活动产生在原始社会末期。旅游活动产生的开始也就是旅游文化产生的开始，屈指算来，旅游文化已有几千年的历史。在这漫长的历史进程中，无论是朝代的更替，还是不同文明的冲撞，旅游文化始终以坚忍不拔的毅力延续下来。在这种延续中，既有以同一文明形式绵延不绝的，也有以不同文明相互包容代代相传的。

以中国旅游文化的进程为例，在华夏文化漫长的历史进程中就曾经受到过几次较大的威胁。其中，既有统治者为统一文化巩固统治而进行的文化摧残，如秦始皇焚书坑儒，也有因游牧民族入侵而导致的文化衰微。然而，这一切都未能阻止中国文化绵延发展的历史进程，中国文化凭借自己强大的生命力、融合力和文化优势，完成了中华文化对其他文化的融入和吸纳。作为中华文化的一部分，旅游文化同样历经了这些重重关劫，并在从古代到近代以至现代的历史进程中硕果累累。从上古关于旅游的神话传说，到春秋战国的商旅文化、秦汉的宫旅文化、魏晋的玄游文化及唐宋的山水诗词文化，一直到今天更为丰富的大众旅游文化，中国旅游文化可谓源远流长、绵延不绝、耀眼夺目。

除了以同一文明形式代代相传外，旅游文化还以不同文明间的相互包容、吸收、同化在历史的进程中延续。例如，四大文明古国之一的埃及，在漫长的历程中，虽历经不断的融合、变异，但埃及旅游文化作为一种文化的本质依然延续下来。

（二）地域性

旅游文化以其整体性著称，但在统一性的基础上，各地区又展现出了独特的差异性。以中国古代旅游文化而论，就有齐鲁文化、关陇文化、三晋文化、吴越文化、荆楚文化、巴蜀文化和岭南文化等区域旅游文化。在这些独特的区域旅游文化中，各民族的旅游文化获得了充分的展示，从远古的遗址，到建筑、风俗、服饰、饮食，乃至精神风貌，无不流露出自身的光彩，反映了各地域深厚的旅游文化积淀。区域旅游文化是旅游文化的重要内容之一，既能使旅游者领略到个性的永恒，又能体味其间的无穷乐趣。

（三）多样性

1. 旅游动机多样化

动机是激励行为的原因，人只要处在清醒的状态，他所从事的各种活动就离不开动机的激励。顾名思义，旅游动机是推动人们旅游的内部驱力或张力。在日趋紧张的社会，由于工作繁忙，人际关系复杂，知识不断更新，使人应接不暇、身心疲惫，因而人们都渴望到大自然中去领略山川秀色、田园风光，去游览名胜古迹，参观历史文物，使紧张的神经得到松弛和调和。正是出于这种需要，人们才产生了旅游的动机。但是，由于人们所处的环境不同、面对的问题不同、寻求的乐趣不同，再加上旅游活动本身的综合性特征，因而旅游动机也是多种多样、各不相同的。

2. 旅游需求多样化

旅游需求的多样化无疑是导致旅游文化多样性的因素之一，也是旅游文化多样性的一种具体表现。

不同类别的旅游者有不同的旅游需要。团体旅游者一般对安全感和保障感需要较高，而散客旅游者则更为注重自我的满足和自我的实现；国内旅游者注重于风景和人文古迹的欣赏，而外国旅游者关注于中国的文化和生活方式。

不同阶层的旅游者有不同的旅游需要。处于社会上层的旅游者在旅游中往往讲究舒适优越，看重面子和名声；中层的旅游者则比较看重价格，要求所付的代价与所获得的利益大致相等；而处于社会下层的旅游者讲究实惠和节约。

不同年龄的旅游者有不同的需要。老年人则比较珍惜生命，喜欢故地重游，喜欢和家人在一起；中年人一般看重与自己年龄和身份相称的享受；青年人喜欢与同龄人结伴出游；小孩子则大多喜欢无目的地游玩。

3. 旅游活动多样化

作为一种复杂的社会活动，旅游包括食、住、行、游、购、娱六大要素，而每一种要素本身又都包含多方面的内容。例如，从食的要素来说，品尝异地不同风味的菜肴无疑是激发旅游动机的原因之一，不同地域、不同民族形成的不同风味是旅游者在吃上追逐的目标。从行的要素来说，旅游者的出行方式可以采取多种多样的途径，如飞机、火车、轮船、巴士等。从游的要素来说，有丰富的自然和人文资源可供选择，如名山大川、都市风情、主题公园等。总之，旅游活动内容丰富多彩，无论是食、住、行，还是游、购、娱，都能从中体会出多样性。

（四）实用性

旅游文化有着很强的实用性，最直接的实用价值是刺激旅游者的旅游动机，并为旅游者对旅游地和旅游时机的选择提供参考。

旅游文化的地域差异强烈地激发着人们的好奇心和求知欲。感受异地文化、领略异域风情已成为人们主要的旅游动机。例如，欧美等西方国家的旅游者为神秘古老的东方文化所吸引，纷纷涌向中国、日本及东南亚各国；而与此同时，越来越多的东方国家的旅游者正逐渐把好奇的目光投向多姿多彩、光怪陆离的西方社会。即使同一个国家，不同民族的异族风情深深地相互吸引着各族人民。多样的旅游文化对于激发人们的旅游动机，其功用不可忽视。由于文化的延续性，同一文化的异地继承者往往还会产生"寻根"的愿望，海外华侨、华裔中一浪高过一浪的"寻根热"和"寻根旅游"就是一个例证。

此外，随着教育的普及，旅游者的文化素质日益提高，旅游文化的教育功能正逐渐为人们所重视。

旅游文化在旅游活动中通过各种方式向旅游者传递信息，让旅游者在感受美、欣赏美的同时，不知不觉地提高了自身审美情趣。这种作用过程虽然潜移默化，但它的效果不容忽视。

祖国壮美的河山、悠久的历史、古老的文化无不从内心深处激发人们强烈的民族自豪感。旅游文化的这种教育作用是课堂和书本等干巴巴的说教无法比拟的。旅游者正是通过旅游文化的熏陶，不断增强和培育自己的爱国主义意识。

（五）创造性

旅游文化具有创造性。作为旅游主体的旅游者，要体现其存在的本质、力量，要实现自身的价值，就必须创造文化。所以既不存在没有对象的旅游文化，也不是一切都可以成为旅游文化，唯有创造才能成就旅游文化。旅游能集中体现一个民族文化素质和创造能力。作为启动中国文化创造的一种内力，旅游在人伦观念、神话思想、哲学观念、生产活动、艺术创造以及生活风俗中都有充分展现，并发挥着组织、教化、认识、改造、选择、整合、满足等不同功能。

中国是世界古代文明的摇篮，中国上古神话中的英雄"有巢氏""燧人氏""伏羲氏""神农氏"等，实际上都是人类文明最初阶段旅游活动的化身，是人类不懈的努力和创造揭开了中国旅游文化的朦胧篇章。

旅游文学是旅游文化的重要组成部分，中国历史上重要的旅游文学样式和体裁，无一不是旅游文化创造的产物，如汉赋、游记、山水诗、山水文等。中国文学史上著名的游记作家，如谢灵运、鲍照、元结、柳宗元、欧阳修、王安石、苏轼、苏辙、陆游、范成大、袁宏道、袁中道、袁枚、龚自珍等，都对游记散文从内容到形式进行了创造，为时代写照，给山水传神，从而确定了游记散文作为独立的体裁在中国文学史上的地位。所以说，没有创造就没有旅游文化。

（六）民族性

地球上分布着不同的民族，各民族在发展过程中形成了各自的文化传统，在其影响下，旅游资源便成了不同民族特点的代表，起到了反映文化的作用。

众所周知，东西方文化因民族的不同，有着很大的差异。东方文化（尤其是中国文化）以意欲自为、调和持中为根本精神；西方文化则以意欲向前要求为根本精神。这种根本精神上的差异在各自不同的旅游文化资源上有着直接的反映。

中国的旅游资源主要是以山水、宫殿和城楼等为主体的民族文化景观。中外旅游者也都乐意在游览这些名胜古迹的同时去体味中国传统文化中所蕴含的带有民族特色的内涵。

西方旅游资源同样受本民族传统文化的影响。以美国为例，由于美国是一个新兴国家，传统的东西较少，再加上美利坚民族与生俱来的活力和开拓精神，因而，旅游资源呈现出一种外展性的特点。主题公园（如迪士尼乐园）以及近些年兴起的一些新型旅游项目，都可视为这种外展性的体现。

第二节　旅游文化翻译的目标和界定

一、旅游文化英语翻译的目的

随着世界经济的发展和全球化的日益加深，跨国旅游已经成为人们丰富精神生活的一种重要手段。随着中国经济的发展和人民生活水平的提高，越来越多的中国人渴望走出国门游览观光。每年的春节，中国各大媒体都会报道中国出境游的人数、目的地国家、境外消费情况以及境外接待中国游客的情况，由此看出国人对旅游的热情，尤其是对出境游的热情。据统计，2015年春节假期，中国内地游客出境游人数首次超过境内游人数，占出游人数比例超过60%，出境游人次达到约519万，其中泰国、日本成为最受内地游客喜爱的境外游目的地，比2014年同期增长近200%；美国游人气也迅速增长，出行人数同比增长近200%。与此同时，越来越多的外国人也希望来到中国探索这个古老国度的名山大川、人文景观等，感受它历史悠久、丰富多彩的文化，见识中国经济飞速发展的结果。旅游可以使人认识不同国家、不同地区的地理风貌、历史沿革、文化风情、宗教习俗等，开阔人们的眼界，丰富人们的知识。同时，旅游也是各国、各地区推动当地经济发展的重要途径。如上文所述，由于中国经济的快速发展，中国人民日渐富裕起来，中国内地出境游人次迅速上升，因此很多国家希望到中国宣传他们的旅游产品从而吸引更多的中国人前去旅游，而中国也愿意吸引更多的外国人到中国游览，促进中国经济的发展。根据世界旅游组织（World Tourism Organization）预测，中国在未来的十几年中将成为全世界最大的旅游目的地国（Tourist Destinations）之一。到2020年，中国将超过其他国家成为世界第一大旅游目的地国家。届时，将有11.37亿人次来中国参观、访问和游览。中国旅游市场的进一步发展和繁荣指日可待。

对世界上很多国家来说，旅游业是一个很大的产业，因为旅游业不仅带来旅游景点的门票收入，更重要的是带动交通、餐饮、酒店、手工艺、文化体育等相关产业的发展。任何发展离不开交流，而众多的口头交流和书面交流均离不开翻译。旅游文本的英汉互译在中外旅游业的推广和经济发展以及丰富人们的精神生活方面都发挥着日益重要的作用。将中英文的旅游材料进行翻译，不仅有利于旅游景点的宣传和旅游的推广，对个人来说也是非常重要的。好的译文不仅有利于经常旅游的人查阅信息、了解景点的情况，还可以使没有条件或不愿旅游的人不必前往旅游目的地便通过翻译过来的文字了解该目的地的自然景观和人文景观。更重要的是,随着互联网以及图书资料出版社的发展,很多打算出门旅游的人在出门之前一般都会做些有关目的地的"功课",查找目的地的旅游景点介绍、住宿、交通、习俗等信息。对于跨国旅游来说,这些信息的翻译非常重要。

旅游英语翻译可以说是当今应用文体翻译中非常重要的一种,对促进中外旅游文化的交流和推动旅游经济的发展起着举足轻重的作用。所以在掌握一定英语基础知识的前提下,系统地学习一下旅游英语翻译,特别是掌握中英文旅游材料的文体特点、熟悉中英文旅游材料中的文化现象及其翻译策略,是培养译者个人技能、谋求个人发展的一种手段,特别是对有志于从事跨国旅游行业工作的人尤为重要。同时,掌握旅游英语翻译技能可以使自己更好地跟上时代的发展,更好地为旅游业服务,为中外经济和文化的交流和发展做出自己的一份贡献。正如程尽能、吕和发指出:"旅游业具有带动、促进众多行业发展,尤其是文化创意产业发展的特殊功能和作用,承担着建立跨文化沟通和理解的历史使命……"

二、旅游文化英语翻译的界定

(一)旅游英语的界定

要进行旅游方面的翻译,译者必须精通两种语言。就旅游英语与汉语之间的翻译而言,对旅游英语进行界定就非常重要。因为只有明白旅游英语的定义和特征,才能更好地将英语译成汉语,反过来也可以将中文旅游材料更好地译成英文。尤其是在倡导中国文化"走出去"的今天,了解旅游英语的归属以及总体特征,可以更好地将中国这个具有五千多年文明国度的旅游历史、文化、地形地貌、风土人情、物产美食等更好地介绍给外国人,吸引更多的外国游客前来中国旅游观光,使得这些游客更好地了解中国的一切。这对梳理中国的国家形象、促进中国文化的对外传播乃至提高中国的"软实力"均具有非常重要的意义。

不难看出,"旅游英语"属于专门用途英语(English for Specific Purposes,即ESP),即用于旅游行业、为旅游提供服务的英语,满足旅游推介者的宣传目的和潜在游览者获取信息的目的。在具体界定旅游英语之前,首先来回顾一下专门用途英语的界定和发展。

所谓专门用途英语(ESP)就是指与某种职业、某种学科、某种目的相关的英语教学,与学习者的兴趣和学习目的密切相关。专门用途英语同样要注重学习者的英语技能,包括听、说、读、写、译等,但涉及不同的应用领域和目的,如学术、科技、商务、法律、医护、出版等诸多领域。第二次世界大战之后,科学、技术、经济等都得到前所未有的发展,英语逐渐成为一种国际语言,而且随着科学技术和经济的发展,英语学习者也开始意识到他们为什么要学习这样一种语言,他们的目的无非是为了满足自己在商业、科学、技术、医学等各个领域的需要。在这种形势下，20世纪60年代，就出现了针对不同领域英语变体的研究，专门用途英语应运而生，但在初期，大多数研究集中在科技英语（English for Science and Technology，简称EST），因此，ESP和EST曾经被视为同义词（Hutchinson & Waters，2002：7）。之后，随着英语更为广泛的应用，随着各国在经济、商业等领域交流的进一步拓展，专门用途英语教学迅速发展起来，其领域也更加宽泛。按照Hutchinson & Waters的观点，到目前为止，ESP经历了和正在经历着五个发展阶段，即语域分析（Register Analysis）、修辞或语篇分析（Rhetorical or Discourse Analysis）、目标情景分析（Target Situation Analysis）、技能和策略（Skills and Strategies）和以学习为中心的方法（A Learning-Based Approach）（Hutchinson & Waters，2002：9-14）。当然，这里的划分显然以教学的内容为标准。约翰斯按照时间将ESP研究划分为三个阶段，即1962—1980年（从文本问题到修辞手段）、1981—1990年（范围扩大/介绍核心概念）、1990—2011年（新的国际刊物、文体和数据库研究成为中心课题）（Paltridge & Starfield，2013：7-18）。

在国外ESP教学和研究开展得如火如荼的同时，我国的ESP教学也成为高校英语教学的重要内容。随着我国经济的迅猛发展和国际地位的日益提升，社会上对英语人才的需求日益增多，而且对英语毕业生在某一特定领域应用语言能力的需求也日趋多样化。比如，银行在招聘英语毕业生或其他专业的毕业生时可能会注重这些毕业生的银行英语或金融英语知识和能力，国际律师事务所在招聘上述毕业生时可能会注重他们的法律英语知识和能力。这促使大学英语教学不再局限于基础语言技能的培养，而是在基础技能培养的基础上加大了各种专业知识的渗透，也就是说，ESP教学已经成为大学英语教育不可忽视的一个方面，法律英语、商务英语、旅游英语等ESP课程成为很多大学英语课程表上不可或缺的一部分。

鉴于以上对专门用途英语的界定与简述，我们可以将旅游英语界定为与旅游行业有关的英语，是围着旅游的目的而使用的英语。由于旅游涉及诸多方面，如景点介绍、当地习俗与文化、地方物产、餐饮与住宿、交通等诸多方面，因此旅游英语就难免涉及景点的景色描写、地理位置、历史沿革、文化、风俗、具体特产、美食等，同时，不仅包括平铺直叙的文字，还涉及宣传甚至广告。因此，这些内容中不乏行业术语、文化意象、修辞手法、礼貌语气和宣传语气等。也就是说，旅游英语不仅有其自己的语言特征，更有其独特的修辞特征、文化特征和语气特征等。

（二）旅游翻译的界定

"旅游翻译"这一短语单一看去，似乎让人感到外延很窄，实际上，如果对旅游行业进行一下认真的调查和研究，就会发现"旅游翻译"涉及很多种不同主题和类型的文本，旅游翻译的材料范围很广，包括景点介绍与宣传、旅游新闻、交通工具介绍、美食美酒介绍、产品介绍、节日和活动介绍、公示语、导游图和交通图等等。这些文本中又有很多语言现象、修辞或文化现象，信息量很大。每种文本之间既具有一定的语言共性，又存在着一定的差异。所以在探讨旅游英语翻译之前，应当首先对旅游文本和旅游翻译进行界定。

德国语言学家布勒（K.Buhler）将语言功能分为三类：信息功能（the Informative Function）、表达功能（the Expressive Function）、呼唤功能（the Vocative Function）（Newmark 2001：39）。据这一划分，英国翻译学者纽马克（P.Newmark）认为文本类型可分为这样三类，信息文本包括科技、商业、工业、经济方面的课文、报告、论文、备忘录、纪要等，表达类文本一般包括严肃的想象文学、权威发布、自传、个人通信，呼唤类文本则包括通知、操作说明、宣传、流行小说等（Newmark 2001：40）。德国学者赖斯（Reiss）也根据布勒的语言功能划分出三种文本类型：信息（Informative）文本、表情（Expressive）文本和感染（Operative）文本。赖斯认为，"不同的文本类型应采取不同的译法"（Munday 2001：75）。譬如，信息文本的译文应将原文所有的指示和概念都传达出来，表情文本的译文应将原文的美学和艺术的因素再现出来，感染文本的译文则应在译语读者中产生预期的反应（Munday 2001：75）。比较纽马克和赖斯对文本的分类可见，纽马克的"表达类"与赖斯的"表情类"相似，纽马克的"呼唤类"与赖斯的"感染类"相似，二人对"信息类"的定义大同小异。

首先，旅游文本是一种应用文体，但是旅游文本又不同于官方文件、商贸合同、科技文章或法律文本这样的应用文体，而是介绍和宣传旅游景点和旅游目的地及其美食与活动、提供旅游指南、介绍游览行程和交通工具、签订旅游合同、建议游客做什么和不做什么等的书面形式。由于旅游业是一项综合的服务产业，涉及旅游观光本身、交通、住宿、餐饮、购物及教育、文化、休闲、探险等诸多方面，因此大多数旅游文本包含很多信息，信息性很强，同时，又极具"呼唤"功能，即"唤起读者的行动"，也就是"唤起读者前往旅游目的地进行旅游的行动"。正如顾维勇指出："旅游资料的功能是通过对景点的介绍、宣传，扩展人们的知识，激发人们旅游、参观的兴趣。"正是因为旅游文本既充满信息，又显示出呼唤的语气，伍峰等指出："旅游文体是一种信息型、呼唤型文体，或者信息—呼唤复合型文体，以描述见长，与异国情调、民俗文化不可分离。"孟庆升指出："旅游资料是一种对外宣传资料，其主导功能在于吸引游客，激发他们对风景名胜的兴趣。这种诱导性功能的实现，必须以提供足够的信息为前提。……所以信息性是旅游资料的前提，而诱导性则是其最终目的。"既然以介绍和宣传旅游产品和服务为目的，其中的文字具有一定介绍性，提供众多的旅游信息，另外，由于在介绍信息的同时还对景点或其他旅游产品进行一定的宣传，因此，又具有描述性和一定的文学性和艺术性，反映了一定的广告特点。其信息性和文学性及艺术性最终是为介绍、宣传、广告服务的，所以总体来说，旅游文本属于应用文体，具有信息功能，更具有呼唤功能。

本书所谓的"旅游英语翻译"是指有关旅游业和旅游活动的上述旅游文本之间的"英汉互译"，既要传达出旅游文本的信息，又要传达出原文的"呼唤语气"，属于应用翻译，具有实用性、目的性、专业性、匿名性（作者的名字与地位不重要）、专业性等特点。陈刚指出："旅游翻译应是为旅游活动、旅游专业和行业所进行的翻译（实践），属于专业翻译；从事这项翻译的工作者可宽泛地称为旅游（专业）翻译（者）。这类翻译包括笔译和导游翻译（含口译）。"同时，陈刚还指出，"同其他类型的翻译相比，旅游翻译在跨文化、跨心理交际特点上表现得更为直接、更为突出、更为典型、更为全面"。这实际上体现了旅游文本的特点以及旅游翻译的目的。

正如张光明等指出：旅游翻译属于典型的"呼唤型"实用文体文本，它包括旅游景点介绍、旅游宣传广告、旅游景点告示标牌、古迹楹联解说等……旅游文本往往凝练着自然景观和人文景观等丰富的信息。在自然景观方面，景点体现了大自然的鬼斧神工，而在人文景观方面，景点则蕴含着历史与文化的厚重积淀，深深地烙印着本民族、本地文化的特质。旅游景点由于所蕴含的人文信息往往与历史事件、历史名人等缔结了不可分割的紧密联系，因此，它能反映出本土的审美价值观。旅游文本的介绍与翻译主要有两大功能：一是向游客传递、介绍景点信息；二是以其本身魅力和宣传效果打动读者。因此，语言必须要有特色，即要做到准确、通俗、明晰，译文要有吸引力，能雅俗共赏，使各种不同文化层次的读者均能易于理解、乐于接受。

旅游翻译根据媒介分可划分为笔译和口译，本书将不探讨口译，而是探讨旅游文本的笔头翻译。根据原文本的处理方式，旅游翻译可分为全译、摘译、编译；按内容，可以分为旅游公司宣传资料的翻译、景点介绍翻译、美食翻译、文化典故翻译、公示语翻译等。但无论是何种内容的翻译，无论是采用何种方法进行翻译，译者都要注意旅游文本本身的文体特点，包括用词、语法、句式结构、修辞、语气等，还要注意两种语言背后的文化在旅游材料中的体现以及翻译中的处理策略，针对不同的情况，采取不同的翻译方法。

第三节 旅游文化翻译的性质和文化转向

随着经济全球化的发展，全球各个国家及地区间的文化、经济、政治交流日益频繁。在众多的跨文化交际中，旅游是最喜闻乐见的一种形式。旅游产业的日益兴起使越来越多的人有了亲身体验外国文化的机会。

一、旅游翻译的性质和原则

旅游资料属应用文体范畴，是一种大众化的、喜闻乐见的通俗读物，它的目的就是要让普通游客读懂看懂并能从中获取相关的自然、地理、文化、风俗等方面的知识。旅游资料主要有两个功能：一是传递信息；二是诱导行动。正因如此，旅游资料的语言表达必须准确、通俗、明了，富有吸引力，能雅俗共赏，便于不同层面读者的理解和接受。

由于文化差异，不同语言的读者长期在各自特定的语言文化环境熏陶下，养成了一种固有的审美心理和欣赏习惯，这种心理和习惯自然而然地制约着他们对语言刺激的注意和使用语言的方式，也造就了各自旅游文体独特的语言表现手法和读者喜闻乐见的形式，形成各自不同的写作风格和美学标准。因此，在旅游翻译中，为有效传递信息，感染受众，译者必须顾及译文读者的欣赏习惯和心理感受，在译文中尽量使用他们所熟悉的语言表达形式，尽可能地使译文获取近似原文的读者效应。从这个意义上来说，旅游翻译注重的应是原文与译文间信息内容和文体功能的对等，而不是语言形式上的对应，更不是展示源语语言文化异质性的场所。它的功能更像商品广告，目的就是要吸引游客，最大限度地取得旅游产品的预期效果。

根据奈达的"功能对等"（Functional Equivalence）理论，在由源语转化为译语的过程中，信息内容是主要的，语言形式是次要的，翻译策略应以反映"深层结构"（Deep Structure）的功能对等为主，而不是反映"表层结构"（Surface Structure）的形式对应（Formal Correspondence），以求得"译文文本的读者基本上能以原文读者理解和欣赏原文的方式来理解和欣赏译文文本"。因此，在翻译中，"译文中必须使用一种'共同语言'。……一种文化水平低的人能看懂，文化水平高的读者也能接受的语言"。而这种"共同语言"具体到旅游翻译则是指一种在内容上能准确传达原文信息和功能，形式上又符合译入语规范和文化标准，能被译入语读者普遍接受的语言。也就是说，在准确传递原文信息的前提下，译文语言必须能雅俗共赏，译出来的东西若不能被广大译入语读者接受，不能取得与原文近似的读者效应，那就意味着整个翻译活动的失败。不明白这一点，一味按原文形式在译文中行文布局，势必会使行文不畅，造成译文或啰唆堆砌，或平白乏味、生硬牵强的结果，这样的译文是不可能产生近似原文的读者效应的。

要使旅游译文取得"功能对等"的效果，被广大读者理解和接受，就必须突出旅游译文的文体功能，注重信息传递的效果，熟悉和了解不同语言的旅游文体特色和风格，辨明异同；在译文中采用恰当的策略和手法，用符合译入语规范和文化标准的语言形式来表达原文意义，使译文尽可能取得近似原文的读者效应，有效实现旅游翻译的目的。

二、旅游翻译中的文化转向

当前西方学界已有越来越多的学者开始从文化层面上审视、考察翻译，翻译研究正在演变为一种文化研究。对旅游翻译来说，这种文化转向具有更为重要的意义。它不仅在一定程度上揭开当代旅游翻译研究的一个新层面，还对主宰翻译界几千年的一些译学观念，诸如"忠于原文"的翻译观、译作与原作的关系、译者与原作者的关系等，产生相当大的冲击，从而为中国译学界展示出相当广阔的研究前景。

翻译研究的发展史表明，当代翻译研究已进入多元理论与跨学科的综合研究阶段。翻译研究已不再局限于语言本身的研究，传统的研究方法，甚至仅从语言的角度研究翻译已经力不从心。许多翻译理论家已经认识到，翻译已不仅仅是比较语言学研究范围，从两种语言结构的差异上来分析研究翻译的方法过于狭隘，加快多元化、跨学科、实用文体翻译研究不仅仅是译学研究的发展态势所在，也是进行深层次实用文体翻译研究的必然要求。双语交流也就是双语间文化的交流。理想的双语文化交流是一方文化能顺利地进入另一方文化并为其所接受认同，反之亦然。这便是旅游翻译实践中译者为之不懈努力的文化转询。

20世纪50年代初，雅各布森提出了翻译的三种类型：语内翻译、语际翻译和符际翻译。他的翻译定义显然已经背离了传统的译学观念，越出了单纯语言的界限，使其不仅是语言文字的转换，而是进入了宽泛意义上的信息转换和传递。后来的德国功能学派翻译学学者汉斯·威尔梅（Haas Vermeer）的翻译行为理论（Action Theory of Translation）强调译者的目标（Skopos）在翻译过程中的决定性作用，英国的斯坦纳提出"理解也是翻译"，当代美国女性主义批评家斯皮瓦克提出"阅读即翻译"等概念，都从不同角度拓展了翻译的含义，使翻译成为几乎渗透人类所有活动的一个行为，从人际交往到人类自身的思想、意识、政治、社会活动等当代西方文化理论进一步把翻译与政治、意识形态等联系起来，翻译的内涵空前扩大。语言学转向使当代西方的译学研究对翻译中的语言转换观察和分析更加具体细微；而文化转向则借用各种当代文化理论对翻译进行考察、剖析，进行新的阐述，体现为从文化层面上对翻译进行整体性的思考，它更注重诸如共同的规则、读者的期待、时代的语码，注重翻译与目的语社会的政治、文化、意识形态等的关系，更关注翻译作为一种跨文化交际行为在目的语社会中的巨大影响和作用。

旅游翻译的基本环节包括理解和表达。理解就是文化信息的解码，是从作者那里获得源语的意义及其承载的文化信息，它以熟悉源语的结构规则和使用规则为前提，不能脱离源语的社会文化因素，是带着理解了的信息，用目的语在其社会文化语境中进行有效交流。它以符合目的语的结构规则和使用规则为条件，于是不能不与目的语所属的社会文化因素相碰撞、相融合。

在过去的翻译中，对中国文化因素的处理主要有两种手法：以源语文化为认同的（异化）翻译原则和以目的语为归宿的（归化）翻译原则。以翻译旅游外宣材料为例，要把大量有关中国的各种信息从中文翻译成外文，通过图书、期刊、报纸、广播、电视、互联网等媒体以及国际会议，对外发表和传播。旅游翻译需要译者贴近中国发展的实际，贴近国外受众对中国信息的需求，贴近国外受众的思维习惯。一般情况下，凡是要对外介绍的素材，理所当然是贴近中国发展实际和贴近国外受众需求。对于旅游翻译人员来说，最应该注意的是要潜心研究外国文化和外国人的心理思维模式，善于发现和分析中外文化的细微差异和特点，按照国外受众的思维习惯去把握翻译。旅游翻译不能逐字逐句地、机械地把中文转换为外文，而是根据国外受众的思维习惯，对中文原文进行适当的加工，有时要删减，有时要增加背景内容，有时要直译，有时又要使用间接引语。

通过跨文化间的相互对话可以拓展各自的文化视野，乃至在不同文化间形成共同的视野。文化视野的拓展，既是一个不断解读对方文化的过程，也是一个不断对自身文化传统重新解释的过程。

第四节 旅游文化翻译对译者素质的要求

关于译者的素质，很多学者都提到这个问题，归纳起来，不外乎三个方面，即熟练地掌握两种语言（英语和汉语）、广博的知识和高度的责任感。除此之外，还要善于使用各种参考资料。那么对于从事旅游英语翻译的译者也不例外，这是做好任何翻译都必备的素质。当然，作为旅游文本的译者，其素质在这几个方面还需要与该领域密切结合起来，具体论述如下：

扎实的双语功底。做好旅游翻译当然首先要有扎实的语言基本功，译者的英文水平要高，换言之，译者要掌握足够的英语单词量、固定表达法和搭配、英语语法等，还需掌握旅游宣传方面的词汇、常用的句式结构等语言方面的知识。同时，汉语水平也要好。翻译是双语并重的技能，不能片面地认为学好英语就会做好英汉互译。尤其是将英语旅游材料翻译成汉语时，要求译者有较高的汉语表达水平，要具有用工整对仗、隽永华美、节奏明快的汉语表达旅游宣传语气的能力，从而使自己的译文更好地发挥旅游宣传的作用。当然，学无止境，语言的功底需要不断磨炼，所以应坚持阅读，保证跟上语言的发展变化，同时也使自己的语言功底不断增强。

广博的地理、历史和文化知识。一名翻译工作者会经常遇到各种领域的材料，因此，要博览群书，吕叔湘先生曾经提到很多"杂学"，这种"杂学"的获得不仅要多查阅资料，多请教别人，更重要的是要注意多积累。那么，作为一名旅游英语翻译工作者，更是要掌握一定的"杂学"，尤其是各国的地理知识、历史知识、文化知识，因为旅游文本往往会涉及某一地方的地理位置、交通状况、物产植被、历史沿革、成语典故、风土人情、宗教习俗等，这些内容使很多游客在观光的同时，领略到异地的文化风貌。那么，掌握这些方面的知识对译者非常重要，只有掌握了这些知识，译者才能准确地进行翻译。因此，作为翻译工作者，要广泛地阅读，养成每天读书的习惯，从而不断丰富自己的知识。同时，"译学相长"，在英汉互译的过程中，译者可以分别从英文文本和中文文本中学到一些表述方式，即"化为己有"，从而使得这些表述方式在以后的反方向翻译中"为我所用"。

良好的职业伦理。与语言水平和"杂学"功夫同样重要的是译者良好的职业伦理。作为译者，不仅要注重不断提高自身语言和学识的修养，还要具有严谨的工作态度。比如，对待翻译工作要一丝不苟，针对不同的文体采取不同的翻译策略，抱着对原文和译文读者负责的态度。尤其是旅游材料的翻译，在保持原文信息和风格基本不变的情况下，要根据中英文读者的审美诉求和思维习惯进行翻译，从而保证译文能够分别为中英文读者所接受。同时，要保证按时交稿，因为旅游翻译大多属于商业翻译，对时间的要求很高，所以译者在保证翻译质量的同时，还应注重提高自己的效率，履行自己的承诺，按时交稿。

一定的理论水平和归纳总结能力。就翻译的操作层面来看，翻译当然首先是一种技能。旅游翻译作为专门用途翻译的一种，首先是旅游文本语言转换的技能。但是实践证明，作为技能的翻译应该以一定的理论为基础。旅游文本的翻译首先要以一定的翻译理论为基础，如翻译的标准、翻译的具体操作过程等，同时，还要涉及一定的文体理论知识，如旅游文本中的用词、句式结构、语法现象、语气传达和文本用途等。因此，旅游英语翻译工作者应该具有一定的翻译理论和文体理论水平。同时，译者在翻译过程中应该注意总结归纳旅游文本的特点、翻译过程中的特殊处理，从而形成一定的理论体系，用于指导以后的翻译实践，真正做到理论与实践相结合，这样翻译工作才能越做越好。

总之，精通两种语言，同时，保证通过不断阅读打磨自己的文字功底和丰富自己的知识，再加上一丝不苟、认真负责的工作态度，做到理论与实践相结合，旅游翻译工作者定会使自己的译文为客户所接受，为读者所接受，自己也在工作中获得成就感，增长见识，提高自身修养，更重要的是，为中外旅游业和文化的交流真正扮演了桥梁的角色。正如伍峰等所说："需要译者既要具有相当高的汉语造诣及中国传统文化修养，又要具备相当娴熟的英语表达能力，了解西方国家的民俗文化，译者要仔细阅读源文本，仔细推敲研究其文化含义，力求两种语言文字和信息的等效，使目标文本尽量实现其呼唤功能，达到交际目的。"由此可见，语言基本功、各方面的知识以及严谨的工作态度是多么重要。

第二章 旅游文化翻译理论研究

第一节 语言学理论与旅游文化翻译

语言学理论是对已知语言现象的概括和总结,是对未知语言现象的揭示和预测。著名语言学家赵元任说:"所谓语言学理论,实际上就是语言的比较,就是世界各民族语言综合比较研究得出的科学结论。"这说明研究语言学的基本方法是比较的方法。在旅游翻译的研究中,通过语言对比分析可以发现不同语言结构上的差异及翻译中值得注意的地方,从而进一步加深人们对语言本质和共性的认识,有助于人们借助言语行为相互沟通思想和感情。

一、功能翻译理论

德国功能理论产生于20世纪70年代。作为功能派翻译理论的创始人,赖斯在其《翻译批评的可能性与限制》(1971)中首次将语音功能与翻译结合起来,提出"信息型""表达型"和"诱导型"三大功能文本类型。功能翻译派的另一位人物诺德提出"功能+忠诚"的理论模式。诺德认为,没有原文就没有译文,译者应同时对原文和译文负责,对发起者和读者负责。尤金·奈达从语言学角度出发提出著名的动态对等即功能对等的翻译理论。他指出翻译时首先在意义上用接受语再现与源语信息最接近的自然的对应信息。奈达有关翻译的定义表明,翻译不仅是词汇意义上的对等,还包括语义、风格和文体的对等,翻译传达的信息既有表层的词汇信息也有深层的文化信息。动态对等中的对等包括词汇对等、句法对等、篇章对等、文体对等四个方面。在这四个方面中,奈达认为"意义是最重要的"。他认为,由于语言文化上的差异,翻译不可能是原文与译文形式对应。功能对等翻译原则的目的是要使译文具有相同的超语言的交际效果,使译文表达得绝对自然流畅,尽量在译文接受者与其本民族文化语境相关的行为与模式之间建立联系,而不是要求读者为了领会译文的意思而远离源语语境文化模式。

以上介绍的德国功能派翻译理论其共同点就是将翻译与语言功能有机地结合起来,重视文本功能在翻译中的作用,这些理论对旅游翻译的重要启示是译者应依据旅游翻译的功能特点和目的选择适当的翻译方法和策略，以实现预期的译文功能和效果。

二、关联理论

法国语言家斯波伯和英国语言文学家威尔森在1986年共同合著的《关联性：交际与认知》一书中提出了关联理论，他们将语境效果作为"关联"的必要条件和充分条件，并将关联定义为：一个假设当且仅当在某种语境中具有语境效果时，它才在语境中具有关联。他们认为，在关联论中，语境是一个动态的变量。在其他条件相同的情况下，语境效果越大，关联性就越强。如果某一假设在特定的语境中没有语境效果，那么它在该语境中就不具备关联性。

自从关联理论提出以来，因其强大的解释力，已经在诸多领域得到了运用，尤其是在翻译实践中得到了广泛的应用，在关联理论的框架内，翻译是一种包含明示推理过程的言语交际行为。人文翻译是一种言语交际行为，是大脑机制密切联系的推理过程，它不仅涉及语码，更重要的是根据静态的语境进行动态的推理，而推理所依据的就是关联性。作为语言交际翻译，在源语的理解和翻译过程中，人们对语码的选择所依赖的也是关联性，关联性就是制约翻译的基本原则。

关联理论对旅游翻译实践也具有很强的指导意义，其重要启示是将翻译过程视为作者—译者—读者之间的交际过程，需要在动态语境中寻求各种信息之间的最佳关系并对交际意图做出正确的推理，最终达到旅游翻译的交际目的。

三、象似性理论

所谓象似性是语言的能指和所指之间，也即语言的形式和内容之间有一种必然的联系，即两者之间的关系是可以论证的，是有理据的。认知语言学中的象似性是指语言与思维的关系即语言结构直接映照经验结构，是从认知方面来研究语言形成的又一种方法。Haiman将句法的象似性分为成分象似和关系象似。成分象似（Isomorphism）指句法成分与经验结构的成分相对应；关系象似（Mofivation）指句法成分之间的关系与经验结构成分之间的关系相对应。成分象似就是语言的一个形式对应一个意义，关系象似体现在句法的三个方面：单位的大小、范畴的划分、结构异同（沈家煊，1993）。也就是说，简单的概念用简短的形式表达，复杂的概念用较长的单位表达，象似的概念划归同一范畴，象似的概念结构用象似的句法表达。实际上，象似性的研究对解决语言与认知的关系具有重要的意义，不仅是对词汇和句法的研究，而且对旅游语篇翻译的研究也有着指导性意义。

四、图式理论

根据现有的研究，图式（Schema）是一种记忆结构，是一种有层次的知识网络。图式使人的认识受先前经验的影响，人们在接触或认识事物时，取决于头脑中已经存在的图式，图式总是会把新事物与相关的已知事物联系起来，通过大脑的能动反映，激发出能认知和帮助认识新事物的图式，再依靠这些图式来解释、预测、组织外界信息。同时，引导人们对新旧信息进行比较、预测、鉴定和认识，利用获得的新经验形成新语境下的新图式。

图式的提法最早见于哲学家、心理学家康德的著作。他认为大脑中有纯概念的东西，图式是连接概念和感知对象的纽带。1932年，Bartlett 对现代心理学图式理论做出了重要的贡献。他认为"图式是对过去反应或过去经验的一种积极组织"。Anderson 等人把图式理论作为认识论的一部分进行了研究，他们指出："图式是指人类大脑中存在的事物或物体整体的认知结构。"依照 Carrell 和 Eisterhold（1988）对形式图式（Formal Schemata）和内容图式（Content Schemata）的划分原则，Kern 对这两类图式进行了进一步的阐述："形式图式涉及与语言应用形式相关的知识，内容图式则与主题知识对现实世界事件了解的程度以及文化概念有关。"根据图式理论的内容与功能不难看出，图式理论可以帮助我们结合旅游语境中的特殊情况构建旅游语篇。

五、格式塔理论

格式塔心理学派的创始人韦特墨（Max Wertheimer）曾提出著名的知觉结构原则。格式塔心理学认为译者在翻译时经历了语词到意象再到语词的转换过程，可以说"意义"在很大程度上是由"心理意象"决定的。同时，格式塔心理学的核心理论"整体论"认为：整体并不等于各部分简单相加之和，整体功能大于各部分之和，整体制约着各部分的性质和意义。格式塔心理学的"语词—意象—语词"观点以及整体论给我们的启示是：旅游翻译时只有把原作当成一个完整意象（块），才能再造完整意象（块）。如果从原作局部出发，译者收集到的意象势必是残缺不全的，而这些残缺不全的意象即便全部拼合在一起也不完全等于整体，反映在译文中自然是译文的整体画面受到破坏，不能再现原作的整体美。这进一步证明了译者在进行旅游翻译发挥自身主体性的时候必须以原作语篇为基本单位，树立良好的语篇翻译意识。

六、符号学理论

符号学是一门研究符号，特别是研究关于语言符号的一般理论的科学。符号学的思想是在20世纪初由瑞士语言学家索绪尔（F.Saussure）首先提出的。他认为，语言问题主要是符号学问题，要发现语言的真正本质就必须知道语言和其他符号系统有什么共同之处。只有依靠符号学才能对语言进行恰如其分的界定。符号学理论对人文社会科学产生了巨大影响，提供了人们对人文社会科学认识和研究的多种可能、多种视角。

美国逻辑学家和哲学家莫里斯（C.W.Moms）把符号划分为三个方面，即语义（Semantic）、语用（Pragmatic）和符号关系（Syntactic）。其中：语义指符号与符号所指称的外在事物之间的关系；语用指符号与使用者之间的关系；符号关系指符号与符号之间的关系。与这三种关系相互对应的是三类符号学意义，即所指意义、语用意义和语言内部意义。

旅游翻译过程的实质就是信息的转换过程，翻译过程与符号指示过程存在共同点。一个符号表征什么意义完全是由它悠久的发展历史规定的。语言差异带来了不同的文化，随之导致同一个符号在不同的情境下所指意义的不重叠、不对应、交叉甚至冲突的情况，给跨文化交流带来困难。

七、语言顺应论

语言顺应论由比利时语用学家耶夫·维索尔伦（Jef Verschueren）提出，顺应论认为语言的使用归根结底是"一个不断选择语言的过程，不管这种选择是有意识的，还是无意识的，也不管它是出于语言内部还是语言外部的原因"。语言的选择是人们在不同的心理意识程度下，对语境和语言结构做出动态顺应，从而生成意义的过程。语言使用中的顺应性可以从四个维度描述分析，那就是语境因素的顺应、语言结构的顺应、顺应的动态过程以及顺应过程的意识凸显程度。

对于汉英旅游翻译，这一过程必然涉及英语语言结构、语境的重建以取得旅游信息和诱导的功能。旅游翻译的过程是一个不断做出顺应的动态过程，这种顺应根据游客的不同身份、不同需求、不同语境和不同的语言结构而变化。

第二节　旅游体验理论与旅游文化翻译

一、体验经济理论的提出

20世纪70年代，美国未来学家阿尔文·托夫勒在名著《未来的冲击》中率先提出：服务业最终会超过制造业，而体验生产又会超过服务业，未来商家将要靠体验取胜，预见了体验经济的冲击力。20世纪90年代末，美国学者约瑟夫·派恩和詹姆斯·吉尔摩在《体验经济》一书中描述了从好莱坞、迪士尼到热带雨林咖啡厅、比斯托美食餐厅、美国加利福尼亚州的荒野公园、邦巴拉儿童公园，甚至交通运输业等已经出现的典型的、新兴的体验经济现象。这些现象的共同特征表现为：人们不仅因为商品或服务的功能而去购买或消费，更在意的是购买和消费过程中所享受的参与和互动带来的美好体验。确切地说，人们更重视内在心境与外在环境的互动效果。根据体验者的参与程度和体验者与环境的关系，B.Joseph Pine 和 James H.Glimore 将体验在内容上划分为娱乐体验、教育体验、逃遁体验和审美体验。体验经济理论的最大贡献在于从服务经济发现体验现象，并从中剥离出体验的重要特征，认识到体验所蕴藏的价值量，指明未来企业价值创造源泉和竞争着力点将从外在的产品创新、服务创新转向为以消费者内在体验创新为核心，企业要以服务为依托，以商品为载体，为消费者创造值得回忆的活动。B.Joseph Pine 和 James H.Glimore 揭开了体验经济的面纱：体验经济强调服务"舞台"的设计和消费者的参与，以为创造消费过程中消费者美好感觉为目标，以最终让消费者为"体验"付费为宗旨。体验经济昭示着一种全新的经济形态。体验经济理论的提出对全球经济形态的转型起到了重要的引领作用。

二、经典旅游体验理论及其测量模型

旅游业与体验存在着天然的耦合关系。旅游者从日常生活世界暂时跨入独特、差异的"旅游世界"，借助观赏、交往、模仿、消费、游戏等多种活动方式，与"旅游世界"中的人和事物产生互动与交流，旅游者获得的是旅游过程中的印象、感受和体验。因此，旅游是一种天然的体验活动，而余暇性和异地性这种体验与其他体验分离出来，赋予其独特之处。旅游者购买旅游产品时最关心的是能否留下难以忘怀的印象以及能否获得值得回味的体验。旅游产品设计与服务配置，从根本上说也是围绕为游客塑造独特的旅游体验进行的。

（一）经典旅游体验理论

20世纪60年代开始，旅游体验研究成为国际旅游理论研究的重要领域。已有的研究成果从旅游心理学、旅游人类学和旅游社会学等多学科角度切入，形成六种经典旅游体验理论，本节对此进行梳理和归结，具体见表2-1。

表2-1 经典旅游体验理论一览表

经典理论	研究视角	主要观点
层次论	等级模式	体验分为享受自然、摆脱身体压力、学习、价值共享和创造五个不同的等级和目标
涉入论	标准模式	Csikszentmihalyi（1988）提出体验的最佳标准是"畅爽"，这种状态具有适当的挑战性，能让一个人沉浸其中，以至于忘记时间的流逝和自己的存在
行为论	行为导向	基于行为学方法，通过行为性、标准化和控制性信念来预测目标导向行为

现象论	体验类型	Cohen（1979）最早从现象学的角度研究旅游体验，认为旅游者类型不同，所寻求的体验也不同，旅游者主要以休闲、排遣、经验、实验和存在五种不同的方式，寻找属于自己的体验
局外人论	体验转换	局内人是指当地居民，局外人指的是外来的旅游者。早期局外人无法理解和意识到当地的社会文化符号，但随着旅游者与当地居民距离的缩短，旅游者通过文化、社会和生活符号体验，可以成为有洞察力的局外人
本真论	体验真实	Mae Cannell（1967）提出旅游客观对象的真实性，认为展示给旅游者的旅游客体应是完全真实的，不能有任何仿制的东西；Ning Wang（1999）将体验的真实性分为客观性真实、建构性真实和存在性真实。从更为复杂的、建构的视角来阐释体验的真实性

（二）旅游体验模型与测量

旅游体验是一个非常复杂的过程。旅游体验研究的对象最终走向两个问题域：旅游者的体验需求和满足旅游者体验需求的体验产品供给问题。旅游者体验需求需要考虑心理问题的复杂性，但旅游者体验的诉求最终会落到具体的实物供给层面，可以被观察和测量。旅游体验作为一个非常现实的问题，不仅需要纯粹的理论思辨，更需要在操作层面进行解读，走向技术化、操作化和具体化的研究。

在早期研究中，旅游体验质量测量主要借鉴服务质量（SERVQUAL）测量模型和量表，但该量表较多地沿袭了工业经济中产品质量的观点，注重服务的功能性要素，对其他服务情境的普适性受到质疑。学者们根据 SERVQUAL 模型将服务质量划分为不同测量维度的方法论思想，针对不同的体验情景，开发出不同的模型，如测量休闲游憩者体验的 REPS 模型、测量饭店体验的 LODGSERV 模型、测量度假体验的 HOLSAT 模型、测量历史遗迹体验的 HISTOQUAL 模型以及测量生态旅游体验的 ECOSERV 模型。其中，Driver 提出的休闲游憩者体验 REPS 量表如表 2-2 所示。

表 2-2 休闲游憩体验量表（REPS）

编号	变量	英文原文
1	享受自然	Enjoy Nature
2	强身健体	Physical Fitness
3	缓解紧张	Reduce Tension
4	逃避压力	Escape Physical Stressors
5	户外学习	Outdoor Learning
6	共享价值观	Share Similar Values
7	培养独立性	Mlependence
8	增进家庭关系	Family Relations
9	反省人生	Introspection
10	学习与人相处	Be With Considerable People

11	追求成就感和刺激感	Achievement/Simulation
12	身心放松	Physical Rest
13	教导他人	Teach/Lead Others
14	尝试冒险	Risk Taking
15	减少冒险	Risk Reduction
16	结交新朋友	Meet New People
17	培养创造性	Creativity
18	怀旧和回忆	Nostalgia
19	感受质量环境	Agreeable Temperatures

总体上，对旅游体验的测量主要存在主体和客体两个方面。体验客体测量沿袭了管理学、营销学关于服务质量和满意度的测量方法，即期望与感受之间的差异；而旅游体验主体的测量侧重于对旅游者内心利益和需要的满足、情感的测量。这种以模型为代表的定量研究方法增加了旅游体验研究的可靠性和科学性。但是，旅游者丰富的情境体验很难用统一的问卷语言和通用模式捕获，同时，过度分解的量化指标往往获得旅游者破碎而非整体化的体验信息。所以针对旅游体验这种颇具心理学和行为学特征的研究内容，单纯的定量研究方法不足以揭示旅游体验现象的本质规律。因此，谢彦君在《旅游体验研究——走向实证科学》中提出新的研究思想：运用质性研究（Q方法），借助表现旅游情境中体验主体的认知和情感的文本资料，全面挖掘旅游体验的心理学、社会学和人类学意义，科学探索旅游体验的基本规律。这为本书质性实证研究方法的运用起到了重要的启示作用。

三、遗产旅游体验的本质

联合国教科文组织（UNESCO）于1972年通过了《保护世界文化和自然遗产公约》，其中第一条就对"文化遗产"的概念及包含的内容做了明确的界定。文化遗产包括文物、建筑物和遗址等实物形态。文物是指从历史、艺术或科学的角度来看，具有突出的普遍价值的建筑物、雕刻和绘画，具有考古意义的部件和结构，铭文、洞穴、住区及各类文物的组合体；建筑物是指在建筑形式、统一性及其与环境景观结合方面，具有突出的普遍价值的单独或相互联系的建筑群体；遗址是指从历史、美学、人种学或人类学的角度来看，具有突出的普遍价值的人造工程或自然与人类结合的工程以及考古遗址的地区。文化遗产存在着范围广泛、多种多样的文化遗产系列图谱。

世界遗产委员会根据《保护世界文化和自然遗产公约》各缔约国的提名，对世界范围内的典型性、稀缺性的文化遗产做出认定。将具有"突出的普遍价值"的遗产列入《世界遗产名录》，并设专项世界遗产资金，资助缔约国保护其遗产。世界文化遗产是一个国家的文化命脉和文化记忆所在，包含着珍贵的文化信息，对文化传承和交流传播发挥着重要作用，为现代文明的构建提供了多样性文化原型，具有极高的文化普适价值。

随着大众文化休闲消费支出和比重的增大，文化遗产旅游成为国际文化旅游发展最快的形式之一。世界旅游组织认为将近40%的国际旅游涉及遗产与文化。遗产旅游是旅游者深度接触其他国家或地区自然景观、人类遗产、艺术、哲学以及习俗等方面的旅游。旅游者对不同区域、不同属性的文化遗产有着不同的体验追求和期望。如北欧人认为遗产旅游包括游览城市，特别是古老城市的核心区；对于北美人来说，遗产旅游主要指游览自然景观，尤其是国家公园，包括土著民族的文化、城市中的博物馆和美术馆、在乡村和城市举办的各类节庆活动以及突出民族认同感的特殊节庆活动等；对于澳大利亚和新西兰人来说，自然景观虽十分重要，但遗产同样包括共存于自然环境以及人文环境中的独特文化、当地居民以及民族认同感。可见，遗产旅游无论是游览自然景观、接触大自然，还是感受旅游目的地历史古迹、建筑或文物，均是一种对遗产地特殊旅游环境的高品质体验。

遗产地通过自身原真性的，颇具垄断性和魅力的自然景观、文化景观、辅助性的旅游设施、和谐的社会环境，构成完整的环境系统，形成旅游者景观审美、文化教育、休闲娱乐以及身心修养体验的强磁场。遗产旅游体验的内涵主要体现在以下四个方面：

（一）景观审美体验

旅游者对遗产地的第一感知和体验形象是不同的地方"姿态"。世界遗产以地域作为一个生命活体，造就"一方水土一方文化"的地域风格，彰显其独特的本土精神和文化意境。中国的世界遗产地多处于风景旖旎的山岳，名山圣水、遗产建筑结合组成审美价值颇高的环境体系。旅游者可以体验到山水的自然与独特，动植物的野趣以及建筑艺术的精湛，通过声、色、形的美感感知，触动心灵，产生共鸣。

（二）文化教育体验

遗址、建筑物、文物等实物要素，真实地呈现了特定历史时期的原貌，见证了其最具代表性和影响力历史阶段的社会背景和生活形态，镌刻着岁月沧桑的印记，具有文化标志的功能。这是遗产最本质的特征和根本价值所在，也是旅游者走进历史、感悟历史、对话历史的直接载体。旅游者通过遗产旅游，目睹了解遗产地历史、文化、习俗、自然等，接触到传统文化精华，促进自身知识和素养的提高，形成个人或集体认同感，激起爱国情怀和民族自豪感，为塑造国家文化金字塔提供基础。

（三）休闲娱乐体验

随着休闲、度假旅游的发展，文化遗产地独特的民俗风情、宗教节事、武术表演等活动以及辅助性的特色餐饮、交通工具、住宿设施等均为游客提供直接参与及娱乐体验的机会，吸引旅游者放慢脚步，悉心品味，感受参与、品尝、共舞的快乐，并促使旅游者转换角色，主动浸入环境之中，获得休闲娱乐体验。

（四）身心修养体验

遗产地舒适的气候条件、优良的空气环境质量、水环境质量、声环境质量、多姿多彩的动植物等要素组合形成的绿色、原始、清新的环境，构成调谐身心的天然养生气场。这种环境对人的体力和脑力再生产具有积极意义。旅游者暂时栖隐之中，身心放松、压力缓解、肌体调节、神清气爽，达到身心修养和自然理疗的目的。

可见，体验是遗产旅游的内核，而遗产地自然现象、文化环境以及人类活动改变或建造的建筑环境等各种现象环境直接影响旅游者的体验质量。为了更加清晰地阐明旅游体验的影响因素，蒂莫西提出了遗产旅游体验影响模型。蒂莫西虽然构建了颇有影响力的遗产旅游体验模型，但该模型只是从宏观层面提出了影响遗产旅游体验的要素。Masberg 和 Silverman 从微观层面列出了影响遗产旅游体验的七个因素，具体见表 2-3。

表 2-3　遗产旅游体验影响因素一览表

因素	具体内容
游览活动	野餐、徒步行走、乘坐交通工具、游览小径等
同行伙伴	父母、同事、朋友等
历史信息	旅游者容易记住的具体事实和获得的信息，如建筑年代、人物、历史故事等
建筑特色	建筑的外观和状况
服务人员	游客所接触的人物，比如导游、讲解员等
文化景观	展览所展现的土著居民生活方式、文化遗产、手工艺品、服装和食物等
自然景观	自然环境的特点，如树木、灌木和风景等

表 2-3 说明：游览活动、同行伙伴、历史信息、建筑特色、服务人员、文化景观、自然景观是影响遗产旅游体验的重要因素。此外，参观游览的便捷性、遗产景点的真实性、热情接待和个性化的服务、准确专业的讲解、干净整洁的接待设施和道路、制作精美的路标有助于旅游者获得愉悦的游览体验。反之，遗产地如果产生拥挤、污染、受损等环境质量恶化问题，将会严重影响旅游者的遗产旅游体验。

总地来说，体验经济学催生了全球对旅游这一典型体验现象的研究。旅游体验揭示了旅游活动的本质。在旅游体验研究领域，经过长达 50 多年的理论积淀，从心理学、社会学、人类学视角形成了七种经典旅游体验理论，构建了针对不同体验情景量化实证研究的体验模型和测量量表，并且逐步发现实证研究方法对旅游体验研究的契合性和必要性。文化遗产旅游是以文物、建筑物和遗址及其周围环境为主要旅游吸引物的特殊旅游活动，文化遗产地旅游环境形成旅游者进行景观审美、休闲娱乐、文化教育以及身心修养体验的强磁场。遗产旅游体验模型和相关的实证研究成果阐明了影响遗产旅游者体验的关键要素。这些研究成果为本书山岳型世界文化遗产地旅游环境质量的内涵分析和理论模型的提出提供了切实的理论支撑。

第三节　功能目的论与旅游文化翻译

一、功能目的论概述

功能目的翻译理论是德国的赖斯（K.Reiss）、费米尔（H.J.Vermeer）、曼塔莉（Justa Holz Manttari）和诺德（Christiane Nord）等学者提出的以"译文功能论"为中心的翻译理论，其创始人莱斯首先提出"把翻译行为所要达到的特殊目的"作为翻译的新模式。1976年莱斯，再次阐释这一观点。费米尔多次提出，"翻译方法和翻译策略必须由译文预期目的或功能决定"。20世纪90年代初，诺德又进一步拓展了译文功能理论，她在原有理论的基础上，提出"功能+忠实"这样一个概念并给翻译做了如下定义：翻译是创作使其发挥某种功能的译语文本；它与其原语文本保持的联系将根据译文预期或所要求的功能得以具体化。翻译使由于客观存在的语言文化障碍无法进行的交际行为得以顺利进行。

魏乐琴、王波指出在以上的定义中，诺德强调了原文和译文之间必须有一定的联系，这种联系的质量和数量由预期译文功能决定。以译文预期为目的，根据各种语境因素，选择最佳处理方法。根据这一理论，对旅游文化内涵翻译，应以提供信息和渲染感情作为目的，最终实现交际的功能。

二、功能目的翻译理论与旅游文化翻译

旅游文化内涵翻译属于翻译的一种，且又属于实用文体翻译的范畴，它是一种跨文化、跨语言、跨社会、跨时空、跨心理的交际活动。同其他类型的翻译相比，旅游文化内涵翻译在跨文化、跨心理交际的特点上表现得更为突出。旅游文化内涵翻译的目的就是通过翻译，让外国游客在旅游过程中能获取旅游地的文化信息，并获得美的感受，从而实现旅游对外宣传的信息功能、美感功能。功能目的翻译理论以翻译目的为总原则，将翻译的焦点从对源语文本的再现转移到更富挑战性的译语文本的创作，给翻译，尤其是实用文体翻译实践中出现的各种必不可少且行之有效的翻译方法提供理论依据。根据功能目的论，旅游文化内涵翻译的策略和方法应由译语的功能或预期目的决定，在分析原文的基础上，以译语预期功能为依据，结合外国游客的社会文化背景和对译文的期待感应力或社会知识及交际需要等各种因素，灵活选择最佳处理方法。对旅游景点文化内涵翻译而言，不仅需要传递源语文本所含的旅游信息，还要把与景观相关的旅游文化传递给目的语读者。由此可见，功能目的翻译理论对旅游文化内涵翻译，尤其是人文景观翻译具有一定的指导意义。

第四节 跨文化交际理论与旅游文化翻译

一、旅游翻译中的文化因素

翻译本身就是一种跨文化行为,一种交际行为,旅游翻译同样如此。旅游资源所体现的不仅仅是自身的审美价值,其背后还蕴藏着许多文化因素,可以说,旅游与文化息息相关、不可分割,文化是旅游资源的灵魂。中国是一个拥有丰富人文景观和自然景观的国家,尤其是其具有的人文景观,是中国五千多年文化的沉淀和积累,所以说旅游资源本身就是一种独特的中国文化。旅游翻译不仅仅是对旅游景观的简单介绍,也是对其所具有的文化因素的传递。因此,旅游翻译本身就是一种跨文化交际行为,只有通过翻译消除文化之间存在的差异,才能让外国旅游者更好地理解旅游资源中所包含的文化内涵。

二、旅游翻译跨文化交际性研究

(一)文化差异对旅游翻译跨文化交际的影响

中西文化存在很多差异,其非常重要的一方面就是风俗习惯上的差异。在中国传统文化中,中国人奉行的是集体本位和保守求安,然后在西方奉行的则是个人本位和崇尚自我的价值观。所以当在旅游景点中如果你对中国人说一声"旅途辛苦",中国人会觉得这是很温馨的,但是如果你对西方人这样说,他们会认为这是对他们的侮辱,因为这是在说他们已经老了,此时,你应该所说的是"旅途愉快"。此外,在中国"龙"被奉为神圣的东西,是一种高贵的象征,但是在西方"龙"是一种邪恶动物。通过这两个例子我们可以看出中西方在文化心理上还是存在着很大的差异的,所以在旅游翻译跨文化交际中一定要特别注意这个问题。

(二)审美差异对旅游翻译跨文化交际的影响

从审美上来讲,中国人喜欢主观上去想象描绘景象,把个人的情感融入自然景观中,在中国人眼里景观只是一种人内在心情的外在体现,所以在描述景观时中国喜欢用一些比较抽象的词语,诸如秀色可餐、马如游龙、水色山光等。但是在西方人眼里自然景观就是一种自然现象,没有什么特殊的表达含义,人和自然是分开的,不是合二为一的。他们在描绘自然景观时是站在自然之外去欣赏自然,语言表达的是客观存在的真实事物。所以在旅游翻译中要注意这样的不同。在旅游翻译跨文化交际中要特别注意这样的情况,不能把中国人虚虚实实、物我合一的观点带入旅游翻译中,那样只会让西方人不理解和增加他们的负担。

（三）民族风情差异对旅游翻译跨文化交际的影响

中国自古以来就是多民族国家，每个民族都有自己的风土人情，形成了多种多样的人文景观。各民族都有其独特的风土人情，从建筑到生活用具，从服饰到民族歌谣，不同的民族的风俗习惯形成了色彩斑斓的人文景观。不同的风土人情有不同的风俗习惯，有不同的禁忌，所以在旅游翻译中不仅要了解我国各民族的风土人情，也要了解外国人的风土人情，避免因为不当的翻译造成交际上的困难甚至是冲突。

（四）思维方式差异对旅游翻译跨文化交际的影响

思维方式的差异是影响旅游翻译跨文化交际中最重要的因素。在旅游翻译错误的背后往往是思维方式的不一致。中国人喜欢用文字含蓄地表达自己的思想，是典型的螺旋式思维。而西方人的思维方式就是简单的开门见山、单刀直入。因此，在旅游翻译中要符合西方人的思维方式，不能按照中国人自己的思维方式去翻译，不然会造成交际上的障碍。比如，中国人对松潘县的黄龙山的描述是这样的：山姿秀美、风光旖旎、山光映水色。译文：An exquisite scenery, beautiful mountain pose, reflected color。从翻译中可以看出，英文的表达非常直接，却不能表达出中文所具有的含义，这也就大大降低了对外国人的吸引力。所以在旅游翻译时要明白西方人开门见山的思维方式，把那些抽象的词语经过转化后再进行翻译。

第五节　接受美学理论与旅游文化翻译

一、接受美学

接受美学这一理论兴起于 21 世纪 60 年代中后期，其代表人物为姚斯。他认为：读者在阅读任何一部具体的作品之前，都已处于一种先在理解结构和先在知识框架的状态，这种先在理解就是文学的"期待视野"（Horizon of Expectation）。接受美学对文学研究领域的突出贡献就是把读者放到了研究的中心位置，同时也为翻译研究提供了全新的理论视角和方法，使翻译研究的重点从译文转到译文读者的接受上。在翻译活动中，译者根据自己的"期待视野"对文本进行解读，再进行翻译。译文形成后，读者也会以自己的"期待视野"来理解、接受译文。而读者接受原文的质量将直接决定译文的质量。因此，在翻译过程中，译者应充分考虑读者的实际接受情况。

二、接受美学对旅游文本翻译的指导意义

根据接受美学的观点，翻译成功与否的关键取决于译文读者是否理解并接受译文。因此，在旅游文本翻译过程中，译者应转换视角，以读者为中心，把翻译研究的重点转向读者。充分考虑读者的认知水平、语言习惯、文化传统和审美习惯等诸多因素，采取恰当的翻译策略，最大限度地调动读者的审美体验，实现译文读者和原作者审美体验的完美融合，实现原文到译文的转换。这样的译文才不仅达意，而且传神，从而为读者所接受，进而打动读者。

三、接受美学在旅游文本翻译中的运用

根据接受美学的观点，翻译活动应以读者为中心，充分考虑读者的接受水平。旅游文本属应用文体，兼具文学和广告两种文体的特点，其翻译目的在于吸引游客和旅游市场促销，要实现该目的，翻译时译者应把读者放在中心位置，注重对译文读者的语言习惯、文化心理、审美习惯的关照，并从这三个方面确定相应的翻译策略。

（一）关照译文读者的语言习惯，转换语言表达方式

汉英两种语言分属不同语系，在语言结构上存在巨大差异。因此，汉英旅游文体均有各自独特的语言风格和语言形式。

英语旅游文本大都非修辞性明显，行文简洁明了，在描写景物时大都客观具体，语言表达重写实和逻辑思维。而汉语旅游文本往往辞藻华丽，追求文采，形容词使用频繁，语言注重工整对仗，在景物描写中经常大量使用对偶平行结构，四字结构。因此，在翻译时译者应遵循接受美学的视野融合原则，将华丽的语言转变为朴实的语言，以符合译文读者的视野期待。例如《宁静的水乡西塘》的英译：

例1：

原文：河道两边弱柳扶风，又有繁华异朵点缀，河中浮荇点点，水鸟嬉戏，一片生机。

译文：Along the river banks grow weeping flowers and colorful flowers. Flocks of water birds and white geese are playing on the water dotted with plants of floating heart.

原文用词华丽，连续使用多个四字结构，读来朗朗上口，符合汉语读者的阅读习惯和审美情趣，然而四字结构往往存在语义重复、内容不实等问题，没有实际意义，也不符合英语读者的期待视野，所以翻译时应去掉过多的主观性，去繁为简，删除那些干扰旅游者理解的内容。译文理顺了这些生机勃勃的植物、动物和水之间的逻辑关系，语言符合英语读者的语言习惯、阅读习惯和欣赏水平，使译文读者真切地感受到水乡的美丽幽静。

（二）关照译文读者的文化心理，增删文化信息

汉语旅游文本中，适当引用诗词歌赋、楹联、典故可增加游客的雅兴，增强历史文化内涵。但是，对于海外游客而言，如果没有深厚的中文功底和对中国历史、文化、地理、风俗等方面一定的了解，很难理解或欣赏这些诗词歌赋、楹联、典故。根据接受美学的观点，翻译旅游文本时译者应充分考虑译文读者的视野期待，重视他们的文化心理。对于缺少的文化信息应采取增译的策略，以补充文化信息；对于多余的文化信息应适当删除，从而消除跨文化交流的障碍，实现与译文读者的视野融合。

例 2：

原文：刘备章武三年病死于白帝城永安宫，五月运回成都，八月葬于惠陵。

译文：Liu Bei died of illness in 223 at present — day Fengjie county, Sichuan Province, and was buried here in the same year.

原文是成都武侯祠关于刘备的景点介绍。国内游客理解这句话不难。但是国外游客却难免产生这样的疑惑：章武三年是什么时候？白帝城永安宫在哪里？句子虽短，涉及的历史知识却不少。国外游客要理解这句话必须具备一定的三国知识。因此，翻译时译者考虑到译文读者的文化心理，灵活处理译文。用海外游客熟悉的公元纪年来说明"章武三年"，同时，说明"白帝城永安宫"所在的具体地理位置，突出重点，省略"五月""八月"这两处不重要的信息。

再以"东施效颦"这一典故的翻译为例，在中国，这典故可谓家喻户晓。若按字面意思译为"Dong Shi imitates Xi Shi"，英文读者看后难免会产生这样的疑惑：东施是谁？西施是谁？为什么要模仿？这些都是海外游客缺乏中国文化背景知识造成的。

译者可采用注释增译的方法，让海外游客了解这个中国历史典故，达到转播中国文化的目的。

译文：Dong Shi imitates Xi Shi（Xi Shi was a beauty in ancient China. Dong Shi was an ugly girl who tried to imitates her way）.

（三）关照译文读者的审美习惯，实现期待视野

接受美学认为，作品的价值只有通过读者的欣赏这一审美再创造活动才能实现。中国的旅游景点往往与古代文人关系密切，他们喻物明志，通过景物寄托自己的精神理想。语言大多含蓄深远，充满诗情画意。而英语的景物描写多写实，重客观描述，重点突出，结构简洁，语言连贯，逻辑清晰。因此，怎样把汉语旅游文本中的朦胧美传递给海外游客这是值得我们研究的重要课题。旅游文本翻译应重视读者的审美习惯，使译文通俗易懂，简洁明了，符合译文读者的审美需求和审美能力，为读者所理解和接受并欣赏。

例3：

原文：明代大旅行家徐霞客曾说过："薄海内外无如徽之黄山，登黄山天下无山，观止矣！"后人据此又归纳为"五岳归来不看山，黄山归来不看岳"。

这是黄山景点介绍中的一段。国内游客对于文中提到的徐霞客、徽州、五岳以及"五岳归来不看山，黄山归来不看岳"的诗句都有所耳闻。然而，海外游客并不了解徐霞客此人，不知道徽州、五岳的地理概念，对明代的时间概念也不是很清楚，更不能理解此中的诗句。因此，如果翻译时一味地忠实于原文，按照原文文本逐字逐句进行机械式翻译肯定行不通，不但会造成译文结构臃肿，而且可读性差。翻译时只需突出此段景点介绍的重点，即徐霞客和黄山美景，采取省略内容的手段，删除修饰性过强的文学因素。因此，这段文字可译为：

译文：Xu Xiake, a famous traveler and geographer in the Ming Dynasty（1368—1644），was deeply impressed by the majesty of Mount Huang.

第六节 认知图式理论与旅游文化翻译

一、图式理论及其与翻译的关系

（一）图式理论

图式（Schema）最早由德国古典哲学家伊曼努尔·康德（Immanue Kant）提出，但是其定义及概念则是由德国心理学家莱德瑞克·巴特利特（Frederick Bartlett）给出具体解释的。在莱德瑞克看来，图式代表一种思维组织形式，它是人脑吸收和处理信息的过程。随着对图式研究的深入和发展，各学者对其进行的相关研究有了更多的成果。其在认知语言学框架当中，被理解为人思维中一种固定的抽象结构，也是人思维经验的存储，其具体表现形式为语言图式（存储）、内容图式（存储）及形式图式（存储）。在这三种图式当中，每种图式包含的内容都不同。语言图式：该图式中，语音、词法等语言类知识是其中的基本元素；内容图式：该图式主要与文本相关，其中包含的文化背景内容需要挖掘；形式图式：该部分主要涉及的内容为文本的篇章结构，如文体、风格、体裁等。

（二）图式理论与翻译

根据图式理论可知，其主要源于心理学，对语言翻译有重要的作用，尤其是图式理论中语言、内容及形式图式的构成，为翻译中的解码及再解码提供了较好的基础和条件。图式理论和翻译之间的关系如下。

翻译过程中，译者必然是从文本的语言、内容及形式出发进行翻译，而这也是图式认知的体现，在此基础上译者再将文本转译成另一种文本传输给目标语读者。因此，可以说翻译时译者受到图式影响，而在图式的作用和影响下，原语言则会转化为目标语，从而帮助读者以目标语的形式对文本传递的内容进行理解。

二、文化旅游资料翻译与图式理论

由以上阐述和分析可知，翻译过程中认知图式能够产生一定的作用，并且其作用是不可否认的。而在文化旅游资料的翻译当中，同样涉及图式理论，关于文化旅游资料的翻译及图式理论的作用，具体分析如下。

（一）文化旅游资料翻译特点分析

翻译是将原语言转为目标语的过程，因此，文化旅游资料的翻译则是在资料的基础上进行翻译。但是由于文化旅游资料有其自身的特点，翻译时则需要依据其特点合理合适地将原语言转为目标语。文化旅游资料翻译特点包括以下几点。

第一，主题为旅游，资料翻译多样。旅游类的书籍、旅游广告、景点的文字说明、导游词等都是文化旅游资料。因此，在旅游主题基础上的翻译资料也是多样的。

第二，旅游资料翻译兼具商业性、功能性。旅游资料翻译的主要目的在于为旅游主体（导游、游客）提供可用的旅游信息，为旅游业服务，因此旅游资料翻译具有商业性。另外，旅游资料翻译出的文本资料也具有文化信息传递的功能、呼吸功能（翻译可适当达到吸引读者、游客的目的），以及相应的美学功能（为读者、游客从翻译的内容中找到"美"），因此，旅游资料翻译也具有较强的功能性。

从以上两点文化旅游资料翻译特点可知，译者翻译旅游资料的过程中，要充分考虑到旅游这一主题的特性，进而以适当的翻译既满足原语言文本的表达，也满足目标语读者的心理、文化需求。此外，译者翻译旅游资料时也需要秉持客观的态度，在语言、内容及形式等方面进行合理且适当的翻译，由此减少旅游时游客对某景点、说明产生困惑。综上，文化旅游资料翻译对译者的要求非常高，而译者如何达到其要求，尽量减少翻译中信息缺失、错误等问题，则需要译者从各方面作出努力。

（二）文化旅游资料翻译中图式理论的作用分析

文化旅游资料翻译的过程中，译者是翻译资料的唯一主体，因此，译者的主体性是不容置疑的，其主观能动性也十分突出。从表面上看，译者翻译文化旅游资料是将原语言转为目标语的过程，实际上也是译者思想认知的交流。而译者思想认知的交流，需要有意识和无意识地将脑中已经形成的认知图式进行构建。此时，认知图式对译者翻译产生的作用则是极为明显的，由此翻译的过程也是各个图式及其元素融合，并体现在翻译文本当中。

就文化旅游资料翻译中图式理论的作用而言，具体体现在三个方面。对译者翻译旅游资料的方法产生作用：译者翻译时如果资料和自身的图式相对应，译者大多会选择直译，如果不能译则会采用其他方法进行翻译，如采用增译法等。图式产生的弥补作用：译者在将旅游资料转译为目标语时，很有可能会出现图式缺失的情况，此时译者则要依据旅游资料重新构建语境，填补缺失的信息和内容。例如，对外翻译旅游中涉及我国传统文化时，译者则需要进行注释说明。图式理论对译者翻译面对差异的作用：译者翻译旅游资料过程中，面对图式差异则要从冲突化解的角度出发进行翻译。

总而言之，图式理论下的文化旅游资料翻译，其对译者翻译的方法和策略的选择及应用的作用和影响尤为突出。

三、基于认知图式的文化旅游资料翻译

文化旅游资料的阅读人群相对而言比较广泛，既可以是不同年龄段的人群，也可以是不同语言背景的人群，这也意味着阅读人群语言文化、思维方式是不同的。如此一来，译者翻译文化旅游资料时，需要充分考虑到译文呈现的图式是否能够降低阅读人群的阅读难度。因此，译者在翻译时不仅需要掌握旅游文本原语作者的认知图式，还要具备译语旅游者的认知图式。在认知图式的视角下，如何翻译和处理文化旅游资料，本文将结合翻译实例进行具体的分析。

（一）语言图式下的文化旅游资料翻译

语言图示主要是指词汇、词组等各方面的语言表达，基于语言图式下的文化旅游资料翻译更注重两种语言转化的合理性和恰当性。

例1：园子取名拙政园是借用西晋文人潘岳《闲居赋》中"筑室种树，逍遥自得……灌园鬻蔬，以供朝夕之膳……是亦拙者之为政也"之句取园名。

以上例句描述的是我国苏州拙政园景点的内容，例句中的语句谈及的是拙政园名字的由来，其中涉及的文言诗句是比较难翻译的部分，例如，对"筑室种树""逍遥自得"这样的句子进行翻译时，译者需要有较好的汉语基础，在充分理解这些词语和句子的含义之后才能进行翻译。简而言之，就是需要译者基于原语言基础，考虑目标语对象的语言文化进行翻译，如此才能在一定程度上译出阅读人群读得懂的译文。

基于语言图式视角的翻译如下文所示。

译文1：The garden was named Humble Administrator's Garden after Pan Yue, a scholar of the Western Jin Dynasty "in building a house plant trees, easygoing…Shrub garden and vegetable, for day meal…Is also a party politics" he sentence from the garden name.

例句1当中，苏州拙政园名字是根据西晋文人潘岳《闲居赋》中的某个句子得来，

而这个句子提到的筑室种树、逍遥自得、灌园鬻蔬等都要翻译出来,译者需要运用语言图式进行分析和翻译,"筑室种树"译文的翻译为"in building a house plant trees",而"逍遥自得",则仅用"easygoing"就表达出来了,"灌园鬻蔬"译为"Shrub garden and vegetable",将较为复杂的汉语直接用简单易懂且含义相对应的英语表达出来,如此英语语言文化背景的阅读人群,或者游客就可以立即领会到其种含义,并且被游客和目标语阅读人群所接受。

(二)内容图式视角下的旅游资料翻译

文化旅游资料翻译当中,内容图式与各个国家的旅游文化背景知识及内容相关,如旅游景点中包含的历史典故、人物传奇等。在内容图式的基础上,译者翻译时需要具有一定的旅游文化背景知识,由此进一步弥补译者语言图式上的不足,译者也能更加娴熟和地道地将原语言转为目标语。简而言之,内容图式可以认为是文化图式,在该图式视角下,译者可以采用多种翻译方法和策略进行翻译。

例2:凤凰县城所在地原名镇竿,元、明两朝为五寨长官司所在地,当时建有土城,明嘉靖三十五年(公元1556)改土城为砖城。清康熙年间,凤凰直隶厅通判、总兵和辰沅水靖兵备道衙门设在这里。康熙五十四年(公元1715)建石城。石城周长2 000米有余,开设四座城门,东门叫升恒门,南门叫静澜门,西门叫阜城门,北门叫碧辉门。

例句2主要讲述的是湖南凤凰古城中的古城墙的内容,在以上句子当中,译者需要具备相应的文化知识背景。

首先,译者对我国清朝时期的官吏职位要有一定的了解,进而才有可能比较好地翻译出"凤凰直隶厅通判""总兵和辰沅水靖兵备道衙门"这样的语句,而翻译这几个句子译者必然要运用内容图式,进而结合多种翻译方法进行翻译。此外,如何翻译"升恒门""静澜门"等,也需要结合内容图式进行分析和处理。如下文所示。

译文2:Fenghuang County includes an historic landmark that was formerly known as "Zhen Gan". It was the government seat of five stockade villages during the Ming and Qing dynasties. The city wall consists of mud that was revamped with bricks in 1556. During the reign of Emperor Kangxi, the town acted as the government seat first of the directly affiliated district, then as the district deputy governor seat, and finally as the military headquarters for the River Chen and Yuan's local forces.The city wall was rebuilt with stone in 1715 during Qing Emperor Kangxi's reign, It is 2,000 meters in circumference.Four gates to the town were built on four sides, each with a tall gate tower: the Eastern Gate (the Gate of Sheng Heng), the Southern Gate (The Gate of Jing Lan), the Western Gate (the Gate of Fu Cheng) and the North Gate (The Gate of Bi Hui).

根据译文，其中对"凤凰直隶厅通判""总兵和辰沅水靖兵备道衙门"的翻译为"the district deputy governor seat""the military headquarters"，从其翻译中可以看出中文是原语言，英语为目标语，翻译的时候不需要将"凤凰直隶厅通判"等词语逐字逐句地翻译出来，为了使具有英语语言文化背景游客及阅读者更清晰，可以通过释义的方法了解"凤凰直隶厅通判"等词语的含义。另外，针对"升恒门""静谰门"等，译者则可以在凤凰古城旅游文化基础上直接进行音译，如将"升恒门""静谰门"译为"the Gate of Sheng Heng""The Gate of Jing Lan"。译者对中文旅游文本资料的翻译和处理，可采用不同的方法和策略，只有这样才能够让目标语阅读者或游客更加清楚明了，而不感到困惑。翻译的主要原则就是，保持文化旅游资料原语言和目标语之间内容认知图式的平衡，进而实现旅游文化的传播。

（三）形式图式下的文化旅游资料翻译

所谓形式图式，其主要是指翻译文本呈现的文体、结构等，而文化旅游资料的形式具有多样性。因此，译者翻译时同样需要结合形式图式进行翻译，而根据形式图式的翻译，译者也需要适当采用或选择不同的方法处理文本资料。基于形式图式的文化旅游资料翻译可参考例句3。

例3：镜泊湖湖岸群崖陡立，湖周峰峦叠翠，湖中水平如镜，真是山在水中起，水在山中生，山山水水，相依相恋。叶剑英赋诗镜泊湖："山上平湖水上山，北国风光胜江南。"可谓画龙点睛，概括了镜泊湖的旖旎风光。

从例句3中可以明显感受到，句子为景物描写句，并且引用了我国独有的诗句形式，这种形式的描写呈现出的景物极具审美性，而如何将其翻译出来，使目标语同样可以传达出景物的美感，这非常关键。如果译者采用直译法，相对原语言会逊色很多。基于形式图式，该例句可以译为：

译文3：Jingpo Lake is surrounded by high cliffs and forests. The calm water reflects the mountains. As the mountains rise from the water, the water comes from the mountains. Jingpo Lake impresses visitor with its beautiful scenery, which often appear in poetry.

从以上翻译中，我们可以充分看到其对原语言句子的俭省和精炼，但同时译文仍保持着中文的审美感受，实现了原文本和译文本形式图式的对等关系。

综上分析，图式理论对文化旅游资料的翻译和处理具有重要作用，但要发挥其作用，实际上还需要译者自身有足够的功底，不断进行翻译锻炼，这样才能真正翻译出好的作品。

第三章 生态美学：传统旅游文化研究的新视角

第一节 生态美学的理论基础

一、中国生态美学思想

中国有着保护生态的优良传统。中国传统文化心态中，早就有善待环境的传统美德，追求人与自然的和谐是中国几千年传统文化的主流，闪耀着东方智慧的光辉。研究借鉴这些思想和实践对于今天人们提倡的环境保护和可持续发展战略有重要意义。

（一）儒家生态伦理思想

1. 天人合一，天人合其德

中国古代对人与自然环境关系的认识，可以集中地概括为四个字，即"天人合一"。这在《易经》《老子》《庄子》等书中都有系统的体现。

儒家对"天人合一"的思想有其独特的表述，尤其是在对《易经》的解释中，实际上建立了一种贯通天人的宇宙和人生哲学。儒家认为研究"天"（天道）不能不知道"人"（人道）；研究"人"也不能不知道"天"。孔子说的"畏天命""五十而知天命"中，"知天命"即是指能依据"天"的要求而充分实现由"天"而得的"天性"。这种把人类社会放在整个大生态环境中加以考虑，强调人与自然环境息息相通，和谐一体，就是"天人合一"的思想。后世儒家进一步发展了"天人合一"的思想。《中庸》说："万物并育而不相害，道并行而不相悖。"《礼记·郊特牲》说："阴阳和而万物得。"汉代大儒董仲舒认为"天人之际，合而为一"，并提出"天人感应"的理论。到宋代，宋儒们继承并发展了天人合一的思想。程颐说："安有知人道而不知天道乎？道，一也。岂人道自是一道，天道自足一道（《遗书》卷十八）？"朱熹说："天即人，人即天。"最为生动有力而又简明扼要地表现了宋儒的宇宙人生哲学的一段话见于张载的《西铭》："乾称父，坤称母；予兹藐焉，乃浑然中处。"这些论述，都把人与自然的发展变化视为相互联系、和谐、平衡的运动。从这些论述可以看出，儒家思想中，不是把天、地、人孤立起来考虑，而是把三者放在一个大系统中作整体的把握，强调天人的协调、和谐，即人与自然的协调、和谐。这与西方当代生态环境伦理的主流思想——大地伦理学与深层生态学的基本含义殊途同归，都强调整体主义，强调整个宇宙世界都是合而为一的。所以儒家的"天人合一"学说有着重要的哲学上的意义。

2. 天道生生，仁民爱物

所谓"天道"是自然界的变化过程和规律，"生生"是指产生、助生，"天道生生"指一切事物生生不息。我国古代思想家认为，自然界一切事物的产生和发展都具有一定的规律性，生命的产生和生生不息，既是自然之"道"，又是自然之"德"。儒家一贯提倡"益于生灵""利于庶物"。孔子曾说"天地之大德曰生""伐一木，杀一兽，不以其时，非孝也"。孝为人之本，这就意味着将人们对自然的珍惜上升到道德要求的高度。人应节制欲望，以便合理地开发利用自然资源，使生产和消费进入良性循环状态。儒家还明确提出"节用而爱人，使民以时"（《论语·学而》）。

孔子以"仁学"为他的全部思想的核心，"仁学"以人为核心，是关于爱人的理论，但是儒家学者在说"仁"时也常常把道德范畴扩展到生命和自然界。"亲亲而仁民，仁民而爱物。"强调敬爱亲友而泛爱他人，由泛爱他人而仁爱万物。

3. 时禁：毋变天之道，毋绝地之理

古代儒家所主张的生态伦理可以简略地归纳为以"时禁"为主的行为规范。古代儒家学说不是普遍地禁止或绝对地非议杀生（猎兽或伐树），而是认为人们做这些事时要区分情况。在此的要义不是完全的禁欲，而是节制人类的欲望。如曾子曰："树木以时伐焉，禽兽以时杀焉。"

古代中国人对这种自然和生命的节律十分敏感并有各种禁令，春秋前期的政治家管仲提出："山林虽广，草木虽美，禁发必有时；国虽充盈，金玉虽多，宫室必有度；江海虽广，池泽虽博，龟鳖虽多，网罟必有正。"《礼记·月令》篇记载有："孟春之月：禁止伐木，毋杀孩虫、胎、夭、飞鸟，毋变天之道，毋绝地之理，毋乱人之纪。仲春之月：毋竭川泽，毋漉陂也，毋焚山林。"这段话的大意是指：当春萌夏长之际，不仅特别不许破坏鸟兽之巢穴，不许杀取或伤害鸟卵、虫胎、雏鸟、幼兽，也一般地禁止各种有害于自然生长的行为，所禁的行为对象范围不仅包括动物、植物，也涉及山川土石。而其中的"毋变天之道、毋绝地之理、毋乱人之纪"则可视为基本的原则。

（二）道家生态伦理思想

中国古代的道家为生态伦理提供了一种独特的精神视野和风景，它与今天西方的生态哲学在意蕴上更为接近。虽然《老子》通篇讲政治，但它是通过自然之道、自然之理来讲

政治，可从以下四个方面阐述道家有关生态伦理的精神观念。

1. 法天贵真，道法自然

被认为是道家创始人老子和庄子，其思想阐述的重点虽有所不同，但在反对人为的干涉、强调一种自然的秩序、主张"道法自然"方面是共同的。老子通过对宇宙朴素的体悟，认识到了自然规律对人类巨大的约束作用。因此，他告诫人们要了解自然规律，顺应自然规律开展实践活动，否则就会遭到自然的惩罚。"知常曰明，不知常妄作，凶（《老子》）。"老子认为"道"是万物运行的内在动力和法则，人的行为就应该遵循"道"，做到"人法地，地法天，天法道，道法自然"。庄子看到了"道"对万物的重要性，指出"道者，万物之所由也，庶物失之者死，得之者生；为事，逆之则败，顺之则成"（《庄子·渔夫》）。庄子认为，事物的兴衰成败取决于是否遵循"道"，这一观点和现代的可持续发展思想有吻合之处，但有一个前提是顺应自然不等于不改造自然，而在于如何改造自然，如何在顺应自然规律的前提下改造自然。

2. 万物平等自化

道家的中心概念是"道"。此"道"首先是"天道"，其次才是"人道"。天人之道可以合一，即人与自然是一个统一的整体。老子言："人法地，地法天，大法道，道法自然。"说明了天地人之间法则的相通，而这种法则并非以人为依归，而是以天地、自然为依归。《庄子·齐物论》中著名的"天地与我并生，而万物与我为一"则表明了从自我得道的一种精神境界。人与自然统一，是因为人与自然万物都来自一个共同的总根源，那就是"道"，正所谓"道生一，一生二，二生三，三生万物。万物负阴而抱阳，冲气以为和"。作为道家哲学最高和最基本的范畴，"道"具有天地万物的根源和本质、万物运动变化的内在动力和法则的含义。万物都是由"道"产生，不论其形态如何丰富变化，它们在宇宙的演化过程中具有统一的本质。这个统一是客观的，不以人的主观意志为转移。"故其好之也一，其弗好之也一。其一也一，其不一也一"这是对人在自然界中的地位的正确把握。在此基础上，庄子进一步指出，天地万物都是互相联系、互相依赖的，"天地万物，不可一日而相无也"。（《庄子·大宗师》）现代生态学的研究表明，自然界的生物之间、生物与非生物之间，都是相互联系、相互作用、相互依赖的。站在"道"的高度上审视万物的价值，庄子得出了各个事物都有平等的价值的结论——"以道观之，物无贵贱"（《庄子·秋水》）。在此意义上，人与其他存在物的价值是相同的。老子也提倡万物价值的平等，"不可得而亲，不可得而疏；不可得而利，不可得而害；不可得而贵，不可得而贱"（《老子》）。万物没有亲疏贵贱之分，是道家哲学的价值观。这无疑是一种温和的生物平等主义。

儒家已经有一种在基本的生存权利和发展机会上的"人格平等"观念，而道家，则使平等的观念扩及所有动物、所有生命乃至所有事物的"物格平等"观念。

3. 按自然原则生活，体验真实生命

道家反对凡事以人为中心，反对以人事干预自然，提出了自己正面的对人的生活方式的主张和独特的人格理想。这种生活方式简要地说，就是把自己视为自然万物中的平等一员，小以主宰者自命，不以优越者自居，不致力于榨取自然，而应恬淡无为、淡泊自甘，恰如其分地认识自己在自然界的地位，重视精神而非物质的生活，在根基处体验生命的真实意义。道家追求的人生理想是在恬淡寂寞中去体会生命真味的境界。

4. 节制物欲

节制人类的物欲是防止人类破坏自然环境的一个关键，在这一点上，道家和儒家是一致的。但是，道家在这方面可能比儒家走得更远，它希望有一种预先的防范，即在有可能引起物欲的地方就开始进行节制，不使人们因物欲产生竞争。例如，老子在《道德经》中多处说到这一思想：

"不尚贤，使民不争；不贵难得之货，使民不为盗；不见可欲，使民心不乱。"

"五色令人目盲，五音令人耳聋；五味令人口爽。驰骋畋猎，令人心发狂；难得之货，令人行妨。是以圣人为腹不为目，故去彼取此。"

"我恒有三宝，持而保之。一曰兹，二曰俭，三曰不敢为天下先。"

道家哲学中"万物一体"思想所表达的宇宙生命统一论蕴含着深刻的生态智慧。老子所创立的"道"的内涵复杂而精微，其中一个重要的思想是宇宙、自然本是混沌同一的，因而分裂了的人性和人类社会也应该返璞归真，最终回到一种君主无为而治，人与自然、人与人和谐相处的理想社会中去。

二、西方生态美学思想

由于人类的活动，人类正面临着史无前例的环境问题的挑战，任何一个理性的人对此都不会无动于衷。但我们不能仅停留在对这些罪恶的讨伐上，而要上升到哲学的高度思考。

（一）人类中心主义思想批判

1. 人类中心主义的由来和主要观点

《圣经》中说，人是按上帝形象所塑造的存在物。从那时起，人类中心主义的祸根或已载进人的心灵。

古希腊的智者普罗塔哥拉曾有名言："人是万物的尺度，是存在者存在的尺度，也是不存在者不存在的尺度。"自古以来，人类的文化就带有浓厚的人类中心主义倾向。自然目的论实际就是一种最古老的人类中心主义。其核心观念是：人天生就是其他存在物的目的。这种观点最著名的代表人物是亚里士多德。他明确指出："植物的存在是为了给动物提供食物，而动物的存在为了给人提供食物，所有的动物肯定都是大自然为了人类而创

造的。"

文艺复兴以后，人性的自觉得到解放和张扬，人类开始破除拘制在心头的宗教和自然力量的神秘性，积极为自己的生存发展寻找理论支点，并把人定义为一个理性的存在物。这种观点的代表是笛卡儿。在他看来，人是一种比动物和植物更高级的存在物，因为人不仅具有躯体，还拥有不朽的灵魂或心灵，而动物和植物只具有躯体。作为纯粹的物质，动物只具有物质的属性，如体积、重量、形状等，它与无生命的客体并无区别。植物更是如此。康德、黑格尔也是这种观点的代表人物。

人类中心主义的价值观念深刻地影响着一代代人的思想和行为，它镌刻在人们的心灵深处，转化为一种思维定式，也往往形成了僵滞的思想意识。人类中心主义主要信念包括：

人是自然的主人；

人类是一切价值的来源，大自然对人类只有工具性价值，而无内在价值；

人类具有优越性，故超越自然万物；

人类与其他生物无伦理关系。

数千年来，人类沉醉于傲慢的人类中心主义。正是这种观念的驱使，使人类对自然采取了种种不负责任的行为，盲目的掠夺式的发展使人类陷入了日益严重的生态与环境危机。所以说，人类中心主义是导致全球环境危机的罪魁祸首，是产生环境问题的深层根源。

2. 对人类中心主义的批判

20世纪70年代以前，生态哲学的范式是人类中心主义的。生态哲学家大多从人类中心主义的视角探讨人与自然的关系及其伦理问题。70年代以后，全球性生态危机的进一步加剧，越来越多的人开始对人类中心主义的信念产生怀疑，从而导致生态哲学领域中人类中心主义与非人类中心主义认识上的分野。非人类中心主义者把资源枯竭和环境退化的根源归结为人对自然的支配与掠夺态度，认为这是受人类中心主义观念支配的西方文化对当代全球生态环境产生的致命影响。并指出如果仍然在人类中心主义的框架下处理人口、经济和技术等问题，生态问题最终就不可能得到解决。

（二）西方早期生态美学思想家

西方生态思想萌发得很早，在此仅以20世纪前半期为界限作一简略划分，在这之前的为早期思想家，在这之后特别是其思想影响当代生态伦理的为当代思想家。在此介绍三位有较大积极影响的早期生态伦理思想家。

1. 梭罗的非人类中心主义生态观

亨利·戴维·梭罗（Henry David Thoreau，1817—1862）是美国历史上最伟大的文学家和思想家之一。梭罗最主要的一些作品，如《瓦尔登湖》《缅因森林》等，都是以人对自然的沉思为主题的。在20世纪环境运动兴起之后，梭罗关于自然的思想成了非人类中心环境伦理学的象征和标志。梭罗本人也被誉为美国文学史上第一位主要的自然阐释者，是美国环境主义的第一位圣徒。

梭罗一生最著名的经历是1845—1847在沃尔登湖畔的小木屋里度过的两年两月零两天的日子。这是他进行的俭朴生活的实验，他自己种菜，有时去附近的村子打点零工，用大部分时间来观察自然，阅读和写作；并详细记录自己的观察、活动和思想，后来写成了《瓦尔登湖》（1854）一书。这部名著充满了对自然各个细节的微妙记录。梭罗在书中表达了一种不自觉的生态中心论的思想：自然不属于人，人却属于自然；自然是善、美和天堂，是健康、价值和来源。在梭罗的思想里，人和自然的亲近乃是人类的必需，因为人接近自然，就是接近"那生命的不竭之源泉"。

2. 环保先锋缪尔

约翰·缪尔（Jonh Muir），1838年出生于苏格兰的邓巴，11岁时全家迁到美国威斯康星州波蒂奇附近的农场。他抨击人类自以为是的自我主义，为美国国家公园的开辟和保护作出了很大贡献，代表作有《夏日走过山间》和《我们的国家公园》。

缪尔的基本思想是把自然的美学、保存自然遗产的价值和保护自然的科学方法结合起来。他不仅像赞美诗的作者一样歌颂自然，而且像真正的艺术家一样总是充满激情。他强调这种美是有用的，是精神的财富。

倡议建立国家公园便成为缪尔自然哲学的中心，而约塞米蒂国家公园的建立，就是他所设计的既享受自然又保护自然的一种模式。

1892年，缪尔和他的支持者创建了美国最早、影响最大的自然保护组织——塞拉俱乐部。他的国家公园理论的倡导与实现，使得他在美国人民中享有"国家公园之父"的美誉。今天全世界拥有国家公园的国家已经超过120个，这说明国家公园的概念已被不同文化传统的人们所接受，成为世界人民保护自然遗产的一项得力措施。

梭罗和缪尔思想的特点都带有尊崇原始自然和返璞归真的倾向，开启了对自然之伦理感情和意识的先河。

3. "敬畏生命"的法国人道主义学者阿·史怀泽

阿·史怀泽（A.Schweizer，1875—1965）是20世纪伟大的思想家。他既是享有声望的管风琴演奏家和巴赫研究家，又是哲学博士、神学博士、医学博士。然而，史怀泽给人印象最深之处并不是他的多才多艺，而是他对人类苦难的无比同情和极其热忱的献身精神。

史怀泽自幼天性善良，多愁善感。在少年时代，他就感到有同情动物的必要。思考"不应杀害和折磨生命"的命题，成了他青少年时代的大事。每天晚上，在与母亲结束祈祷并互道晚安之后，他暗地里还用自己编的祷词为所有生物祈祷："亲爱的上帝，请保护和赐福于所有生灵，使它们免遭灾难并安宁地休息。"

史怀泽于1913年放弃了在欧洲宗教、哲学、音乐各领域的锦绣前程，携妻子海伦娜抵达当时的法国殖民地——赤道非洲的兰巴雷内，建立了自己的丛林诊所，为当地居民义务治病，一直至90岁高龄与世长辞。在史怀泽逝世之后，这所医院继续得到发展，成为世界上"行动的人道主义"的象征。爱因斯坦说："像史怀泽这样理想的集善和对美的渴望于一身的人，我几乎还没有发现过。"由于他的实际行动，在当代西方世界，史怀泽是唯一能与印度甘地相比的具有国际性道德影响的人物。史怀泽终生关注伦理和文化问题，写下了大量的有关论述，创立了"敬畏生命"（Reverence for Life）的伦理学。

史怀泽认为，只涉及人对人关系的伦理学是不完整的，从而也不可能具有充分的伦理功能，但是敬畏生命的伦理学则能实现这一切。敬畏生命的伦理学说明，我们不仅与人，而且与一切存在于我们范围之内的生物发生联系，关心它们的命运，在力所能及的范围内避免伤害它们，在危难中求助它们。这种伦理学具有完全不同于只涉及人的伦理学的深度、活力和功能。由于敬畏生命的伦理学，我们与宇宙建立了一种精神的关系。

正是出于对这种伦理的深刻认识，史怀泽不仅为治病救人而自我牺牲，而且为世界和平和反对战争做了不懈的努力。史怀泽被誉为"人类的精神巨人"。他的这一工作以及他所倡导的"敬畏生命"的伦理学，不仅使他获得了1952年的诺贝尔和平奖，而且为人类未来精神走向提供了崭新的坐标。

当然，史怀泽不是反对所有的杀生。他也同意为结束动物的痛苦而结束其生命。史怀泽没有简单地把敬畏生命想象成某种法则，那种我们可应用于具体问题的法则。他认为，敬畏生命更是一种态度，这种态度确定我们是什么样的人，而不仅仅是我们该做什么。"敬畏生命"描述的是一种品性，或是一种品德，而非行为规范。一个有道德的人应持这样的态度：敬畏任何有固有价值的生命。

第二节　生态美学的本质及其内涵

一、生态美学的内涵

生态美学同生态环境学、生态哲学、生态意识学等生态科学群落一样，是伴随着生态危机而产生的全球环保与绿色运动而发展起来的一门新兴学科。它以研究地球生态环境美为主要任务，是环境美学的核心组成部分，其构成内容包括自然生态、社会物质生产生态和精神文化生产生态三大系统。目前，生态美学尚属草创时期，仍需要进行学科的基本建设。生态美学既是美学学科的一个分支，又是美学发展的当代形态，更是美学发展新范式的主要体现者与承担者。生态美学实际上是一种在新时代经济与文化背景下产生的有关人类的、崭新的存在观；是一种人与自然，人与社会达到动态平衡的、和谐一致的、处于生态审美状态的存在观；是一种新时代的、理想的审美人生；是一种"绿色的人生"。生态美学的深刻内涵是包含着新的时代内容的人文精神的，是对人类当下"非美的"生存状态的一种改变的紧迫感和危机感，是对人类永久发展、世代美好生存的深切关怀，也是对人类得以美好生存的自然家园与精神家园的一种重建。因此，生态美学确实是生态学与美学两种学科交叉、碰撞所产生的新的学科，但这并不说明它等同于两者的简单相加。生态美学应该是生态学与美学的有机结合，是从生态学的视角研究美学问题并将生态学的重要观点和方法吸收、融合到美学中去，从而形成新的美学理论形态。所以从本体论的高度来看，生态美学就是以生态为本体的美学。

二、生态美学的基本内容

生态美学致力于把美学从不食人间烟火的经验美学的神圣殿堂中解放出来，它从不以非功利性标榜和自居，也从不否认自己的实用主义（或功利主义）色彩。

实际上，生态美学具有与生俱来的实用主义视界、方案和色彩，它的产生、出发点与归宿都具有非常明显的实用主义根源和目的。从精神实质上看，它与实用主义美学有着更为相近的旨趣和追求。我们不能盲目地反对功利主义，也不能笼统地讨论功利主义的对错，这没有意义。我们不能认为功利主义是肤浅的、庸俗的、完全不可取的东西，而认为非功利思想就是高尚与完美的道德的体现。在许多情况下，功利主义也是可取的，甚至是完全必要的。功利主义有好坏、层次、境界之分，关键要看是什么样的功利主义——是极端利己的功利主义，还是对人类、社会和自然界有促进作用的功利主义，满足个人和少数人贪欲和享乐的功利主义应该予以否定，而有利于自然与社会和谐、稳定、可持续发展的功利主义就应该鼓励、提倡。许多人过分地抬高审美主义，有意或无意地贬低功利主义，就与这种对功利主义的偏见不无关系。其实，在更高的层面上，审美与功利是一致的、统一的。在生态美学观念里，真、善、美必然也应该是统一的，真、善、美的浑然一体性是由生态美学的生态整体理念与思维方式决定的。在生态美学看来，美的东西必然离不开这一重要维度，美的实现离不开善的价值诉求。生态本身就蕴含了"使……生，让……生"这一伦理内涵；生态关爱既是自然界的运行法则，也是生态的内容和实质，更是生命得以产生和孕育的根据与条件。试想：如果没有大自然给人类提供的阳光、空气、食物、水等良好的生态环境条件，人何以生？如果没有春风吹拂、气温上升、大地变暖以及其他生物提供的无机养料等适宜的环境气候条件，草何以长？每一种生物都处在生命链的一个"网节"上，都依赖其他生物才得以生存，同时，它的存在也给其他生物的生存提供某种支撑。互相关爱、互相支撑、共存共荣，就是生态关爱的实质。从这个角度来说，生态本身就是自然界的一种伦理，是天地间的一种最大的、最根本的伦理。因此，伦理维度与伦理诉求必然是生态美学的一种本质规定。在这里，生态美学能够将审美主义与功利主义统一起来，对审美至上的推崇不但不妨碍某种功利的实现，反而是实现生态和谐这个终极功利的最佳途径；在这里，生态和谐这个最大的功利其实就是美，在这个层面上，功利就是伦理、就是美，功利主义与审美主义在这里得到统一。

在传统美学观念中，美学关注的是个体，是个体的情感，不是个体与他人、与社会的关系。诚然，美学必须关注个体的情感，从鲍姆嘉通（特别是康德）以来，知、情、意或真、善、美的三分法就给美学划定了明确的研究范围。美学的力量主要在于通过作用人的情感来影响人、改造人，而且这种作用的最终效果可以改变人与人、人与社会、人与自然的关系。当然，这种改变只有通过个体才能达到，然而任何个体都不可能独立地存在，都总是处在一定的关系中。20世纪60年代以来，日益恶化的生态灾难和环境危机强有力地向人类昭示了人与环境不可分割的血肉关系，同时，还昭示出一个真理："单子"似的独立个体是不可能存在的，联系是事物更内在的本质，必须把个体放到整体中去考察，个体的意义与价值只有放在整体中才能得到充分的解释和说明。另外，美学在现代的生机和活力取决于它对现代生活的关注程度和与现代生活的结合程度，因而美学必须结合我国社会当前的发展形势，必须对我国现时代经济的大发展、人们的精神生活状况、社会审美化及艺术边缘化进行科学的理论阐释，从而提供有益的价值导向及前进方向。所以美学应该扩大自己的研究范围和视野，把人与人、人与社会、人与自然的关系纳入自己的研究范围，而不是局限在个人情感的狭小领域里。

生态美学的研究对象是人与自然、人与环境之间的生态审美关系。生态美学按照生态世界观把人与自然、人与环境的关系作为一个生态系统和有机整体来研究，既不脱离自然去研究孤立的人，也不脱离人去研究纯客观的自然与环境。美学不能脱离人，生态美学不应限于研究人与自然环境的关系，而应包括研究人与生态环境的关系。生态环境问题应是生态美学研究的中心问题。生态美学以审美经验为基础，以人与现实的审美关系为中心，去审视和探讨处于生态系统中的人与自然、人与环境的相互关系，去研究和解决人类生态环境的保护问题和建设问题。生态美学研究的主要内容包括人与自然的美学意义，生态现象的审美价值和生态美，生态环境的审美感受和审美心理，人类生态环境建设中的美学问题，艺术与人类生态环境，生态审美观与生态审美教育，等等。另外，在本体论的层面，生态美学应该回答如下问题：生态美学应该建立在什么样的哲学思想基础上？它的哲学依据是什么？生态美学的理论逻辑是怎样的？逻辑起点在何处？逻辑推演如何展开？生态美学跟以前的美学（如实践美学等）的关系如何？生态美学要加强实证研究，通过实证研究来回答生态美存在于何处、生态美有哪些表现、生态美与生态平衡是什么关系、以及生态美可不可以分类、怎样进行分类等问题。

三、生态美学的本质及其性质

作为一种新的美学理论体系,生态美学无论是在其世界观上,还是在其伦理观与价值观上都具有特有的本质和属性。

(一)生态美学是生态世界观在美学上的延伸和运用

作为一种世界观的、自然科学与人文科学相结合的生态美学,其本质上是一种世界观,一种生态的世界观。可以说,生态美学就是生态世界观在美学上的延伸和运用。

生态美学坚持生态系统整体观,认为人是自然生态系统的有机组成部分,要求人类必须遵循生态系统的整体规律,重新建构人与自然和平共处、和谐统一关系。生态美学把自然理解为一个整体、一个寓多样性于一身的统一体,自然中每一个存在的发展都是更大的发展系统不可分割的部分,每一存在都是价值的展示。有机整体的观念可以追溯到黑格尔特别强调的事物的内在联系和整体观念,这种有机整体主义学说甚至被看作是黑格尔主义的实质。有机整体主义的观念是:元素或概念,不具有独立的同一性或本质,而一概都是它同它所属的那个整体中所有其他元素或概念的相互关联的一种作用。这种整体主义与分析哲学在思维路向上大异其趣——分析活动,是在逻辑原子主义的庇护下开始进行的。逻辑原子主义的观念是:世界上至少有一些逻辑上独立的事实或东西(即使它们仅仅是感觉材料),构成现实、真理和证明的不变的基础,并以某种方式,通过我们的概念图式,在经验中再现给我们。有机整体主义在20世纪受到分析哲学的猛烈的抨击,可以说逻辑原子主义是对黑格尔主义的某种正确的反驳,但是当逻辑原子主义不恰当地扩大了自己的应用范围——当人们把孤立的个体看作是能够完全独立自主的个体的时候,必然会加剧人与人、人与自然之间的矛盾冲突。而当自然以灾害的形式报复人类的自大和狂妄时,这就无疑是在告诉人类,人并不是一个孤立的原子,因此,人与世界是一个整体。可以说,这不是理论而是整整一个时代的人类实践活动的结果,显现和证实了物质世界和人类生活世界是一个有机统一的整体这一真理性事实。

生态美学在肯定人与自然万物具有本质差别的基础上,坚持认为人与自然万物的关系不是以主客二分为主要特征,而是以主体间性,和主客一体、"天人合一"为特征;坚持认为人与自然事物不是主体与客体的关系,而是主体与主体的关系。自然万物(包括人)之间的关系是既有区别又平等的主体间的关系;人与自然万物的作用不是机械地相互作用,而是有机统一的关系;人不是自然界的主人,而是自然界的有机组成部分。因此,在生态美学看来,传统美学对美的本质的主客观性质的区分是没有意义的,可以说"美是主观的还是客观的"这种提问方式本身就存在问题。在本体论的意义上,不存在主客二分,也就没有主体与客体——主体即客体,客体即主体。美既不在心也不在物,美是心与物的某种契合。这里的心包括人的感觉器官和心灵；这里的物既指自然万物，也指人和自然宇宙的精神。

（二）生态美学是生态伦理观终极目标的审美救赎

生态美学更以其鲜明强烈的现实关怀品格，致力于寻求"诗意地栖居"的现实途径，因而审美本身对生态美学来说就是伦理。正如舒斯特曼所说："在决定我们对怎样引导或塑造我们的生活和怎样评估什么是善的生活的选择上，审美的考虑是或应该是至关紧要的、也许最终是最重要的。它通过将审美确立为美好生活的正确伦理理想、首选模式和估价标准，使维特根斯坦伦理学和美学是一回事这个含糊的格言充实起来。"

如果个人的审美潜能得到充分发挥，每个人都能审美地生存，那么这种审美生活必然会造就一个充满善的社会。韦伯强调，在宗教衰落的时代，审美就具有某种取宗教而代之的世俗的"救赎"功能。"审美救赎"行为本身必然是指向善的，"审美救赎"的内容和实质也是善的，如此看来，审美当然可以成为伦理的一部分。生态美学不是一种微观的美学理论，而是一种宏观的文化美学、伦理美学。

"我应该如何生活"这个问题对人类来说是首要的问题。对于人类来说，要真正地改变其行为方式，就必须依靠道德来促使其自觉意识的觉醒，因为人与自然、人与人紧张关系的合理解决最终仍然要依靠道德的力量。传统伦理观只关注人的利益和权利，而忽视非人类的、自然界的生存权利，把人对自然的征服和掠夺看成是天经地义的。它承认只有人类是权利主体，自然界不具备主体的特性，只有人类才是唯一值得尊重的物种。这必然造成人类自以为是、凡事以人类的需要和利益作为唯一出发点和最终目标，而不是以人与自然是否和谐发展为衡量准则，从而促使传统伦理观陷入"人是目的"的误区而不能自拔的局面的形成。在人类社会已进入新世纪的今天，当人们不得不合理地解决困扰人类持续发展的资源、生态环境等难题时，必须深刻反思人与人、人与自然、人与环境、人与生态之间的关系，由此便产生了生态伦理这一崭新的伦理观念。生态伦理观不仅扩大了旧伦理观的视野范围，而且对人与自然的关系给予了科学的阐释。它把人与自然看成是一个系统，当作一个有机整体来对待，从伦理的角度来维护和促进人与自然的和谐发展与共同进化，为人类社会发展寻求新的发展途径。

承认自然具有内在价值是生态伦理观的独特之处，也是其理论的根基所在。承认自然具有内在价值才能超越工具价值和工具理性的狭隘和偏执，才能承认自然界的权利，才能做到真正尊重自然、关心自然、敬畏生命，也才能达到人与自然和谐共存的理想境界。人类从自然中诞生，并在自然中得到提升和完善，因而，人类只能与自然共生、与自然同行。人类作为众多生命物种中的一种，与其他所有生命有着共同的根源，因而具有亲缘关系。就生命而言，所有生命都具有相同的本质，人类与所有生物都是平等的，没有特殊地位。

在生命的舞台上，人类只有与自然进行交流和对话，才能使物质与精神之间处于平等状态，进而获得生命的全部意义。这就意味着人类应该让鲜花开放、让虎狼生存以及让沼泽、荒漠不被破坏，这是生命个体、物种以至生态群落生存、稳定、完整、完美的权利。承认自然界的权利就意味着要对自然界尽义务。人类应当爱护、珍惜自然界，热爱自然就是保护人类自己。对自然界的爱是保护自然的内在动力，只有发自内心地爱自然，才会对自然遭到破坏的行为感到痛心，才会激发出保护自然的责任感和使命感，进而维护自然界的稳定与持续发展。因此，生态伦理把人类道德关怀的对象从人类社会成员扩大到整个自然界，认为人类对自然、生态系统和所有具有内在价值的自然系统的完整、稳定、美丽负有道德责任和义务。利奥波德认为，生态伦理学的基本原则就是："一个事物，当它有助于保护生物共同体的和谐、稳定和美丽的时候，它就是正确的；当它走向反面时，就是错误的。"

利奥波德的"大地伦理"思想是生态意识、道德意识和审美意识的完美结合。在利奥波德看来，以往的历史中，人们对自然的保护出于一种审美的要求，即从审美的感受性来认识自然存在的必要，但是人们对自然的审美常常只停留在一种欣赏自然风景的表面上，只有达到了一种在精神上同大自然交流的境界，审美才是最为深刻的。利奥波德从河水的叮咚声中，从它在石块、树根和险滩上弹奏出来的音符中听到的是生命的脉搏，是生物共同体的和谐。他说："我们领会自然特性的本领与对艺术的观察能力一样，是从美丽的东西开始的。这种特性通过日臻完美的阶段，发展到难以用语言捕捉其真义的程度。"

然而，当我们的知解力达到这样一个程度时，我们面前的沼泽就不仅仅是沼泽，鹤也不仅仅是一种鸟了。我们对沼泽和鹤就会有一种特殊的感情，就会对它们怀有一种尊重，从而去爱它们和珍惜它们。这是一种超越了利害的情感，也是一种更高的价值观，更是一种自觉、自愿的爱——是在心灵受到激发而抛开感觉的限制，进而使精神得到提高或振奋所表现出来的人的道德精神。如果我们能用一种超越了利害关系的审美观去看待自然和大地，它便会增强我们的道德感。因此，在利奥波德看来，审美与伦理是统一的。他的"大地伦理"思想就是通过阐述大地共同体的内涵，去激发人们对大地的热爱，从而在人与大地之间建立起一种道德义务。

人与自然和谐共生既是生态哲学观的基本要求，也是生态伦理观的终极目标，同时，还是生态美学的最高理想。人与自然的和谐共生思想是中国古代生态伦理传统的独特价值所在。这个思想建立在人类与天地万物的同源性、生命本质的统一性、人类与自己生存环境的一体性的直觉意识的基础之上。人与自然和谐共生用中国传统的术语来表达就是"天人合一"，"天人合一"是生态哲学观的基本内涵和基本要求。在生态哲学观看来，人与自然是一个有机整体，在人与生物赖以生存的生物圈内，每一种事物都与别的事物相关，生态系统的整体利益与人类的长远利益和根本利益是一致的，破坏了自然生态系统的整体平衡也就破坏了人类赖以安身立命的根基，所以人与自然的和谐共生是生态哲学的基本要求。生态美学思想是在人类和整个地球的生存危机这个大背景下产生的，是人类为防止和减轻环境灾难的迫切需要在思想文化领域里的表现，是在具有社会使命感和自然使命感的批评家、作家和美学家对拯救地球生态的强烈的责任心的驱使下出现的。正因为如此，人与自然的和谐共生才成为生态美学追求的理想目标。在生态美学看来，和谐是生命之间相互支持、互惠共生以及与环境融为一体展现出来的美的特征，也是美的理想。人和世界在人类生活中是本原一体、浑然未分的，这就意味着应该消解人与自然、人与整个世界的二元对立模式，将人与物、人与自然的关系彻底地还原和复归于人类生活的本体性、整体性、直接性的和谐。

（三）生态美学是一种客观价值判断

价值是人看问题的基本出发点。美学与价值密切相关，美本身属于价值的形态，它是生成的，而非既成的。从本质上说，美是一个价值问题，审美过程是一个价值评价过程，审美判断是价值判断。因此，从某种意义上来说，美学是研究审美价值的学科。

人们通常把价值概念理解为主客体之间的一种特定关系，即客体的性质、功能等对满足人类主体需要的有用性。因此，人是价值的本源，也是宇宙中唯一具有内在价值的存在，非人类的生命和自然物并不具有自身的价值，自然界的价值是指自然界作为资源或工具满足人类生存和发展的需要，因而自然界只具有工具价值。这种价值观一味地强调人类对自然的权利，忽视人类对自然应尽的义务；一味地强调自然对人类的服务性，忽视自然对人类的制约性。在这种价值观的指导下，人类生存环境急剧恶化，生态平衡遭到严重破坏，人类陷入生态困境之中。正是在这种时代形势和背景下，传统价值观念的合理性和科学性受到质疑，一种新的价值观——生态价值观开始出现。生态价值观强调综合的生态共生价值，强调人类作为生态系统中的一名成员对生命共同体的依赖性，也强调人类在维护自然的生态价值中的重要作用，把人与自然当作一个相互依存的有机整体来看待。生态价值观认为，人与自然、人与社会的辩证关系是一种生态关系，人与自然之间没有主客界限，人与自然都是价值、权力和责任的主体。生态价值观强调事物的相互关系和彼此作用，强调人与自然、人与社会的协调发展。

在生态价值观看来，价值随生命进入世界，是自然的有机性和生命性赋予它的内在价值。作为一个生命有机体的自然，其生命就意味着一种自我调节、自我维持、自我发展的目的性存在。自然系统在其自身结构中蕴含了一个内在的适应环境和发挥潜能的"目的"和"需要"，并自动寻求和趋向这个目的——整体的存在与发展。在这种目的的定向过程中表现出来的"目的"、"需要"、功效性、合理性等关系，既是一种客观的事实，又具有一种"意义"。这种自然事物间的意义或效用关系就是自然的内在价值。自然的内在价值是自然以自身为目的的价值，是自然系统自我存在、自我发展的一个基本源泉和动力，是自然在长期的发展深化中客观地形成和储存的成就。自然的内在价值以自身为尺度，不依赖于人类评价者而存在，是一种客观的价值。我们应该认识到，自然价值是内在价值与工具价值的统一体。所有生命在生物圈中，既是目的又是手段（对自身存在是目的，对其他生命存在是手段）。人类与自然的价值的互补与转换同样处于一种生态关系中，体现着人与自然之间的互为依存、互利互惠和共生进化。

　　承认自然具有内在价值是生态美学应该坚持的价值原则。生态美学反对人类中心主义者否定非人类生命的内在价值，坚持非人类中心环境伦理学，肯定和重视非人类生命的内在价值。生态美学认为自然万物与人类一样，既具有工具价值，也具有内在价值，还具有生态价值；既具有目的性，又具有客观性。在价值论的意义上，不仅人是价值主体，生命和自然界也是价值主体；不仅人具有内在价值，因而具有生存权利，人是生存权利的主体，而且生命和自然界也具有内在价值，因而也具有生存权利，生命和自然界也是权利的主体。生态世界观认为，人、生命和自然界的内在价值与外在价值的统一是主客统一的一个方面，具有不可分割的性质。原有的价值观念只考虑人自身，现在的价值观念扩展到自然领域并承认自然界的价值，这意味着生态美学也应当扩大自己的审美观念。过去，美是一种价值，这种价值也只是对人而言的；现在，对生态美学来说，美也是一种价值，但这价值已经不只是对人的价值，而是人的价值与自然价值的统一，并且这种价值就是人与自然和谐的生态价值。审美价值作为一种特殊价值，有着不同于其他价值的特点。它不同于知识价值、道德价值，也不同于物质功利，它是一种精神价值、一种情感价值。杜书瀛还认为，审美价值与许多事物的物质功利价值相比，具有更明显的精神性，是一种精神价值；尤其是它具有更强烈、更明显的情感性，甚至可以说是具有一种情感价值。杜书瀛认为，与其他价值相比，审美价值更明显地表现为它是以人自身为最高目的、以人的全面而完整的发展为最高理想、以满足人本身的自由生命创造为最高尺度的价值，并且审美价值的形式具有至关重要的意义，可以说，没有形式就没有审美价值。在生态美学看来，审美价值的特殊性在于，它是由客体的形状、色彩、情态或精神所引发的主客之间的对话与交流，这种对话与交流达到一种深度的情感共鸣与契合后主体就会产生一种主客不分、忘我、一体的精神状态，在这种精神状态中，主体对客体的特质感同身受，从而获得或愉悦，或痛苦，或崇高的情感慰藉与净化。毫无疑问，生态审美观的形成对生态价值观的形成具有十分重要的促进作用。

　　现有的全球性的生态危机从表面上看是来自人类对生态环境的破坏，然而，我们对其进行哲学分析可以看到，这些现状是来自人类对自然环境的一种主宰性思维——将人与自然放置于对立面。人类的这种人本位思想引发的强烈的个人主义，是社会问题和个人的精神状态失衡的根本原因。因此，生态美学主张丢弃原有的主客二分、二元对立的机械论，主张超越人类中心主义思维模式的束缚，在人与人、人与自然之间寻找一种生态平衡状态下的整体和谐。生态美学的研究是以与当代生态文化观念相对应的审美现象的再认识为基础，把人类历史上自发形成的生态审美观提高到一种理性的自觉，形成了生态美这一特定的审美范畴，体现了人类主体的参与性。在人类主体与自然环境的依存关系——人与自然和谐共生的时代，生态审美意识和生态美学观是人的生态意识和生态价值观中重要的组成部分。这种新的意识把保护生态环境、追求人类的持续发展作为社会价值的目标，用人与自然和谐发展的价值观指导人类自身的实践行动，表示人与自然的和谐关系从不自觉到自觉的转变，建设以人与自然和谐发展为特征的社会文明。这是一种新的价值观，冲击着原有的、以人为价值主体的、狭隘的价值观念。生态美学的价值认为，自然是其外在价值和内在价值的统一体，人类应该不光把注意力放在对自然的外在价值的利用上，还应该创造包括生态审美文化在内的内在价值观念，人类对整个世界的认识离不开人类对自然价值的理解和尊重。这种新的价值观是一种自然主义、整体主义，承认内在价值有利于缓冲人与自然的生态危机，有利于使人们重新审视和调整对自然的态度，通过观照自然回归对人类心灵体察的目的。它借助生态美学，帮助人们确立一种生态存在论价值观，并以此价值观作为生态文明时代的主导性世界观。这就有别于农业时代的宗教世界观和工业时代的理性世界观。生态存在论价值观是一种适应时代要求的生存态度，必将有利于重建人类美好的物质家园和精神家园。

第三节　生态美学理论与旅游文化

生态美是建立在生态人文观基础上的一种崭新的具有生态哲学意义的美学概念，是生态文明社会中人类的一种共同美学追求，具有与自然美本质上差异的美学特征。在生态旅游活动中，无论旅游者、旅游开发者还是旅游管理者均与生态美息息相关。

一、生态美概念

（一）自然美到生态美的过渡

生态美是在自然美的基础上，在人类对自然价值重新认识的基础上产生的美学观点。自然界的蓝天白云、红花绿叶、江河湖海、飞禽走兽无一不充满着美，对自然价值认识不同则产生不同的美学观点，产生不同的美学感受。人类中心论者认为人类是自然的主人，自然的一切包括美都是为了人类，如果没有人，自然的一切美将失去意义，失去价值，这便是工业文明时代大众所持的美学观，被称为自然美。而生态人文论则认为人与自然是平等的，自然并非只为人而美，自然有自身的美学价值，而且它的美往往与生存紧密联系，花大色艳是为植物虫媒繁殖的目的,雄孔雀开屏的美是为吸引雌孔雀的物种繁殖需要,有蓝天才有足够的阳光供植物光合作用。人类在欣赏自己建筑物美时,怎知蜂房、蚁穴、鸟巢、野兽的兽穴对于它的建筑者来说不美呢?因此,当人类沉浸在自己创造的音乐美中,人类是否认识到鸟鸣、蛙叫,甚至狼嗥于动物本身是一种美呢?因此,人类不但没有权利否定自然的自身美价值,而且可以从中得到新的美学感受,这就是生态美的认识出发点。

(二)生态美及其分类

生态美包括两大类:一类是自然生态美;另一类是人文生态美。自然美中众多的生命与其环境所表现出来的协同关系与和谐形式被称为自然生态美。自然生态美是自然界长期演化创造的美,是大自然的产物。但是,自然生态美还不是生态美的全部,生态美还包括人类遵循自然规律和美的创造原则,与自然共同创造的人与自然和谐协调的人文生态美,如人类借助生物学的繁殖技术,将全球具有观赏价值的花卉植物集于一园;人类修建与自然和睦相处的生态园林、生态城市,使自然生态美在人的创造后更加完善。总地来说,生态美是充沛的生命与其生存环境和谐所展现出来的美的形式。

(三)自然美与生态美的区别

自然美与生态美在审美基础和美的形成上均存在差异。从审美基础上看,自然美是基于对自然外部形态、色彩、声音等感官基础上的心灵愉悦,而生态美是基于对生命价值、自然价值的认识基础上的感官和心灵上的愉悦。从美的形成上看,自然美是由自然创造的,而生态美除了由自然创造外,还包括人与自然共同创造的人文生态美。

二、生态美的特点

(一)活力美

活力指的是生命充满蓬勃旺盛、永恒不息的生命力。生命力的光辉和韵律充满美学特征,植物的生态美体现在永不衰竭地利用、转化太阳能以维持自己的生命,养育所有的动物,维持生态系统的运转,使整个大自然充满生机,显示出生命的活力之美;动物的生态美体现在各自永不停息的生命承续和运动,新生命的诞生、骏马奔腾、鱼游水中,无一不充满活力之美;微生物似乎一点儿不美,但从它将动植物碎屑和残体分解为元素和简单分子归还自然再从自然中诞生新的生命来看,微生物将死亡变成生命这一转换过程,也充满着新陈代谢的承续之美,试想若地球上没有微生物,地球表面将是尸骨遍地,不堪入目,美又从何谈起?整个自然生态系统遵循着物质循环、能量流动的规律,使地球上洋溢着盎然生机。而在现在的超大工业区、特大城市,这种生态美日益减少,满目所见的是由钢铁和水泥筑建而成的人工荒漠,人为隔离大自然的物质循环和能量流动途径,使生活在城市的人从内心深处有一种疏远自然的痛苦,回归大自然的愿望油然而生,只有到了大自然,人们才真正感受到人的身心与自然融为一体的令人振奋的生命活力又重新回到自己的身上。

(二)和谐美

生态美的和谐美指的是生命与生命之间、生命与环境之间相互支持、互惠共生所展现出来的美学特征。在森林系统中,乔木为下层的灌木和草本提供所需要的散射光条件,灌木和草本为乔木提供涵养水土的条件,这种系统内务组分的和谐共处,充分利用环境提供的生存条件维持整个系统的协调发展,充满和谐之美。动物界也存在诸如犀牛与犀牛鸟和谐共生的和谐美。表面上看,动物的竞争和捕食看似"血腥恐怖",但从进化的观点来看,竞争和捕食有利于进化,创造着更加完善的生命和优美的环境,我们不得不承认"弱肉强食"同样充满着生命和谐之美。在人类社会中,人类效法自然,与自然共同创造的名山中的寺庙、江河边的栈道、城市中的古典园林,同样充满着人作为一种生命与自然协调的和谐之美。

(三)创造性

生态美是在生命与环境共同进化中创造出来的。自然生态美是动植物和微生物与环境共同进化中创造出来的,它的出现早于人工生态美。在地球形成初期,地球上没有生命,也就不存在生命的活力美和生命与生命之间、生命与环境之间的和谐美,生命的出现给地球带来了生机,生命的演化使生命本身和环境得以繁荣和完善,美也得以丰富。人文生态美是人与自然共同创造的。人类具有创造力,当人的创造力违背生态规律,这种创造力就变成破坏力,农业革命时期的水土流失,工业革命时期的环境污染就是创造力变成破坏力的结果;当人类的创造力遵循生态规律、人类的创造力与自然的创造力形成合力时,就能创造出优于自然生态美的人文生态美。面对现在地球的环境创伤,人类应积极寻求人类与自然的创造合力,恢复、重建和繁荣地球的生态美。

(四)参与性

从审美体验上,生态美与艺术美存在显著的差异,艺术美使审美者与审美对象保持一种距离,而生态美使审美者融入审美对象中,即生态美具有参与性特征。当人们欣赏热带森林时,人本身就是热带森林系统的一部分,热带森林除了给人带来众多生物组成的繁荣外貌的美学享受外,也给人带来呼吸必不可少的氧气,同时,热带森林所呈现的生物与生物之间、生物与环境之间密不可分的相互依存的和谐之美使人在感悟自然中能得到心灵上的美学享受。

三、生态美理论的生态旅游价值

珍视生命、珍视自然的生态美学观点可以说是生态旅游的灵魂。生态旅游者追求的、生态旅游开发者努力营造的、生态旅游管理者极力维护的也都是共同的，即生态美。

（一）生态旅游者追求生态美

生态旅游者与传统大众旅游者的旅游追求不同。传统大众旅游者要么追求自然美，赞美大自然的鬼斧神工；要么追求人文美，赞美人类巨大的创造力。而生态旅游者将自然美与人文美融为一体，追求生态美，赞美生命及人类的创造力，赞美生命与环境、人与自然的和谐美。

人类面临三大关系需要处理：一是人与自然的关系，二是人与人的关系，三是人自身的内心世界的平衡关系。在我们过去的道德规范中，很注重人与人之间的关系，追求真、善、美。当人类面临因不善待自然而形成的生存危机，将社会关系中的追求移置到人与自然的关系中时，发现人与自然关系层次的真、善、美同样是值得追求的，而且具有更深层次的含义。这里的"真"表现为自然生态规律的真理性；"善"表现为人类应树立正确的自然观，善待自然；"美"表现为人与其他生物物种及自然环境的和谐共生。生态旅游者具有追求人与自然关系上的真、善、美的崇高美德，体现在旅游活动中就是从自然生态规律展现出的大自然的奥秘和人与自然和谐美中净化心灵，丰满精神品格，确立健康的生存价值观。

（二）生态旅游开发者努力寻找和营造的是生态美

传统大众旅游开发者往往在旅游景区修建大量自己认为美的人工建筑，这种强加于自然的做法往往会破坏自然的和谐美，这种败笔在我国的旅游开发上随处可见。如北方有的地方建造的大观园，其原型在江南一带的亚热带地区，大观园中的潇湘馆是离不开竹子的，但是热带的竹子到温带的北方很难茂盛，失去了潇湘馆原有的气氛和特色，极不协调。生态旅游开发者则努力寻找自然生态美，对旅游景区不加干预、保持原型的同时，在自然生态规律和生态美的法则指导下，效法自然，发挥人对自然的参赞化育的作用，将自然创造力与人的创造力形成合力，共同创造出人文生态美，使自然生态美得到修正和补充。生态旅游开发者绝不会把城市的高楼大厦引入森林，破坏自然的宁静，不会把国外的异域景观引入中国的自然保护区，形成不和谐景观；而是力图营造及保持当地原始的自然生态美又与当地传统文化融为一体的人工生态美的旅游产品，只有这种最"原始"、最"土"的旅游产品才有最突出的地方特色，也才具有持续利用的价值。

（三）生态旅游管理者努力保护的是生态美

生态旅游与传统大众旅游最大的差异是：生态旅游是可持续发展旅游。传统大众旅游之所以不能持续发展，就是因为旅游管理中不注意保护，吸引游客的灵魂——旅游资源的特色受损伤甚至丧失，从而使吸引力降低或消失。如西双版纳是举世闻名的旅游景区，以它独特的"绿色"吸引游客，是中国乃至世界范围内的一大旅游热点地区，但近几年过度的旅游开发和旅游保护管理的疏忽，以及其他产业布局的不合理，"绿色"的特色正在丧失，旅游业开始走下坡路。生态旅游管理者不仅注重旅游短期的经济效益，更重视其长期的可持续发展，而可持续发展的基础就是保护生态旅游对象，保护生态旅游对象中吸引游客的生态美。为此，生态旅游管理者应重视生态环境承载力，把游客人数控制在承载范围内，同时生态旅游管理者还特别重视培养游客的环境意识，加强旅游垃圾的防治管理，重视培养生态旅游导游，这一切都可以保护生态美，最终实现生态旅游的可持续发展。

第四节　生态美学的现实价值与意义

生态美学所具有的生态世界观在美学上的延伸和运用、生态伦理观终极目标的审美救赎、一种对客观价值进行判断的世界观等本质属性使其具有非常重要的现实价值与意义。

一、生态美学赋予现代性的人类生存智慧

在新的世纪里，"人类如何发展、以何种方式发展"这一考验人类生存智慧的重大问题，既是哲学问题，也是美学问题。生态美学的研究旨趣是探寻人的生存方式，即人如何才能审美地生存、诗意地生存。在生态环境日益恶化、人与自然的矛盾越来越尖锐、人类面临异常严峻的生存危机的今天，探求人与自然和谐共存、人"诗意地栖居在大地上"的审美生存方式的生态美学本身就是人类生存智慧的现代性体现。

（一）现代性与后现代性

现代与后现代、现代性与后现代性一直是学界讨论的热门话题，对它们的理解和看法各异，这就引发了许多争论。很明显，现代与后现代、现代性与后现代性之间存在许多不同。哈桑指出，后现代有两个最基本的特征：不确定性和内在性，前者是非中心化和本体论消失的产物，后者则是将一切实在据为己有的精神倾向。在杰姆逊看来，现代主义和后现代主义有一系列的区别和对立，比如：现代主义是时间深度模式，而后现代主义则是空间平面化模式；现代主义是主体中心化的焦虑，而后现代主义则是非中心化的主体零散化；现代主义主张自律的审美观，而后现代主义则倾向于商业社会的消费主义；现代主义具有个性化的风格，而后现代主义则无风格，等等。福柯认为，现代性与其说是一种历史分期的概念，不如说是一种思维方式。利奥塔德声称，后现代就是抛弃元叙事（解放的叙事和启蒙的叙事），从追求共识的统一性转向差异性，总体性被多元论、不可通约性和局部决定论所取代。另外，现代与后现代、现代性与后现代性之间也有着深刻的联系。利奥塔德说："确切地讲，我们不得不说，后现代总是蕴含在现代之中，因为现代性、现代的时间性本

身就含有一种进入超越自身状态的冲动……现代性本来就不断地孕育着它的后现代性。"利奥塔德强调,后现代并不是现代性的终结,而是现代性自身的超越和反思。鲍曼认为:"后现代性并不必然意味着现代性的终结,或现代性遭拒绝的耻辱。后现代性不过是现代精神长久地、审慎地和清醒地注视自身而已,注视自己的状况和过去的劳作,它并不完全喜欢所看到的东西,感受到一种改变的迫切需要。后现代性就是正在来临的时代的现代性,这种现代性是从远处而不是内部来注视自身,编制自己得失的清单,对自身进行心理分析,寻找以前从未明确表达过的意图,并发现这些意图是彼此抵触和不一致的。"鲍曼强调二者的内在联系:"作为划分知识分子实践之历史时期的'现代'和'后现代',不过是表明了在某一历史时期中,某一种实践模式占主导地位,而绝不是说另一种实践模式在这一历史时期完全不存在。即使是把'现代'和'后现代'看作是两个相继出现的历史时期,也应认为它们之间是连续的、不间断的关系(毫无疑问,'现代'和'后现代'这两种实践是共存的,它们处在一种有差异的和谐之中,共同存在于每一个历史时期中,只不过在某一个历史时期中,某一种模式占主导地位,成为主流)。"

从概念本身的角度来看,现代和后现代是指不同的时期,后现代就是"现代之后"。现代性是用以描述现代时期总体特性或认知范式的概念,后现代性则是现代性之后的总体文化特性或认知范式。有些人看到二者的明显差异后宣称后现代就是现代的终结,有些人洞察到它们之间的深刻联系后则坚持现代性是一个尚未完成的规划。现代与后现代的关系是异常复杂的,如果从连续论和一致性的角度来解释二者的关系,后现代其实是审美现代性基本精神的延续,即后现代性也是一种现代性。

现代性的内涵极其复杂,充满了矛盾和歧义,它大约可以描述为维特根斯坦所说的"家族相似"的概念,或者本雅明所说的"星丛"的概念。现代性既是指现代社会文化的变化及其特性,又是指一种对这些变化和特性自觉的反思和理解。从范围上看,现代性主要包含两个基本层面:一个层面是社会的现代化,它体现出启蒙现代性的理性主义对社会生活的广泛渗透和制约;另一个层面则是以艺术等文化运动为代表的审美现代性,它常常呈现为对前一种现代性的反思、质疑和否定。由此,现代性也就存在两种具体形态:一种是启蒙的现代性,它追求数学的精确、明晰和统一,追求形而上学和绝对,合理化和工具理性是其基本表现,社会生活的现代化是其具体展现;另一种是文化的现代性、审美的现代性,它是从启蒙的现代性中衍生出来的,既受到启蒙精神的恩惠,又不可避免地反对启蒙的现代性。审美现代性的主导取向就是它对社会现代化及其启蒙现代性的解构和反思。从内涵上看,审美现代性就是社会现代化过程中分化出来的一种独特的自主性表意实践,它不断地反思着社会现代化过程本身,并不停地为急剧变化的社会生活提供重要的价值。它像是一个爱挑剔和爱发牢骚的人,对现实中种种不公正和黑暗非常敏感,关注着被非人的力量压制的种种潜在想象、个性和情感的舒张和成长。它又如一个精神分析家或牧师一般关心着被现代化潮流淹没的形形色色的主体，不断地为生存的危机和生存意义的丧失提供精神的慰藉和解释，提醒他们注意本真性的丢失的危机，并指导他们寻找家园的路径。审美现代性绝不可能取代启蒙现代性的正面功能，它只是相对于社会现代过程中负面影响而有所作为。这就是说，审美现代性作为启蒙现代性的一种"他者"存在，旨在克服或改善启蒙现代性消极的、负面的作用，即生态美学所要克服的正是工具理性所带来的种种弊端。从这个角度来说，生态美学也具有现代性的维度，是一种现代性的体现。

后现代的几个重要特征是批判在场概念、否定本原概念、拒斥统一性、拒绝任何先验标准。总之，后现代与现代相比较，是以多元化对抗一元化、以差异对抗同一、以相对主义对抗绝对主义、以地方性对抗总体性。因而，周宪认为，后现代的各种表征就呈现在审美现代性的主流倾向之中，审美现代性包含了后现代性的多种基本精神。后现代性并不是一般意义上的对抗现代性，即后现代精神要抵制和颠覆的是一种现代性——启蒙现代性及其工具理性的霸权，而这个目标其实是与审美现代性基本一致的。因此，后现代性从审美现代性那里延续的是对启蒙现代性及其工具理性霸权的反抗，它们的基本精神是一致的，所以现代性没有终结，或更准确地表述为审美现代性没有终结。在这种意义上说，后现代性也是一种现代性。

（二）生态美学是人类生存智慧的现代性体现

从某种意义上说，美学不是一门学问，甚至不应是一门学科，而是身临现代型社会困境时的一种生存论态度。从根本上说，生态美学就是人类身临现代型社会困境时的一种生存论态度，它所追求的就是在审美中实现人与自身、人与自然、人与社会的和谐与统一，这种审美的生存论态度才是人类在当今环境和时代形势下应该坚持和选择的正确的生存论态度和价值立场，对这种生存论态度和价值立场的选择本身就是人类生态智慧的现代性体现。

如前所述，人类正处在生死存亡的危急关头，正面临着严峻的生态危机，如果人与自然的尖锐冲突得不到有效遏制和及时扭转，人类自身将面临消亡的危险。今天，人类消亡已经成为西方国家十分重视的话题，可以说，对人类消亡的恐惧是20世纪以来环境保护运动的主要动机之一。有资料显示，地球上曾经存在的物种当中，大约99.8%已经消亡，而人类正是导致大量物种迅速消亡的罪魁祸首。汤因比对人类的前途忧心忡忡，他在《人类与大地母亲》一书中说："未来是难以预料的，因为它还没有成为现实。其潜在的可能是无限的，所以人们不能根据过去来推断未来。毋庸置疑，过去发生的一切事情，如果条件相同，仍会重演。但是，过去发生的事情并不一定会重演，它仅仅是许多未知的可能性之一。有些可能性是不可预料的，原因在于人们不知道过去的先例。在1763—1973这200多年间，人们获得了征服生物圈的力量，这一点就是史无前例的。在这些使人类迷惑的情况下，只有一个判断是确定的。人类，这个大地母亲的孩子，如果继续他的弑母之罪的话，他将是不可能生存下去的。他所面临的惩罚将是人类的自我毁灭。"在全书的结尾，他又说："人类将会杀害大地母亲，抑或将使她得到拯救？如果滥用增长的技术力量，人类将置大地母亲于死地；如果克服了那导致自我毁灭的放肆的贪欲，人类则能够使她重返青春，而人类的贪欲正在使伟大母亲的生命之果——包括人类在内的一切生命造物付出代价。何去何从，这就是今天，人类所面临的斯芬克斯之谜。"今天，人类所面临的这一斯芬克斯之谜正是对人类将要面临的生存智慧的重大挑战，对这个谜的回答构成了20世纪以来人类文明的亮丽风景。毫无疑问，生态美学就是这道风景中的一个闪光点，它致力于为人类的生存寻求一种审美的救赎。

　　生态美学要求人对世界采取一种"亲和"的态度和价值观。生态美学着力实现的是人与自然、人与社会、人与自身的和谐。在美学的视野中，生态审美观对生态现象及其问题的把握，着重强调的是人类对自然存在的生命感受性，以及这种感受性活动的超越本质——超越一般物质活动的占有关系和利益，超越自然存在的"对象化"形式，进而张扬人以内在生命感受方式与自然存在相联系的必然性。因此，生态审美观要重新确立人与世界的关系的价值本位、人的生存维度及其内在本质，应重点反思人的"创造"在生态改变过程中的负面性，把人引入一个"向内"的生命价值建构过程——生命活动的指向不是朝外扩张的，而是内在充盈的，是人的生命与自然生命、社会生命的交流与化合。因而，这样一种生态审美观强调的是对生命的尊重态度：不仅尊重自然，尊重社会，而且尊重人自身的生命存在；不仅尊重人的生存利益，而且尊重人与世界的关系的整体利益。

　　因此，重新弥合人与世界的天然的、内在的亲密伙伴关系，重新建立人与自然的相亲相近、可居可游的血缘关系和情感纽带，能够有效地抑制人类的贪欲以及对自然的过度攫取和"改造"，能够有效地缓解人与自然的尖锐的矛盾冲突，这对摆脱人类当前面临的生存困境和生态危机至关重要。

　　从思维方式上说，生态美学所具有的"类关怀"品格也是一种人类生存智慧的体现。李西建认为，与以往美学理念不同，生态美学还表现出一种"类关怀"的文化品格，这种"类关怀"就是一种人文思考中的"全球性视野"，它以克服存在与本质、对象化与自我确立、自由与必然、个体和类的冲突与对立以及真正解决人与自然、人与人的矛盾与分裂为核心。

　　生态美学充分地重视与强调审美的意义与作用，主张并肯定审美的至上性，这也是人们主张建构生态审美观来解决人类当前面临的生存困境的内在根据。现代性思想历程的重要产物之一是高扬美与审美对人类的至高价值，进而形成审美主义。显然，审美成为主义旨在于一种鲜明的价值取向，即将"美"提升为一种价值向度，而不仅仅是客观产物的一种属性或主体认知活动的一种结果，更应该把该向度设定为人生重要的目标，甚至是首要的目标。因为审美活动归根结底是一种情感活动，审美需要则是一种情感需要。正因为它是一种情感需要，所以审美活动才会源于人的内在要求。人们爱美、审美正如飞蛾对光的追寻，因此爱美源于人的本性，因而审美于人而言是不可或缺的，它慰藉着人的心灵、完善着人的个性。生态美学对人类生存的独特贡献和价值就在于：它是从人的情感上对人产生潜移默化的作用，通过人的审美体验和情感体验来培养审美认同和情感认同，进而达到对自然的关爱和同情，从而更好地、真正地实现对自然环境的保护和生态平衡的维持。从这种角度来说，生态学与美学的结合是一个最完美的结合，它从文化、价值观念、行为方式、生存范式等方面对人类进行根本性的改造，内在地孕育着一种人的革命——人的思维模式的革命，因而，这种结合也是一场审美革命、美学革命。对于今天的中国乃至整个世界经济建设与社会发展来说，如果生态意识不确立、观念不转变，即使投入再多的资金、使用再先进的科技设备也不能改善人与自然的关系，只能造成更严重的生态破坏。要进行生态意识教育、唤起人们对自然的"生态良知"，生态审美观的确立是至关重要的。如果我们以生态审美的眼光来看待这个世界，按照生态美学的观点和方法去处理和对待人与自然的关系，就会打破人类中心主义的局限。而坚持非人类中心环境伦理学就会避免现代性主客二分的偏颇，将自然万物都看作是与人类平等的不同主体，把它们之间的关系看作是和谐的、统一的主体间的关系，肯定和重视非人类生命的内在价值、工具价值、生态价值，肯定它们的目的性和客观性，视自然万物为人类的朋友而与它们和平共处，将不再把人类看作唯一的目的，而是把它们仅仅看作实现人类目的的工具和手段；不再把人类看作自然界的主人，而是把人类看作自然界的有机组成部分。人与自然万物的相互作用不是机械的，而是和谐统一的。如果我们用生态美学的理论指导社会实践，就能坚持生态经济观和科学发展观，既能"以人为本"，又能树立全面、协调、可持续发展的观点，实现经济、社会、生态和人的全面发展。在社会发展过程中，如果我们不再把"以人为本"看作"一切都为了人"，而是认为自然为人而存在，人也为自然而存在，人成为自然、社会、精神的统一体，那么我们就能面对经济发展过程中资源匮乏和生态环境恶化的事实，保持冷静的头脑以制订出合理的方案，使经济的发展与人口、资源、生态环境相协调。如此，我们在社会实践过程中就会发展对人类有利的方面、消除对人类不利的方面，把经济规律和生态规律综合运用于现代化建设，既能提高经济效益又能提高生态效益，这样才能坚持经济效益、生态效益和社会效益的有机统一、达到经济系统和生态系统的协调发展，从而全面地、有效地消除人与自然关系的异化，真正地实现可持续发展，促进人类社会的长足进步和发展。

总之，生态美学是一种健康的、生态的世界观、伦理观、价值观。人类只有用生态审美观念和生态审美理想建构起来的世界观、伦理观、价值观，才能发展出一种建立在和谐的基础上而不是建立在征服的基础上的对待自然的态度。人类只有用这种方式，才能把已经在理论上接受的东西（即人是自然的一个组成部分）付诸实践；也只有这样，才能最终改变消费主义、享乐主义的生活方式，从追求物质财富的占有转变为追求精神世界的完满和康健，从而真正实现人与自然、人与社会、人自身（即自然生态、社会生态、精神生态）的全面和谐。生态美学所要扭转的正是主体性神话的偏颇，所要抵制和颠覆的正是启蒙现代性及其工具理性的"霸权"，所要克服的正是工具理性所带来的种种弊端。生态美学作为一种崭新的理论形态，其深刻性在于其所拥有的价值立场与理论向度。这种价值立场与理论向度突出地体现了人类生存的智慧高度，而人类重新思考人与自然、人与社会及人与文化之间的审美关系也体现了人类对前途和命运的绿色关怀。从这个意义上说，生态美学也具有现代性的维度，是一种审美现代性的体现。

二、生态美学有利于人类走出科学技术高度发展所带来的困境

近代以来，发端于西方社会的文艺复兴以实验科学为肇始，开辟了科学革命的道路。科学的伟大理性精神迅速而强大地渗透到人文精神的领域，人类以前所未有的尊严和智慧创造了科学文化和工业文明的伟大时代。但是，任何事物都具有两面性。科学技术这把双刃剑一旦握在人类的手中，将既可以打造通向自然宝库的钥匙，也可以担当人类对自然肆虐的工具，即以巨大的科学技术的破坏力引发世界范围的生态危机。现代科学技术与工具理性的片面发展造成了感性与理性、物质与精神、人与自然、个人与社会的分裂与对立，它带来的是人性的异化、人对商品与物的统治与奴役、自我中心主义文化的张扬。如今，我们所面临的危机不单单是自然环境问题一个层面，由它所引发的社会生态危机和精神生态危机也日益凸显出来，这也是科学技术无限制发展带给人类的又一个负面效应——经济和技术的混乱以及生态灾难，最终导致精神上的肢解和分裂。雅克·莫诺在其《偶然性和必然性》中也有这样的论述："在此，我不提及人口爆炸和自然环境的破坏，甚至也不提及数量众多的百万吨级的核力量；我只想提一个更阴险和更深层的罪恶———一个围绕着精神的东西。它是由思想发展的最关键的转折点而引起的，而且，这一发展还在同一方向上不断继续和加速，加剧着人心灵上的痛苦。"毫无疑问，自然环境的破坏正在蔓延，蛰伏在人们心底的对生存的欲望促使人们肆无忌惮地争夺财富，人们被卷入物质社会的大潮中随波逐流而展示出感官的欲念。富国越来越富而穷国越来越穷，贫富差距随着经济的发展日益扩大，社会的公平和正义并没有随着经济的发展而向前推进，恰恰相反，财富的增长使富人阶级获得了更具压倒性的力量来巩固他们的特权和利益。今天，科技突飞猛进带来的负面后果是物种灭绝、环境恶化、社会不公和精神生态衰败，自然生态、社会生态和精神生态都在工具理性和科学技术的过分的、片面的膨胀中出现严重问题。

面对全球问题和"人类困境"，作为人文学科的美学也有自己的话要说、也有自己的一份责任要尽、也有自己的独特的解决方式，即是人类困境的美学解决方式——通过生态审美教育去培养人们的生态审美观和生态审美态度，用生态审美的方式去塑造一种绿色的、健康的、生态的世界观、伦理观和价值观，从而改变人们的行为模式、思维方式和生活方

式，以解决人与自然、人与社会、人与自身关系的矛盾和冲突，达到自然生态、社会生态和精神生态的和谐与平衡。生态美学是美学家提出的、用于解决人类生存困境的、美学方式的理论形态，是一种生态审美观、生态审美意识、生态审美理论等多层面的理论体系。在全球人类困境中，生态美学应该以其固有的批判精神和光芒成为对抗社会异化的堡垒，在重建人类精神家园的过程中具有审美救赎和审美建构的独特功能。

生态美学的目标不仅要求重建人与自然的和谐关系，还要求在此基础上重建人与人、人与社会、人与自身的全面和谐关系，以此促成一种更加"自然"也更加符合"人性"的生态审美生存方式，让人类和其他生命一起在大地上"诗意地栖居"。生态美学的价值目标和审美理想都决定了其必然成为人类解决自然生态、社会生态美学的现实价值与意义。在阎国忠看来，审美活动与其他认识活动、道德功利活动不同，它内在地包含着实现人与自然统一的条件和可能性。第一，审美活动需要感觉、知觉、情感、理智、意识以及潜意识的共同介入。悟性（理智）与想象力（感性、情感）自由协调的活动是构成审美活动的基本因素。因此，人的各种心理机制在审美活动中得到全面调动，从而使感性与理性的统一成为可能。第二，审美活动既是个体的活动又是群类的活动。审美活动最具有个体性，几乎没有两个人是完全相同的，但又最具有群类性，因此审美活动成为人与人沟通情感的最简便易懂的手段。第三，审美活动被自然（或技艺、艺术）引发，经过心灵的创构，造就了一个新的自然，其间既有受动性的一面也有能动性的一面。由于受动，人从自然中汲取了新的营养，从而丰富、充实了自己；由于能动，人将自身的禀赋施于自然，使自然焕发出新的生命。审美活动作为人的一种生命活动，是生命的完整体验，是人以及作为人的对象的自然的价值的全面实现。在生态审美活动中，由于生态美学所特有的生态哲学基础、生态本体理念、人与世界的"亲和"观念、"天人合一"、人与自然和谐相处共存共荣的情感态度和审美理想，人与自然之间的情感交流更容易进行，人与自然之间的审美态度更容易建立，人与自然的统一更容易实现。正如王德胜所指出的，审美生态观所追求的是实现一种人与世界之间相互的"亲和感"。

在美学视野里，一切生态现象及其存在都鲜明地呈现出特定的情感意味。面对生态领域的一切，人不是抱着某种实践的意志，而是如同热爱自己的生命一样去感受它、体会它、触摸它，而感受世界的过程则是人在自己的生命行程中体悟生命意味的过程。在这样的感受中，人获得了一种与自我生命交流的情感满足；在这样的体悟中，人沉潜于生命世界的最深处，在人与世界的整体性发展中获得生命的升华。人与世界的相互"亲和"，诞生了生态存在对人的生存满足的内在美学价值：生态完整性的意义不仅在于它表现了人与世界关系的和谐，而且在于它表现了人自身的生命和谐。在这样一种审美生态观中，人与自然之间的对立性被消弭，人与社会之间的对抗性被破除，人的内外隔阂被打通。世界是人的生命世界，人则是世界中的生命。很明显，这样一种生态审美活动有助于培养人们的生态意识，有助于缓解人与自然、人与人之间的矛盾与冲突，有助于净化心灵、平衡心态，有助于消解人内心的贪欲、提升人的精神境界。生态审美活动通过培养人们的自然审美能力来强化对自然的审美情感和审美态度，通过对自然的认同、热爱与审美来健全和完善人的心灵与人格、提升人的精神境界、促进人与人之间的互信和互爱，通过对个人素质的提升、人与人之间互爱及亲和感的形成来削弱由过度的自私与贪欲带来的人与人之间、国家与国家之间的竞争和冲突以及对资源与环境的过度攫取，最终通过对个人生态和社会生态问题的解决来达到对自然生态问题的完全解决。因为自然生态危机就是人的危机，是人的精神生态的危机。而人的精神生态并不是纯精神性的，它还有情感的一级，人的精神还需要情感的支撑，情感与精神密不可分地结合在一起，共同构成了人的精神生态境域。毫无疑问，审美既是精神的又是情感的，因为有情感的推动，审美才得以进行；因为有精神的引领，情感才得以升华。审美情感的实质就是一种爱，正因为它是一种爱，所以审美的力量也就在这里。美，无论被命名为主观的"情感"、客观的"荣耀"，还是被命名为主客体相互融合的"精神性物质"，都是这种爱折射出的光辉，都异常鲜明地体现了主体与客体之间相互依存、不离不弃的关系。只有爱这个世界，才能把碎片化的世界重新黏合起来，才能实现整体的生态自然之美。生态美学的意义与价值在这里彰显出来：通过生态审美观的建构来引导人进行生态审美，通过生态审美来完善人的情感、激发人的爱心、实现人的心态和谐，通过对健全的人的审美培养最终实现人与自然、人与社会、人与自身的全面和谐。试想，还有什么比对自然的爱更能促使人们对自然的呵护呢？

  生态审美施加于人的影响还来自审美的非功利性和超越性力量。黑格尔说，审美有一种令人解放的性质。从一开始，美的观念就存在于感性和超越性两极之间，就其超越性的维度而言，它是与真和善密不可分的形而上学原则；就其感性维度而言，它又是具体、可见的。这种特性潜藏着一个极其重要的暗示，那就是：美是人从感性生存进入超越境界的重要途径。美由于一方面联系着人的感性生存，另一方面又可以通向形而上学的超越境界，成为最可能的超越途径。生态审美以生态为本体的生态美学主张超越了人与自然的二分对立而回归到人与自然浑然未分的一体化状态，主张在万物一体化的生态平衡中保护生态的整体和谐美。生态美学的这一超越使它把人与自然的本原生态性解放了出来，解除了人对自然片面的、主宰式的征服、占有和改造，使人去关心自然、爱护自然，使自然万物能够自由存在，而不再仅仅是人们生产的原材料、宰制的对象和工具及实用功利的对象。因此，生态美的概念的提出与强化也正是人类生存环境遭遇到严重破坏，生态问题日渐突出，人们越发强烈地呼唤人与自然的和谐共生，寻求美学的价值关怀的一种必然体现。生态审美建立在对生命的深层理解之上，是以生态观念为价值取向而形成的审美意识，因此，它是将建立在人与自然、人与社会、人与自身生态关系之上的整个生命的生态过程与生态环境作为审美对象而产生的审美关照。生态审美反映了生命与生命的和谐统一性。生态审美意识不仅仅是对自身生命价值的体认，也不仅仅是对自然审美价值的发现，而且是所有生命的共感与欢歌。生命的共感既体现了生命之间的共通性，也反映出生命之间的共命运感。在这里，审美不是审美主体情感的外化或投射，而是审美主体心灵与审美对象生命价值的融合。它超越了役使自然而为我所用的价值取向的狭隘，使审美主体将自身生命与对象生命世界交融。

也许，更为重要的是生态美学能够促成生态信仰和生态价值观的形成。信仰作为人类精神的底层，其重大的价值与意义在于它所独具的终极关怀作用。首先，信仰所关怀的东西是终极性的，它在终极意义上使指向人类精神生活的其他各种关怀成为初级的关怀，使后者为它所统摄；其次，源自信仰的终极关怀是无条件的，它不为特殊的性质、意愿和环境所制约；再次，这一关怀是整体性的，它将人类世界的全部囊括无余；最后，这一关怀还是无限的，它与人类社会共生共存，相对于终极关怀也不会有丝毫的懈怠。而生态美学的意义就在于重新唤起、确立人对全整生命的信仰与热情，重新弥合人与世界关系的裂隙，以审美的价值体验方式面对自身、世界生命运动的伟大。

总之，当保护环境、维持生态平衡、追求人与自然的和谐相处成为一种信念并进而形成一种风俗和习惯时，它将具有一种制度化、审美化的力量，成为人们心灵的法律，并且这种法律不是写在法典里而是镌刻在人们的心灵和肉体上的。这种风俗和习惯的获得依赖于生态审美态度和生态审美观的养成，所以对人们进行生态审美教育、培养人们的生态审美意识具有相当重要的意义和紧迫性。当生态哲学观、生态价值观上升为一种信仰或信念时，人类必然会按照生态规律来行动，必然会采取一种符合生态规律的生活方式。到那时，人与自然、人与社会、人与自身的和谐也就形成了，同时也意味着生态时代的真正来临。因此，人们树立的生态信念和生态价值观具有异常重要的意义与作用，这一切都依赖于生态审美观的深入人心和生态审美的普及与实现。

第四章　旅游文化的生态翻译策略

第一节　生态翻译的优化选择策略

　　翻译策略指的是可以包括不同翻译技巧的翻译方案，在中外翻译史上，翻译策略一直是成对出现的，归纳起来，不外乎直译（字面译，literal translation）和意译（自由译，free translation）、语义翻译（semantic translation）与交际翻译（communicative translation）、异化翻译（foreignizing）和归化翻译（domesticating）。其中，直译和意译之争在中西方均开始于翻译开始之时。关于直译与意译的好坏，没有一个固定的答案，关键是译者是否能读懂原文，理解原文的意思，理清原文的逻辑关系，同时，对目的语的表达习惯和方式了然于心，用最符合目的语表达习惯而又最贴近原文风格的语言表达出来。所以直译和意译并不是一对完全对立的概念，而是辩证的对立统一。针对不同的读者和翻译目的，有时要直译，有时要意译，不管是直译还是意译，只要原文的意思没有歪曲，同时又满足了目的语读者的期待和译者本人或翻译发起人的目的，而且译文读起来通顺，这就不失为好的翻译。语义翻译和交际翻译是英国纽马克提出的两种翻译模式。所谓"语义翻译"，就是重视原文的形式和原作者的意图，而非目的语的语境和表达方式。语义翻译一般适用于文学、科技文献和其他视原文语言与内容同等重要的语篇体裁。交际翻译的重点是根据目的语的语言、文化和语用方式传递信息，而非忠实地复制原文的文字，译者有更大的自由度去解释原文、调整文体、排除歧义，甚至是修正原作者的错误。当然，纽马克提出的这两种翻译策略更多的是针对文本类型而言。而且纽马克区分了语义翻译和忠实翻译，他认为语义翻译与忠实翻译的最大区别就是语义翻译要注重美学价值（比如原语文本中美妙的自然的声音），而交际翻译就是用目的语读者所能真正接受和理解的内容和语言传达原文最确切的语境意义。有关"异化"和"归化"两个问题的争论在西方翻译史上已有很长的历史，尤其是在德国。早在1813年，德国哲学家和神学家施莱尔马赫（Schleiermacher）在其《论翻译的不同方法》（Uberdie verschiedenen Methoden des Ubersezens）的演讲中就提出译者将完全不相关的两个民族联系在一起、将原作者和目的语读者联系在一起的途径有两个选择：一个是译者尽可能少地打扰原作者，带领读者靠近原作者；另一个是尽可能少地打扰读者，带领原作者靠近读者。歌德也提出过类似的翻译方法问题，他从德语读者的视角提出翻译有三种方法：一种是译者使用读者的语言让读者熟悉外国的文化（familiarizes us with the foreign country on our own terms）；第二种是译者自己进入外国文化的情境，但实际上只是剔出其中的意思，然后用自己的语言解释这一意思（one seeks to project onesel finto the circumstances of the foreign meaning and then replaces it with one's own...）；第三种则是使译文完全复制原文，与原文一模一样（one seeks to make the translation identical with the original, so that the one would no longer be in the stead but in the place of the other）。韦努蒂的《重新认识翻译——话语、主体性和意识形态》（Re-thinking Translation—Discourse, Subjectivity, Ideology）和《译者的隐身———部翻译史》（The Translator's Invisibility—A History of Translation）中均提到"异化"和"归化"问题，他认为应该在两种文化的背景下去认识翻译，把"异化"和"归化"两种策略放在文化语境中去讨论。韦努蒂认为作为不同的策略，"归化"与"异化"只是相对的，因对异国文学接受程度的改变、特定文化环境的改变、国内价值体系的改变而改变。因为"译者的作用"首先是能发挥社会作用，即采用符合其职业范围内的一种合适的方式，完成一种功能。在韦努蒂看来，在当今英语处于霸权地位的时期，翻译策略上存在不平等的现象。以英语为目的语的翻译趋于"归化"，保持英语文化的主导地位，而以英语为原语的翻译却趋于异化，保持了英语文化的主导地位。这实际上就说明了英语文化的霸权地位和英语价值体系的霸权地位。由此可见，"异化"和"归化"策略是针对更宏观的文化不平等而言的。

综上所述，如果说直译和意译更多的是针对词和句法结构而言，那么语义翻译和交际翻译更多的是针对文本而言，在旅游英语翻译中必须要考虑目的语读者对文本的接受，因此，可以说，从文本类型看，交际翻译更适合旅游文本的翻译，所以下文将不讨论这两种翻译策略。异化和归化更多的是针对文化而言。而且，上述翻译策略都有互相交叉的地方。比如语言中的文化意象的异化翻译实际上也是一种直译，但有时候直译后还需要添加注释才能说清楚。如上文所述，意译更多的是解释翻译，所以不妨具体化为"释义"。在翻译的过程中，可能还会出现省译和增译的情况，因此，这里将翻译的策略分为直译、直译加注释、增译、省译、释义和归化六种。这些策略的使用应根据具体情况而定，有时使用直译，有时使用增译，有时却要省译，遇到文化特色浓厚的地方还要视具体情况采取释义、归化或添加注释等方法。具体举例分述如下：

一、直译

这里所说的"直译"就是忠实地传达原文的信息，除结构根据中英文的差异会发生改变外，其他无须做任何的变通。一般说来，如果原旅游文本包含的均是实质性信息，而且没有太多特殊的文化内容，那么直译不会引起读者的误解，反而会让读者感到信息很充足，这种情况下就应选用"直译"这一策略。例如：

例1：

原　文：On the southern slope of Goms, at the entrance to the Binn Valley, lays the mountain village of Ernen.A neat little village, with the parish church visible from afar, in fact awarded aprize for its particularly well-preserved village image.Here, since more than 25 years, annual concerts and master classes with renowned names in classical music have taken place in the "Music Village" Ernen.

译文：小山村厄嫩位于戈姆斯南坡上，位于比恩山谷的入口处，在很远的地方就能看到小村的教区教堂。实际上，这座整洁的小山村因为保存特别完好的村庄形象而获得过大奖。这里的年度音乐会和大师班已举办超过25届，众多古典音乐界的著名人物都曾出现在"音乐村"厄嫩。

例2：

原　文：Despite a history of tourism dating back more than 100 years in the region, a genuineAlpine lifestyle still prevails in the destination of Gstaad.For instance, there are approx.200 agricultural businesses, the number of inhabitants and cows is almost equal with about 7,000 each. Houses with a chalet architectural style dominate the villages in the region. Forests, meadows, streams and lakes-surrounded by a magnificent mountain panorama-create animpressive backdrop.

译文：尽管格施塔德作为旅游目的地的历史已经超过100年，但地道的阿尔卑斯生活方式依然在这里占据着主要地位。例如，这里约有200家农业企业和7000名居民，饲养着7000头奶牛。该地区的村庄依然以木屋式建筑风格为主，群山环绕的森林、草原、溪流和湖泊组成了一幅完美的背景画卷，令人叹为观止。

例3：

原文：莲花峰是黄山三大主峰中的最高峰，海拔1864米。从莲花岭到莲花峰顶的1 500米路上，沿途有飞龙松、倒挂松等名松及黄山杜鹃。

译文：Lotus Peak is the highest peak among the three major peaks of Mount Huangshan, with anelevation of 1,864 meters.Along the 1,500-meter route from Lotus Ridge to Lotus Peak, thereare famous pine trees such as the Flying Dragon pine and the overhead hooking pine, as well as azaleas.

例4：

原文：紫禁城分成两部分，前面部分有三大殿。皇帝在这里处理朝政，主持重要仪式。紫禁城内所有建筑物的屋顶都是黄瓦，黄色只有皇帝才能使用。

译文: The Forbidden City is divided into two sections. The front part has three large halls, wherethe emperor dealt with the state affairs and conducted important ceremonles. All buildings inthe Forbidden City have roofs of yellow tiles, for yellow was the colour for the emperor.

以上的四个例子，不论是例1、例2的英文原文，还是例3、例4的中文原文均包含了实质性的信息。例1主要介绍了厄嫩的信息，非常清楚明白；例2则是对格施塔德的介绍；例3则是对黄山上的莲花峰进行介绍；例4对紫禁城的结构及建筑特色进行了简要介绍。因此，在翻译中均做"直译"处理，这样目的语读者就会直观地了解这些旅游目的地的信息。

二、直译加注释

直译加注释就是在括号内对译文添加一些简单的注释内容，尤其是对一些音译的人名、地名或事件名等进行意思上的解释，从而使读者更好地了解其中涉及的人物、地方或事件等，激发读者的情趣并丰富读者的知识结构。从某种意义上来说，注释是增词法的一种表现形式，但一般仅对前面的词进行解释。

例5：

原　文：Friedrich Nietzsche, Richard Wagner, Hermann Hesse, Thomas Mann, Arturo Toscanlm, Richard Strauss, Herbert von Karajan and many other famous personalities from the worlds ofthe arts and culture have contributed to the myth and nimbus of this valley. "Schlittedas-Chalandamarz", an own architectural style (the "Engadine house"), and the famous Engadine nuttart are also a part of it all.

译文：弗里德里希·尼采（哲学家）、理查德·瓦格纳（音乐家）、赫尔曼·黑塞（笠家，曾获诺贝尔文学奖）、托马斯·曼（作家，曾获诺贝尔文学奖）、阿尔图洛·托斯卡尼尼（指挥家）、理查·施特劳斯（作曲家）、赫伯特·冯·卡拉扬（指挥家）以及其他众多著名的艺术和文化名人为这一山谷增添了神秘和灵气。独特的建筑风格Schlittedas-Chalandamarz（恩嘎丁之屋）以及著名的恩嘎丁坚果甜饼也是其文化的一部分。

一般说来，英语旅游材料译成汉语时添加注释的情况不是很多，因为大部分英语旅游材料中除名人以外，很少涉及其他难懂的信息，所以一般不需要添加注释。直译加注释更多地适用于汉译英。

例6：

原文：霍元甲故居建于清同治初年，1997年进行了重新修葺。故居内陈列了与霍元甲相关的文物及其生前用过的物品。霍元甲西屋书房墙上高挂着孙中山为精武体育会馆的题词："尚武精神"。

译文：The former residence of Huo Yuanjia, built during the early years of the Tongzhi Period ofthe Qing Dynasty, was renovated in 1997. It displays cultural relics and daily belongingsrelated to Huo Yuanjia. On the wall in the west study of Huo Yuanjia hangs the inscription "shangwu jingshen"（which means martial spirit）written by Sun Yat-Sen for the Chin Woo Athletic Association.

例 7：

原文：当时在城西南的锡山开采出了锡矿，锡矿发现后，人们就把这个地方称为"有锡"。天长日久，锡矿挖完了，"有锡"便改成了"无锡"。

译 文：Then on the Xishan Hill to the southwest of the city, a tin mine was discovered. After that, the city was named "Youxi"（which means "having tin"）. As time went by, the tin mine was exhausted, and the city was renamed "Wuxi"（which means "having no tin"）.

例 8：

原文：路左有一巨石，石上有苏东坡手书的"云外流春"四个大字。

译 文：To the left is another rock engraved with four big Chinese characters Yun Wai Liu Chun（Beyond clouds flows spring）written by Su Dongpo（1037—1101）, the most versatile poet of the North Song Dynasty（960—1127）.

例 9：

原文：文人墨客常以古代美女西施来比喻西湖的娇美，因此它又有"西子湖"的美称。

译 文：Many men of letters like to compare the West Lake in Hangzhou, whose Chinese name is Xi Hu, to the famous beauty Xi Shi of the State of Yue of the Spring and Autumn Period, calling it "Xi Zi Hu", where "zi", in Chinese, is used to refer to a female person.

以上五个例子中，例 5 的原句涉及很多文化名人，也许有些中文读者对某些人物不太熟悉，所以在括号内添加简单的注释，这样就会使读者更加清楚所介绍的地方充满了怎样的文化底蕴和文化气息。后三个例子例 7、例 8 和例 9 涉及地名、人名的汉字意义，如果只是直译，英语读者不会了解其意义或文化渊源，所以在相应的地方对这些汉字的意义进行了解释，可以增进读者对所介绍的旅游目的地或景观历史渊源的了解，激发他们的兴趣，同时有利于宣传中国文化。而例 6 中的"尚武精神"和例 8 中的"云外流春"四个字如果只用音译，就外国人的认知程度而言恐怕难以理解，如果只用意译，可能会引起误解，认为上面题写的就是英文，这里适当地增添相关内容，采用音译加释义的策略就能较好地传达原文的意思。如前文所述，一般说来，汉译英的时候采用直译加注释这一翻译策略的地方比较多，因为中文旅游材料中涉及中国历史、人名、地名、朝代、诗词和典故的时候会比英文多。

三、增译

增译就是在译文中添加一些原文没有的字眼，有时是为了让译文读者更清楚地理解原文的信息，有时则是为了使译文更加完满，更富有宣传性。一般说来，第一种情况适用于汉译英，因为汉语旅游材料中许多名胜古迹均与一定的历史事件、典故和人物等联系在一起。除上文所述的对名称的解释外，有时还添加一定的信息，如上文例 8 中关于苏东坡所在朝代、年代以及苏东坡历史地位的字眼都是原文所没有的，但这样就可以增加一些背景资料有利于英语读者的了解。后一种情况一般适用于英译汉，由于英文背后的思维结构和审美心理不同于汉语，英文更注重信息和写实，汉语更注重艺术和渲染，所以一些英文旅游材料在译成中文时往往添加一些渲染的词汇，以迎合中文读者的审美预期和思维方式。我们可以将两种增译分别称作"信息增译"和"修辞增译"。两种情况举例如下：

例 10：

原文：琼岛东北部有"琼岛春荫"碑，为 1751 年所建，附近风光秀丽，过去是燕京八景之一。

译　文：In the northeast of Qiongdao Island, there is a stone tablet, erected in 1751, with "QiongDao Chun Yin" (Spring Shade on the Qiongdao Island) engraved on it. It is said theinscription was written by Emperor Qianlong (with his reign from 1736 t0 1796). This area, noted for its beautiful scenery, was counted as one ofthe eight outstanding views of Beijing.

例 11：

原文：（桃花源）始建于晋，初兴于唐，鼎盛于宋，大毁于元，时兴时衰于明清，萧条于民国，渐复于新中国成立后，大规模修复开始于 1990 年。

译　文：Taohuayuan (the peach flower source) was first built in the Jin Dynasty (256—420), began to take shape in the Tang Dynasty (618—907), flourished in the Song Dynasty (960—1279), and went to ruin in the Yuan Dynasty (1279—1368). With ups and downs through the Ming and Qing dynasties (1368—1911), it was almost abandoned in Minguo Period (1912—1949) but restored from the year 1949. A large-scale renovation began in 1990.

例 10 的英译文中除对"琼岛春荫"四个汉字进行了注释外，还添加了 It is said the inscription was written by Emperor Qianlong (with his reign from 1736 to 1796) 这一信息，有助于读者了解所介绍景点的历史意义。例 11 的英译文除对"桃花源"三个字进行了注释外，还对涉及的每个时期添加了起止时间，有利于英文读者了解所介绍景点的历史以及这些朝代的公元纪年起止时间。这两个汉译英的例子就是"信息增译"。个别情况下，英语材料在翻译成中文时也会利用"增译"策略使所表达的信息更为明确，当然这样的情况比较少。

四、省译

省译也叫"删减"翻译，即在翻译的过程中省掉一些东西。在旅游文本翻译中，"省译"一般适用于汉译英。如前文所说，中文的旅游文本符合汉语美学的特点，更善于写景和抒情，而且往往使用一些夸张渲染的手法让读者产生一种形象美，这种写作手法对中文读者来说完全是可以接受的，而且符合中文读者的审美预期，但是对英语读者来说，他们的思维方式决定了他们更愿意看到一些实质性信息，所以如果直译，效果会适得其反，所以有些夸张和渲染的词句不如删减不译，这实际上与前文的"修辞增译"相反，是一种"修辞省译"。正如贾文波指出，中国人历来的审美习惯使得汉语行文更具工整对偶、节奏铿锵的特色，诗情画意盎然，极大地迎合了汉民族的审美心理，体现出汉民族极富东方哲理的美学思想。而西方传统哲学强调分析型抽象理性思维，体现在语言表达形式上，就出现了英语句式构架严整、表达思维缜密、行文注重逻辑理性、用词强调简洁自然的风格，语言上最忌重复累赘，追求一种自然流畅之美。而且，中国人在描述事物时，还喜欢引经据典，在旅游文本中喜欢引用古诗名句，以博得读者的审美认同感，正如顾维勇指出："中国人在写事状物时喜欢引用名人名言或古诗词加以验证，中国读者读了会加深印象，并从中得到艺术享受，而在外国人看来似乎是画蛇添足。译文中删去，反而干净利落，明白晓畅。"可见，在旅游文本的汉译英过程中对上述情况采取"省译"的策略是必要的。请看下面的例子。

例12：

原文：满树金花、芳香四溢的金桂；花白如雪、香气扑鼻的银桂；红里透黄、花多味浓的紫砂桂；花色似银的四季桂，竞相开放，争艳比美。进入桂林公园，阵阵桂香扑鼻而来。

译文：The Park of Sweet Osmanthus is noted for its profusion of osmanthus trees. Flowers indifferent colours from these trees pervade the whole garden with their fragrance.

例13：

原文：亚龙湾最突出、最引人入胜的是它的海水和沙滩。这里湛蓝的海水清澈如镜，能见度超过10米，海底珊瑚保存完好，生活着众多形态各异、色彩缤纷的热带鱼种，是国家级珊瑚礁重点保护区，因此也成了难得的潜水胜地。亚龙湾柔软细腻的沙滩洁白如银，延伸约8公里，长度约是美国夏威夷的3倍。

译文：The most striking view of the bay is the sea and the beach. The sea water is clear withvisibility as far down as 10 meters. Under the surface are all kinds of coral and colorful tropicalfish, making it an ideal destination for divers. The beach covered with silver-white sandextends 8 km, three times the length of the beach in Hawaii。

例14：

原文：徽派建筑是中国古建筑最重要的流派之一。徽派建筑构思精巧、自然得体、造型丰富，讲究韵律美，以马头墙、小青瓦最有特色；在建筑雕刻艺术的综合运用上，融石雕、木雕、砖雕为一体，显得富丽堂皇，极具文化气息。

译　文：Huizhou Style Architecture is one of the most important styles in ancient Chinese architecture. It is exquisitely designed in various shapes, characterized by Matou Walls and Chinese-style tiles.

例 15：

原文：江岸上彩楼林立，彩灯高悬，旌旗飘摇，呈现出一派喜气洋洋的节日场面。千姿百态的各式彩龙在江面游弋，舒展着优美的身姿，有的摇头摆尾，风采奕奕；有的喷火吐水，威风八面。

译文：High-rise buildings, ornamented with coloured lanterns and bright banners, stand along the river banks. On the river itself, decorated loong-shaped boats await their challenge, displaying their individual charms. Some wag their heads and tails and others spray fire and water.

从以上例子可以看出，中文旅游文本可谓极尽渲染和描述之能事，这些表达势必会吸引中国读者的眼球，因为这些描写符合他们的审美习惯和思维方式，但如果直译，对更注重逻辑、信息和旅游文本简约的英语读者来说会显得累赘沉重，反而就起不到旅游宣传的目的。因此，在翻译时均未一一直译，而是省去了一些含非实质性信息的描写和渲染，保留了一些具体客观的信息，这种省译既保证了译文符合英语读者的审美预期，又保证了旅游宣传的目的得到实现，可谓一举两得。除这种省译外，有时一些引用的复杂诗句也会省译。

五、释义

释义即英文中的 paraphrase，从翻译的角度讲就是不直接按照原文逐字翻译，而是用译者自己的话把原文的意思表达出来，即在译文中解释原文的意思。在旅游文本翻译中，这种策略可用于原文引用了比较难懂的诗句或典故但直译加注释又显得没有必要的时候。此种策略一般也适用于汉译英。

例 16：

原文：风和日丽时举目远望，余山、金山、崇明岛隐隐可见，真有"登泰山而小天下"之感。

译　文：Standing at this altitude on sunny days, one has the feeling that the world below is suddenlybelittled.（或 When one looks out from such an altitude on sunny days, the world before him seems to be suddenly belittled.）

例 17：

原文：舟的前方驾着一柄长舵，形如关云长的青龙偃月刀。

译　文：In front of the boat is a long helm, which is shaped like the knife on the westerners' dinner table.

例 16 原文中"登泰山而小天下"这句话只译出了其中的意思，没有直译，例 17 原文的"关云长的青龙偃月刀"如果直译，还需注释说明"关云长"为何许人，"青龙"和"偃月刀"是什么样的形象，这样显得繁琐，而且即使解释出来，外国读者也不一定能完全明白其中的文化内容，因此翻译时仅对这些信息进行解释处理。这样，"青龙偃月刀"与他们的餐具联系在一起，使英语读者读来感到亲切生动，没有陌生感，是一种巧妙的寻找最佳关联点韵译法。关照了游客心境，取得了"诱导"的效果，可以使译文读者在自己文化的基础上理解异国文化内涵，有助于文化的交流与理解。

六、归化

如前文所述，在《论翻译的方法》（Methoden des Ubersetzens）中，施莱尔马赫提出：译者可以"不打扰原作者而将读者移近作者"，又或者"尽量不打扰读者而将作者移近读者"。实际上，第一种情况就是以原作者为中心，第二种情况就是以译文读者为中心，这与后来韦努蒂提出的"异化翻译"和"归化翻译"有惊人的相似之处，因为韦努蒂提出的"异化"翻译策略就是要强调原文与译文的不同（Venuti，1995：20），而"归化"翻译策略则强调要消除原文对译文读者的陌生化（Shuttleworth & Cowie，1997：43—44），但两者都要放在文化语境内（Venuti，1995：20）。因此，此处的"归化"翻译就是指文化上的归化翻译，即用目的语中的文化形象去取代原语中的文化形象，从而使译文读者更好地掌握信息，达到翻译的目的。在旅游文本翻译中，"归化"翻译主要用于以下情况：原文的一些文化形象太复杂或对译文读者来说非常陌生，直译过来之后不能为读者所理解。请看下面的例子。

例 18：

原文：济公劫富济贫，深受穷苦人民爱戴。

译文：Jigong, Robin Hood in China, robbed the rich and helped the poor.

例 19：

原文：（苏州）境内河流湖泊密布，京杭大运河纵贯南北，是著名的江南水乡。

译文：With so many nvers and lakes in it and the Beijing-Hangzhou Grand Canal throughit, Suzhou is renowned as "Venice of China".

例 20：

原文：银川是宁夏回族自治区的首府。从明清以来，它就是伊斯兰教在西北部的居住地和传播中心。

译文：Yinchuan is the capital of Ningxia Hui Autonomous Region…Ever since the Ming and Qing dynasties, it has been a smaller "Mecca" for Moslems in the Northwest of China.

例 18 原句中的"济公"译成了 Robin Hood in China，例 19 原文中的"江南水乡"译成了 Venice of China，例 20 原文中的"伊斯兰教的居住地和传播中心"译成了 Mecca for Moslems，即用英语中表示同样文化意义的形象来取代汉语中的形象，这样英语读者马上就会明白在这个传说中为什么济公会受到人们的爱戴，明白"江南水乡"是什么意思，明白银川的特色。这种贴近译文读者的"归化"翻译很容易让目的语读者理解并接受。

综上所述，旅游文本的翻译策略是灵活的，要根据不同的情况以及旅游文本的翻译目的进行选择。

第二节　旅游文化中专有名词的翻译

众所周知，旅游文本宣传的大多都是旅游目的地，因此，旅游文本中就会出现很多的纯地名、由普通名词构成的景点名称。同时，宣传这些旅游景点时往往会宣传该景点的人文景观和历史沿革等，这无疑又会涉及很多人名和历史事件名等。一些特色旅游项目还会宣传其间举行的活动，因此，活动名称在旅游文本中也很常见。另外，美食是旅游文化的一个重要组成部分，尤其中国菜肴更是丰富多彩，这些菜肴名称也可以算作专有名词。

正如陈凌燕、傅广生指出：旅游景点名称是对旅游景点特征的形象概括，对景点内容的介绍起着画龙点睛的作用。景点名称翻译的好坏不仅直接反映译者水平的高低，更在一定程度上影响到游客是否会选择此景点作为参观旅游的对象，影响到国际的文化交流。实际上，不仅恰当地翻译景点名会发挥如此重要的宣传作用，处理好地名和活动名称等的翻译同样也非常重要，因为恰当的翻译可以增加游客或潜在游客的感性认识，增加他们的知识，而且还是检验译者知识的重要方面。总之，处理好上述专有名词的翻译，对旅游景点可以起到很好的宣传作用。下面将分别探讨纯地名、景点名、活动名称以及菜肴名称的翻译。

一、旅游文本中纯地名的翻译

这里所论及的地名是指纯粹的地名，如中国各省或特别行政区、城市和乡镇等名称以及外国的州、城市和乡镇等名称。这些地名是名副其实的专有名词。除已经存在意译的地名外，大部分地名均可采取音译的办法。但一般说来，在旅游文本中遇到地名，应该先查阅相关的词典或网络资料。毕竟，中英文比较"大"的地名都已有其固定的译文，如果译者再根据读音进行翻译，很可能与已经固定下来的译文有出入，这样不利于读者的理解和接受，尤其是外译中，如世界各国及其首都和主要城市的名称、美国各州或英国郡的名称等。如果对这些名称不是很熟悉，就一定要查阅参考资料，包括《世界地名词典》（上海辞书出版社，1980年出版）以及网络资源。如果使用 google 进行搜索，一般会出现同一外国地名的不同汉译文，一定要根据网站的权威性、出处的权威性和汉语的表达习惯进行取舍。如 Zermatt 要译成"采尔马特"，而非"莱而马特"；Graubunden 要译成"格劳宾登"，而非"葛劳邦顿"等。如果涉及的地方确实太小，找不到参考的译文，一般则采取音译，但要注意音译的选字要符合传统的习惯，使读者感觉这确实是个外国地名。

世界主要城市名称列举如下：

Abu Dhabi 阿布扎比

Addis Ababa 亚的斯亚贝巴

Amsterdam 阿姆斯特丹

Ankara 安卡拉

Athens 雅典城

Atlanta 亚特兰大

Baghdad 巴格达

Bangkok 曼谷

Barcelona 巴塞罗那

Beirut 贝鲁特

Belgrade 贝尔格莱德

Berlin 柏林

Boston 波士顿

Brasilia 巴西利亚

Brisbane 布里斯班

Brussels 布鲁塞尔

Bucharest 布加勒斯特

Budapest 布达佩斯

Buenos Aires 布宜诺斯艾利斯

Cairo 开罗

Canberra 堪培拉

Cape Town 开普敦

Caracas 加拉加斯

Casablanca 卡萨布兰卡

Chicago 芝加哥

Copenhagen 哥本哈根

Denver 丹佛

Detroit 底特律

Dhaka 达卡

Dublin 都柏林

Florence 佛罗伦萨

Frankfurt 法兰克福

Geneva 日内瓦

Hanoi 河内

Havana 哈瓦那

Helsinki 赫尔辛基

Honolulu 夏威夷檀香山

Houston 休斯敦

Islamabad 伊斯兰堡

Istanbul 伊斯坦布尔

Jakarta 雅加达

Jerusalem 耶路撒冷

Johannesburg 约翰内斯堡

Kabul 喀布尔

Karachi 卡拉奇

Kathmandu 加德满都

Kingston 金斯敦

Kuala Lumpur 吉隆坡

Kuwait City 科威特城

Stockholm 斯德哥尔摩

Suva 苏瓦

Sydney 悉尼

Tashkent 塔什干

Tehran 德黑兰

Tokyo 东京

Toronto 多伦多

Vancouver 温哥华

Venice 威尼斯

Vienna 维也纳

Vladivostok 符拉迪沃斯托克（海参崴）

Warsaw 华沙

Washington DC 华盛顿（哥伦比亚特区）

Wellington 惠灵顿

Winnipeg 温尼伯

Yangon 仰光

Zurich 苏黎世

中译外一般都采取标准的汉语拼音，所以不会有太多的困难，如中国各省、各大主要城市的名称等。正如金惠康指出："我国行政区划的名称应主要根据汉语拼音采用拼音法，尤其是在官方的或正式的场合，而且这也应该成为统一的标准译法。因为汉语拼音方案不仅是我国的法定注音方案，同时也是经国际标准化组织（ISO）规定作为拼写有关中国的专有名称和译词的国际标准。"当然，值得注意的是，中国的少数省、自治区或城市以及特别行政区的英文名称与标准的汉语拼音存在差异，有的相去甚远，现列举如下：

内蒙古 Inner Mongolia

呼和浩特 Hohhot

乌鲁木齐 Urumqi

西藏 Tibet

阿勒泰 Altay Prefecture

巴音郭楞 Bayangol

克拉玛依 Karamay

库尔勒 Korla

喀什 Kashgar

那拉提 Narat

拉萨 Lhasa

香港 Hong Kong

澳门 Macao

陕西 Shaanxi

另外，如果汉语的地名是单字组成，翻译的时候一般改为双字，例如"蓟县"一般应译为 Jixian County，地名的简称在英译文中要还原全称，如将"京"译为 Beijing，"沪"要译为 Shanghai，"穗"译为 Guangzhou，"鲁"要译为 Shandong，等等。使用地名简称命名的铁路、公路的名称一般要把两地的全名译出。请看下面的例子。

京沪铁路（the）Beijing-Shanghai Railway

陇海铁路（the）Lanzhou-Lianyungang Railway

京杭大运河（the）Beijing-Hangzhou Grand Canal

京津塘高速公路（the）Beijing-Tianjin-Tanggu Expressway

从上面的例子可以看出，译者对中国地理要有一定的了解，如果不熟悉铁路或公路的起始点，则要查阅资料，如有的译者对上文的"陇海铁路"可能不熟悉，那么一定要查阅资料或咨询身边的人，切不可乱译。我们查阅资料后知道该铁路是兰州至连云港的铁路，因此，要译成 Lanzhou-Lianyungang Railway。另外，有些中文地名两个汉字中，如果后一个汉字没有声母而是直接以韵母开头，要注意在中间加一个"'"号，如"西安"译成 Xi'an，"淮安"要写成 Huai'an。

二、旅游文本中河流、山川、湖泊、瀑布和火山等名称的翻译

在翻译旅游文本的时候，难免会碰到河流、山川、湖泊、瀑布和火山等的名称。外文的河流、山川、湖泊、瀑布和火山等名称的翻译要求译者有一定的地理知识，对世界上著名的河流、山川和湖泊已经固定的中译文有一定的了解，这样就可以在翻译中省去查阅资料的麻烦，提高翻译的效率。例如，以下这些河流、山川、湖泊、瀑布和火山等名称应该是译者所熟悉的：

河流：

Amazon 亚马逊河

Congo 刚果河

Mekong 湄公河

Mississippi 密西西比河

Missouri 密苏里河

Nile 尼罗河

Rhine 莱茵河

Thames 泰晤士河

请注意以上河流在行文中均需要加上定冠词 the。

山脉和山峰：

Alps 阿尔卑斯山

Andes Mountains 安第斯山

Rocky Mountains 落基山

Great Caucasus 大高加索山

Himalayan Mountains 喜马拉雅山

Fuji Mount 富士山

Mount Everest 珠穆朗玛峰

Mont Blanc 勃朗峰

Kilimanjaro 乞力马扎罗山

请注意以上山峰或山脉名称，除了 Mount 放在前面的以外，其他在行文中需要添加定冠词 the。

湖泊：

Caspian Sea 里海

Superior Lake 苏必利尔湖

Victoria Lake 维多利亚湖

Aral Sea 咸海

Huron Lake 休伦湖

Michigan Lake 密歇根湖

Tanganyika Lake 坦噶尼喀湖

Baikal Lake 贝加尔湖

Great Bear Lake 大熊湖

Malawi Lake 马拉维湖

Lake Geneva/ Lake Leman 日内瓦湖

请注意以上湖泊名称，除了 Lake 放在前面的以外，其他在行文中需要添加定冠词 the。

瀑布：

Angel Falls 安赫拉瀑布

Iguazu Falls 伊瓜苏大瀑布

Tugela Falls 图盖拉瀑布

Niagara Falls 尼亚加拉瀑布

Rhine Falls 莱茵瀑布

Yosemite Falls 优胜美地瀑布

Jog Falls 乔格瀑布

Victoria Falls 维多利亚瀑布

火山：

Laki 拉基火山

Kilauea 基拉韦厄火山

Mauna Loa 冒纳罗亚火山

Vesuvius 维苏威火山

Mount St Helens 圣海伦斯火山

Monte Etna 埃特纳火山

请注意以上火山除 Mount 或 Monte 放在前面的外，其他名称放在行文中也需要添加定冠词 the。

中国的大部分河流、山川、湖泊、瀑布和火山等一般均采取音译的办法，下面是一些例子：

松花江 the Songhua River

长白山 the Changbai Mountains

洞庭湖 the Dongting Lake

海南岛 Hainan Island

太行山 the Taihang Mountains

昆仑山 the Kunlun Mountains

如果中文的河流、山川、湖泊、瀑布和火山名称为单字，翻译中则改为双字的汉语拼音，同前面讲过的地名。请看下面的例子。

太湖 the Taihu Lake

黄河 the Huanghe River

惠山 the Huishan Hill

黄山 the Huangshan Mountain

燕山 the Yanshan Mountains

阴山 the Yinshan Mountains

中国有些河流、山川、湖泊、瀑布和火山已经有沿用下来的固定翻译，有的是意译，有的虽然属于拼音翻译，但与当前使用的标准拼音不尽相同，这种情况下可沿用原来的翻译。例如：

珠江 the Pearl River

长江 the Yangtze River

香山 the Fragrant Hill

雅鲁藏布江 the Yarlung Zangbo River

阿尔泰山脉 the Altay Mountains

值得一提的是，中国的五岳均有两种译法：

泰山 Mount Tai/the Taishan Mountain

恒山 Mount Heng/the Hengshan Mountain

华山 Mount Hua/the Huashan Mountain

嵩山 Mount Song/the Songshan Mountain

衡山 Mount Heng/the Hengshan Mountain

三、旅游文本中景观标识名称的翻译

一些著名旅游景点的地名更应该要特别注意，如张光明等指出："关于地名所负载的文化信息，译者更要特别注意，因为是旅游景点宣传，地名所传递的文化信息尤其重要，因为人们主要是去看这些具有历史意义的胜迹的。"这里我们把这些景点名称叫作"景观标识名称"，即像中国的"长城""颐和园""西湖"和"杜甫草堂"等，外国的 Petrodvorets Palace（莫斯科的"老皇宫"）、National Museum of AmericanHistOry（美国的"美国历史博物馆"）、the Statue of Liberty（美国的"自由女神"）等这样的名称。在翻译过程中遇到景观标识名称时，首先应利用网络查找是否已经有固定的翻译，尤其是找到权威网站上的翻译，否则，如果译者根据自己的理解翻译，反而会造成译文与已有固定译文不符的现象。例如，"孔林"实际上指的是孔子的墓所在地，所以应该译成 the Cemetery of Confucius，而不应该"望文生义"将之译成 the Forest of Confucius。正如李怀奎和李怀宏指出，翻译景观标识名称，既要注意原语和译入语的表达和文化的差异，又要把这种差异在译入语中体现出来是很不容易的，特别是景观的名称，有时很难去寻找它背后的人文内涵，这时人们往往采取直译的手段。这里他们所用的直译，就是根据名称表面的结构和意义将其翻译出来的，实际上这样做是非常危险的。所以上述两位作者进一步指出，很明显，以这样的手段翻译景观的标识名称会出现很多问题。表面上结构或意义的类似并不一定意味着语用含意的相同，如果不顾语用含意的差异，那么将会出现死译或硬译，比如，把"集雅园""碧虚阁""逍遥楼"和"五福塔"等有丰富人文内涵的景观标识名称分别逐字翻译成 Gather Refined Tastes Garden、Green Dream Land Pavilion、Free Tower 和 Five Fortunes Tower 就会弄巧成拙，达不到介绍汉语语言文化的目的（同上）。

如果所要翻译的景观标识名称没有现成的译文，那么译者就需要根据名称的意思进行翻译，如果是纯粹的地名，则按照上文提到的地名翻译原则翻译，如果是普通名词构成，则根据景观标识名称的特点和普通名词的含义以及目的语读者的接受程度进行翻译。比如"杜甫草堂"应该是人名与普通名词相结合的景观标识名称，所以译文也应该由人名和普通名词构成，译为 Du Fu's Thatched Cottage，这样的译文对英文读者来说也很容易理解。武汉的"东湖"则是由普通词汇构成，可译为 the East Lake，而"东湖"基本上属于武汉市区的东面，且译文与杭州的"西湖"译文 the West Lake 相对。下面选取中国及其他国家的一些旅游景点名称及其译文作为参考。

中国一些著名景点名称及其英译文：

北海公园 the Beihai Park

故宫博物院 the Palace Museum

革命历史博物馆 the Museum of Revolutionary History

天安门广场 the Tian'anmen Square
毛主席纪念堂 the Chairman Mao Zedong Memorial Hall
保和殿 the Hall of Preserving Harmony
中和殿 the Hall of Central Harmony
长城 the Great Wall
午门 the Meridian Gate
紫金山天文台 the Zijin Hills Observatory
紫禁城 the Forbidden City
御花园 Imperial Garden
颐和园 the Summer Palace
天坛 the Temple of Heaven
周口店遗址 the Zhoukoudian Ancient Site
太和殿 the Hall of Supreme Harmony

国外一些著名景点名称及其中译文：

Angkor Wat 吴哥窟
Arch of Triumph 凯旋门
Aswan High Dam 阿斯旺水坝
Ayers Rock 艾尔斯巨石
Big Ben in London 伦敦大本钟
Borobudur 波罗浮屠
Buckingham Palace 白金汉宫
Cape of Good Hope 好望角
Central Park 纽约中央公园
Colosseum in Rome 古罗马圆形剧场
Easter Island 复活节岛
Grand Canyon 大峡谷
Sydney Opera House 悉尼歌剧院
Hyde Park 海德公园
Kolner Dom 科隆大教堂
Leaning Tower of Pisa 比萨斜塔

请注意，以上名称中如果后面有普通名词，在行文中需要添加定冠词 the，如 theArch of Triumph 和 the Pattaya Beach 等。

四、旅游文本中活动名称的翻译

旅游文本中经常会涉及旅游目的地举办的一些活动，这些活动的名称一般由普通名词或形容词等构成，或者由普通名词和地名或人名这样的专有名词共同组成。如果是普通名词构成的活动，则只需根据普通名词的意思进行翻译，如果是普通名词和上述专有名词共同构成的，专有名词采取音译，普通名词则译出其意思。但总体的原则应该是言简意赅，具有吸引力。当然，除普通名词外，还可能出现形容词或动词与地名或人名共同构成，其翻译原则同普通名词与地名或人名构成的专有名词翻译原则。请看下面的例子。

例1：

原文：Further attractions complete the offer-horse racing and polo competitions on the Lake of St.Moritz, the Cresta Run and Olympic Bob Run（1928 and 1948）, the music festival Snow&Symphony, the Gourmet Festival and OpemFestival, St.Moritz'Olympic skiing jump and the Ski World Cup and World Championships downhill runs（1934, 1948, 1974, 2003）and famousrail excursions such as Glacier Express and Bemina Express. In summer this is enhanced by yetmore leisure opportunities such as mountain biking, hiking, golfing, tennis, sailing, and Switzerland's only National Park-all reachable within minutes!

译文：这里还有许多其他的游览项目，如赛马以及圣莫里茨湖上举行的水球比赛、克里斯塔长跑和奥林匹克鲍勃长跑（1928、1948）、"皑皑白雪与交响乐"音乐节、美食节和歌剧节、圣莫里茨奥林匹克跳高滑雪、滑雪世界杯、世界下山跑锦标赛（1934、1948、1974、2003）等，这里还有著名的铁路游览（如冰川快车和伯尔尼纳快车）。夏季还有更为休闲的运动，如山地自行车、远足、高尔夫、网球、帆船等。瑞士唯一的国家公园也坐落于此，短短几分钟之内，一切均触手可及！

以上这个例子中，原文有普通名词构成的活动名称，如 Snow & Symphony, the GourmetFestival, Opem Festival, the Ski World Cup 和 World Championships downhill runs 等，这些均翻译其意思，分别为"'皑皑白雪与交响乐'音乐节""美食节""歌剧节""滑雪世界杯""世界下山跑锦标赛"。另外，原文还有由专有名词和普通名词构成的活动名称，如 the Cresta Run, Olympic Bob Run 和 St.Moritz'Olympic skiing jump，翻译这些活动名称时，专有名词采取音译，普通名词则翻译其意思，所以分别译成"克里斯塔长跑""奥林匹克鲍勃长跑"和"圣莫里茨奥林匹克跳高滑雪"。

有的英文活动名称中地名会放在最后，译成中文时一般调整原文的顺序，将地名置于前面，符合汉语的表达习惯。请看下面的例子。

例2：

原文：Every year since 1946, the Italian-speaking town of Locarno on Lake Maggiore becomes the world capital of cinema for 11 days. In 2010, Film Festival Locamo will be held from August 4 to 14.

译文：使用意大利语的洛迦诺坐落在马焦雷湖畔，自1946年起，每年有11天这里都会变成世界电影之都。2010年，洛迦诺电影节将于8月4日至14日举行。

例2中的Film Festival Locarno由普通名词film festival和专有名词Locarno构成，翻译成"洛迦诺电影节"，调整了原文的顺序，迎合中文读者的表达习惯。

中文的活动名称翻译与英译中相似，普通词采取意译，地名或人名构成的专有名词则采取音译。请看下面的例子。

例3：

原文：今年10月8日至14日，这里将举办"无锡太湖国际钓鱼比赛"，集体和个人，职业和业余选手均可报名参加。

译文：From October 8th to 14th this year, it will host Wuxi Taihu International Angling Competition, in which both professionals and amateurs can participate in groups or in singles.

例4：

原文：东风湖冰雪大世界在以往冬季滑雪健身休闲项目的基础上，今年将重点推出以"快乐东风湖"为主题的冬季旅游主题活动，推广冰雪健身休闲，精心打造"中国第一雪圈"。

译文：Apart from the existing skiing activities for wellness and recreation in winter, Dongfeng Lake Ice and Snow World will launch its winter tourist event "Joyous Dongfeng Lake" thisyear to promote health building and recreation in snow, striving to create the Best Skiing Areaof China.

例4原文中"快乐东风湖"和"中国第一雪圈"是表示活动的专有名词，前者由普通词和地名构成，后者完全由普通名词构成，所以将前者译为Joyous Dongfong Lake，将后者译为the Best Skiing Area of China.

五、中国菜肴的翻译

品尝美食是旅游活动中不可或缺的一环，尤其是中国菜肴一直受到来自世界各地的游客的喜爱。中国菜肴是中国文化的重要组成部分，其主要特点表现在以下几个方面：菜系丰富，不仅有鲁菜、川菜、粤菜、淮扬菜等著名的四大菜系，还有闽菜、徽菜、湘菜等众多其他菜系，每一种菜系都有自己的风味和烹饪方法；中国菜肴的做法独特，味道鲜美，可谓色、香、味、形、养五质具备；菜肴的命名方式各不相同，有的富有浪漫色彩，如"过桥米线""荷塘小炒"等，有的注重写实，如"冬菇菜心""鱼香肉丝"等，还有的取自典故或民间传说，如"鸿门宴""佛跳墙"，还有的跟历史名人有关，如"东坡肘子"等。

中国菜肴有着丰富的文化内涵，如果翻译不当，则会闹出很多笑话。如有人将"童子鸡"译成了 chicken without sexual life，将"口水鸡"译成了 slobbering chicken 等，试想外国人在看到这样的英文后会有怎样的反应。因此，中国菜肴的翻译应该规范，否则不但不能很好地宣传中国的美食文化，反而会破坏中国菜肴和中国饮食文化的形象。所幸中国已经认识到了这一点，在2008年奥运会前夕专门对中国菜肴翻译进行了讨论和规范。

关于中国菜肴的翻译策略，不少学者已经做过很多探讨，比较可行的策略归纳起来有以下几种：

（一）直译

这里的"直译"即：直接翻译菜肴的烹调方法、原料及／或佐料；直接翻译菜肴的口感、原料及／或佐料；直接翻译人名或地名和原料及／或佐料。这种译法适用于本身就属于上述三种情况的中文菜肴。请看下面的例子。

清蒸桂鱼 steamed mandarin fish

杏仁鸡丁 chicken cubes with almond

生肉豆腐 beefwith bean curd

西红柿炒蛋 scrambled egg with tomato

回锅肉 twice-cooked pork/double cooked pork

芥末鸭掌 duck webs with mustard sauce

葱油鸡 chicken with scallion in hot oil

茄汁鱼片 sliced fish with tomato sauce

椒麻鸡块 cutlets chicken with hot pepper

黄酒脆皮虾仁 crisp shrimps with rice wine sauce

四川水饺 Sichuan boiled dumpling

东坡煨肘 Dongpo stewed pork joint

北京烤鸭 Beijing roast duck

以上例子的原文分别属于"烹调方法＋原料及／或佐料""口感＋原料及／或佐料""人名或地名＋原料及／或佐料"这三种类型，所以翻译的时候直接翻译不会引起文化冲突或误解问题。

（二）释义翻译

这里的"释义翻译"即对菜肴进行解释性翻译，即舍去中国菜肴的一些文化含义或修辞手法，而用平直、明白的英语表达出原文的原料、佐料和烹饪方法等。该策略主要适用于使用比喻、夸张等手法或其他文化手段以引起中国人美好联想的菜肴，这些菜肴如果采用直译法会让外国游客感到费解或不解甚至产生误解。请看下面的例子。

狮子头 braised meat balls with brown sauce

白玉虾球 crystal white shrimp balls

夫妻肺片 pork lungs in chili sauce

蚂蚁上树 sauteed vermicelli with spicy minced pork

黑白分明 black and white fungus with sesame seeds

以上例子中原文都有一定的比喻或夸张意义或者迎合中国消费者的文化心理，但是如果将这些菜肴直译为 lion's head，white jade shrimp balls 和 couple's lung slice 等，势必会让外国游客感到莫名其妙，因此，这样的菜肴不如采取释义翻译的方法。

（三）归化翻译

所谓"归化翻译"就是用目的语中的文化语言符号和形象取代原语中的文化语言符号和形象。中国菜肴的"归化翻译"就是用外国类似的菜肴名称去取代中国的菜肴名称，当然在烹饪方法上两者还存在一定的细微差异，但这种差异可以忽略，从而使译文更加地道，容易唤起外国游客的亲近感，以收到更好的宣传效果。请看下面的例子。

盖浇面 Chinese-style spaghetti

羊肉铁板烧 mutton barbecue

叉烧肉 barbecued pork

锅贴 pot stickers

以上例子借助于英语常用的 barbecue 和 spaghetti 基本上能传达出原文的主料或做法，而 pot stickers 更为通俗、形象，所以这种归化还是可取的。

（四）音译加释义

"音译加释义"策略就是指将中国菜肴的名称或部分名称（主料部分可以翻译意思）先用中国通用的拼音写出，后面添加一定的解释文字，从而使译文在保留一定中国特色的同时能够让外国游客理解并接受。这样的翻译策略适用于使用典故、传说等命名的中国菜肴或者带有中国文化特色词的菜肴。由于翻译典故和传说所占篇幅较长，比较复杂，尤其是一些外国游客对中国历史并不十分了解，或者是有些菜肴直接翻译出来会带来文化冲突，所以不如先翻译成拼音，然后在后面解释该菜肴的原料、辅料及做法等。请看下面的例子。

龙凤配 longfengpei（lobster and chicken）

宫保鸡丁 kung pao chicken（fried diced chicken in Sichuan style）

佛跳墙 fotiaoqiang（steamed abalone with shark's fin and fish maw in broth）

咕噜肉 gulu pork（sweet and sour pork）

贵妃鸡 guifei chicken（chicken wings and legs with brown sauce）

以上例子如果直译就会使外国读者"摸不着头脑"或产生文化冲突，所以不如先采用音译，后面翻译其烹饪方法、原料和佐料等，使得外国读者更清楚菜肴的组成。譬如，如果将"龙凤配"译成"dragon and phoenix"就会产生文化冲突，因为"龙"和"凤"在中国文化中让人产生好的联想，而 dragon 会让西方游客产生不好的联想，phoenix 一般不会让西方人产生什么联想。再如，将"佛跳墙"的故事讲出来需要很大的篇幅，所以不宜写在菜单上，只能当作和外国游客用餐时的一种谈资。

（五）异化加释义

"异化"是与前文所述的"归化"相反的翻译策略，即在目的语中保留原文的文化符号和形象。"异化"与"直译"不同，后者主要是指意思上的直译，而前者重在文化形象。有一些中国菜肴具有浓郁的中国文化特色，在英文中保留其文化形象并不需要很长的篇幅，而且不会引起外国游客的费解、误解或文化冲突，这些菜肴则可以采取"异化"翻译策略，异化的译文后面可以用括号进行简单的解释，这样既能做到不同文化之间的有效沟通，还能更好地宣传中国文化和中国菜肴。请看下面的例子。

叫花鸡 beggar's chicken（baked mud-coated chicken）

四喜丸子 four-joy meat balls（meat balls braised with brown sauce）

全家福 happy family（combination of shrimps, port, beef, chicken, lobster and vegetables with brown sauce）

百年好合 enduring harmonious union（sweet soup of lily and lotus root）

以上例子中，"叫花鸡"先做异化翻译，然后用括号加上释义，前面的异化翻译可以迎合外国游客的"猎奇"心理，后面的解释便于他们更好地理解该菜肴的原料和做法，后面三个例子体现了中国人欢乐、喜庆的气氛和美好的祝福，异化翻译也会让外国游客感受到快乐、喜庆的气氛以及美好的祝福，括号中的释义便于他们更好地了解菜肴的主料和辅料。

以上是中国菜肴的五种可行的译法，但是要针对具体情况具体处理。比如：将中国菜肴做成菜单时，不妨在中文后面均加上汉语拼音（即音译），然后使用括号简单解释菜肴的主料、辅料和烹饪方法。这样，外国游客只需记住汉语拼音，在其第二次、第三次到中国来的时候就能容易说出菜肴的名称，如果只记主料、辅料和烹饪方法，接待他们的中国主人可能会误解菜肴的名称，从而为他们点错了餐，因为毕竟采用同一主料、辅料和烹饪方法做出的菜肴不一定只有一个中文名称。

本章主要对地名、景点名、活动名以及中文菜肴名称等的翻译做了探讨，当然这些名称浩如烟海，无法穷尽，只希望本章探讨的翻译原则和策略能够给读者以启发，从而在自己的翻译实践中找到可行的办法。

第三节 旅游文化翻译的句式特点

中英文旅游文本在句式上都有自己的特点，比如，大多数英语旅游材料中多使用短句，当然也有一些稍长的句子，里面含有多个短语，从而使句子变成了复杂的简单句。换言之，长短不一的句型往往出现在同一段英语旅游文本中，这样可以将通俗易懂和艺术美结合起来。这是因为，长句可以包含更多的信息，而且使用后置定语（包括短语定语和定语从句）

用来进行修饰,短句通俗易懂,有利于宣传。例如。

例1:

原文:The Old Town of Zug is located right on the lake. Unlike in many big cities, there are many small shops here. The Old Town has much to offer, including shopping, strolling, eating, drinking and visiting the many attractions, museums and galleries. Enjoy the view of the lake with a good cup of coffee, browse through a gift shop, buy yourself some new shoes, taste a red wine and simply have fun.

译文:楚格老城位于湖畔。与众多大城市不同,这里有很多小商铺。老城还为游客准备了众多游览项目,包括购物、漫步、餐饮以及游览众多景点、博物馆和美术馆。可以在这里一边品尝上等咖啡一边欣赏美丽的湖景,逛一逛礼品店,为自己购买新鞋子,品尝红酒,尽情开心游玩。

这一段英文原文的句子就有长有短,但读起来并没有太大的难度,英文旅游文本中大多数句式结构基本属于上述类型,翻译起来也比较容易,只是稍长的句子要变成汉语中的小分句,比如上面例子的最后一句。

汉语则多使用并列结构,多为对偶平行的结构,使行文读起来朗朗上口,富于节奏感。英语复杂的简单句和汉语的并列结构连用实际上都旨在将更多的信息包含在一个句子当中。

例2:

原文:广州有2200余年的建城史,又是海上丝绸之路的起点,很早就与西方文化有了接触,形成了独具特色的岭南建筑,如陈家祠、西关大屋和众多的骑楼群。而现代的广州更是辉煌灿烂,尤其夜晚的珠江,灯火辉煌,繁华异常。

译文:Guangzhou was built 2,200 years ago. As a startmg point of the Maritime Silk Road, it had contact with Western culture long ago. Thus it has its unique style of Lingnan architectureas seen in Chen Clan Temple, Xiguan Mansion and other arcade buildings. Today it is athriving city with attractive highlights especially like the Pearl River at night along which youcan enjoy colorful lights and bustling night life.

例2是典型的中文旅游文本中的句子,善于使用小分句,读起来比较有节奏感。翻译时要照顾到上述英文句子结构的总体特点,英语句子不要太长,但可以有一些短语。

当然,中英文旅游材料在句式上存在一些相同之处。譬如,两者都会使用一些祈使句,旨在给读者一些旅游方面的建议,还使用一些问句,旨在启发读者,激起读者的热情。另一方面,中英文旅游材料的句式也存在一定的不同之处,比如英语旅游材料会使用一些句子片段,汉语则会使用一些无主句等。另外,汉语还会引用诗词、对联或其他古典文体来突出所介绍景点的历史价值和美学价值,当然这在英文中很难做对等处理,大多数情况下需要进行删译或做出调整。

一、简短句及其翻译

简单句短促有力,读起来朗朗上口。作为一种宣传材料,旅游文本使用短句可以更好地发挥其宣传作用。英语句子均为主谓结构,在旅游材料中简单的主谓结构句子随处可见。这样的句子理解比较容易,可以争取更多的读者群,但是翻译成汉语时,要注意标点符号的适当变通,因为汉语多使用并列结构,句号的使用频率不如英语频繁。请看下面的例子。

例 3:

原文:Welcome to heaven on earth-a summer vacation paradise at an altitude of 1,050 meters.Engelberg entices both young and old with its attractlve range of offers and activities. Who could resist the temptation of spending several unforgettable days in the heart of Central Switzerland? Scope out the town on e-bikes or let the new Brunni cable car transport you closer to the sun in just a matter of minutes.

译文:欢迎来到人间天堂——海拔 1050 米的夏季度假天堂。英格堡丰富多彩的报价和活动吸引着男女老幼,在瑞士中部心脏地带度过几个难忘日子,谁能抵得住这样的诱惑?可以骑着电动自行车在城镇附近兜风,也可以乘坐新的布汝尼缆车,在短短几分钟内登上高山之巅。

例 4:

原文:The environment is friendly. The physical beauty of Hawaii is almost unparalleled. Majestic mountains were created millions of years ago by volcanic activity that thrust these islands three miles from the ocean floor.Wave action across endless eons of time created coral reefs, and then battered and broke them to create miles of white sand beach.

译文:夏威夷环境优美,无与伦比。数百年前的火山活动形成了宏伟的高山,使其高达三英里,永久不息的波浪形成了珊瑚礁,然后又将这些珊瑚礁击碎,形成了绵延不绝的银色沙滩。

例 5:

原文:Engelberg offers several activities and events that attract others than just athletes or nature-lovers. Thanks to the Benedictine Monastery and the Vally Museum Engelberg, there areculturally enriching programs as well. During the summer months guests can enjoy musical entertamment several times a week-for free. Performances range from jazz, classical music, to alphoms and brass instruments.

译文:除运动项目及自然美景外,英格堡还为游客准备了其他丰富多彩的活动。可以在本笃会修道院和英格堡瓦利(Vally)博物馆参加文化拓展项目,夏季每周可以免费享受数场音乐演出，表演内容从爵士乐、古典音乐到山笛和铜管乐，可谓应有尽有。

以上三个例子的原文大部分都使用了简短句，没有特别复杂的长句，读起来比较上口，而且难度不大，容易为读者所理解。对照译文和原文不难发现，译文有些地方将原文的句号变成了逗号，符合汉语的特点，即并列结构较多。

二、祈使句及其翻译

如第一章所述，旅游文本属于呼唤类文本，即号召读者采取行动，享受某一旅游服务或游览某一旅游景点，因此，中英文旅游文本中都会使用一些祈使句来增加号召和呼唤的语气。祈使句一般均可直译，因为汉语旅游材料中也会使用一些祈使句。请看下面的例子。

例6：

原文：Continue to Nevsky Prospekt, the heart of the old city. Let the crowds hurry by while you take your time. Admire the fine carving on bridges and columns, above doorways and windows Cross over canals and pass by smaller palaces and other classical structures. Let your eyesdrink in the light blues, greens, yellows and pinks.

译文：继续走到这个老城市的中心纳瓦斯基街，在您悠闲漫步的时候，让人群从身旁匆匆走过。欣赏那些在桥上和圆柱上、门口以及窗户上面的精致雕刻，穿过运河，经过小皇宫和其他古典建筑物，让您的眼睛饱享缤纷绚烂的色彩，如淡蓝、青绿、黄色和粉红色等。

例7：

原文：Enjoy a journey by cable car to Interlaken's local mountain Harder Kulm, from where youhave the most beautiful view over Interlaken, the two lakes and even at the three icy icons Eiger, Monch and Jungfrau.

译文：享受乘坐缆车前往因特拉肯当地山峰哈德库尔姆的欢乐之旅，在山顶可以欣赏到因特拉肯、两湖以及艾格峰、僧侣峰和少女峰三座冰雪山峰的美丽景色。

例8：

原文：Discover the diverse mountain excursions in the Jungfrau Region with the Jungfrau Railways, reached by cogwheel railways, funiculars and cable cars.

译文：少女峰铁路带您探索少女峰地区多姿多彩的群山世界，为游客提供的交通工具包括齿轨列车、索道缆车和缆车。

例9：

原文：Don't be surprised if there's an-hour-long wait to ascend.

译文：如果等待一小时方可攀登也不要大惊小怪。

例10：

原文：To make the most of Disneyland-the ultimate escapist fantasy and the blueprint forimitations worldwide-throw yourself right into it. Don't think twice about anything and go onevery ride you can. The high admission price（$36）includes them all，although during peak periods each one can entail hours of queuing. Remember，too，that the emphasis is on family fun；the authorities take a dim view of anything remotely anti-social and eject those they consider guilty.

译文：为充分利用迪士尼这座闻名于世而又远离现实的最高幻想胜地和模仿乐园，让自己沉浸其中吧。这里，不必三思而后行，尽享每一种活动。高价门票（36美元）涵盖所有活动，当然高峰期需要排队几个小时。不过，请记住：最重要的是享受家庭之乐。管理处禁止任何反社会行为，会将扰乱秩序和制造事端者逐出园去。

对照以上五个例子的原文和译文，不难发现，原文都是或都含有祈使句，其汉语译文一般也为祈使句。如此，译文就传达出原文的号召语气，可以保证译文在目的语读者群中起到与原文相似的宣传作用。

三、疑问句及其翻译

疑问句的功用主要在于提出问题，启发读者思考。旅游文本中经常使用疑问句（包括一般疑问句和特殊疑问句），目的在于启发读者，引起注意，从而发挥旅游文本的号召作用。同时，疑问句就像对话，使读者读起来增加亲切感，即旅游文本使用疑问句可以更好地贴近读者。英语旅游文本中的疑问句一般可以直接译成汉语，有时表示建议的 why not…也可以转译为祈使句，添加语气助词"吧"。请看下面的例子。

例11：

原文：Would you like to travel through Switzerland without having to lug around heavy bags？Then why not try the Express Baggage service available to rail passengers travelling to and from 45 different destinations in Switzerland.

译文一：想在没有沉重行李拖累的情况下在瑞士各地旅行吗？为什么不试试瑞士45个旅行目的地为铁路乘客提供的行李快运服务呢？

译文二：想在没有沉重行李拖累的情况下在瑞士各地旅行吗？试试瑞士45个旅行目的地为铁路乘客提供的行李快运服务吧。

例12：

原文：Why not discover all three regions of the "Triangle" yourself in a fun-packed week longitinerary？

译文一：为什么不花上一周时间亲身探索一下"金三角"中的三个地区呢？

译文二：花上一周时间亲身探索一下"金三角"中的三个地区吧。

例 11 和例 12 的问句均含 why not…用于表示建议,对照其各自两种译文后不难发现,译文一当然可以被汉语读者接受,但译文二的肯定形式实际上对汉语读者来说更具说服力,因为汉语读者的思维方式更重直观。其他形式的问句则可以直译,如例 11 中的前半部分的一般疑问句 Would you like to travel through Switzerland without having tolug around heavy bags？译成了"想在没有沉重行李拖累的情况下在瑞士各地旅行吗？"请再看一个例子。

例 13：

原　文：Are you too old for fairy tales？ If you think so, Copenhagen is sure to change your mind.

译文：您真的到了不想听童话的年龄吗？如果真的这么想,哥本哈根一定会改变您的想法。

这个句子的前半部分就是一个一般疑问句,汉语译文保留了一般疑问句的形式,但是细心的读者会发现,译文没有将其翻译成"对童话而言您太老了吗",这种硬译出的译文在汉语中肯定不能为读者所接受,而"您真的到了不想听童话的年龄吗"在语气和措辞上都是不错的翻译。

四、句子片段

有时候,英语旅游材料在提供一些信息或加强宣传语气时,会使用一些句子片段。这些片段如果旨在提供信息,译成汉语时一般需要添加动词;如果作为广告词的形式使用,旨在加强宣传的语气,可以直译;如果是较长的句子片断,在汉语中往往变成完整的句子。请看下面的例子。

例 14：

原文：Reservations at Interlaken Tourism up to 17：00 on the day before the cruise.

译文：需要在巡游当日 17：00 之前预订购票。

例 15：

原文：Everything reachable within minutes.

译文：短短几分钟,一切触手可及!

例 16：

原文：Glacier Express-the gate to Switzerland!

译文：冰川快车,瑞士之门!

例 17：

原　文：A highly popular public event at which everyone-whether a child, beginner or expert-selects their own distance and challenge.

译文：这是一项广受欢迎的大众活动,不管是儿童、入门者还是专家,他们都可以选择适合自己的骑行距离和难度。

对照译文和原文不难发现，例12译文变成了动词短语"需要……预订"，例15和例16可算作直译，但前者实际上也使用了动词（"触手可及"）来传达原文的宣传效果，例17的原文虽然看上去较长，但仍属于句子片段，前面是一个名词短语，后面是at which... 引导的定语从句，汉语译文则将前面的名词短语变成了一个判断句。由此可见，英语旅游文本中的句子片段在汉语中的翻译是灵活的，要根据具体情况具体处理。

（五）复杂的句子及其翻译

虽然前面讲过旅游英语文本中大多使用简短句以使行文简单易懂，从而起到广告宣传旅游产品的目的，但是有些文本中也难免有一些稍微复杂的句子，这些句子都带有短语或1~2个从句。在翻译此类句子时要注意按汉语的表达习惯将其拆分为汉语的并列短句，从而使译文为中文读者所接受。请看下面的例子。

例18：

原　文：It was designated as a UNESCO World Heritage site in1983, meaning the Indian Supreme Court must rule on major works or changes likely to impact on the site.

译文：1983年，联合国教科文组织将其定为世界文化遗产，意味着印度最高法院必须出台相应措施来管制可能会对此景点产生影响的主要活动和变化。

例19：

原　文：The shore line is unobtrusively divided into low islands fringed with black lava bouldersand overgrown with jungle and the grey-green water slips in between.

译文：河岸线界限不明，划分为座座低矮的小岛，暗绿的河水缓流其间。岛上丛林茂密，大片乌黑的熔岩裸露于四周贴水一线。

例20：

原文：There's no end to activities in this great metropolis, whether your tastes run more towardhistoric attractions, cultural pursuits, shopping or after-hours partymg.

译文：这座大都市的活动丰富多彩，不管您喜欢历史景点还是文化大餐，不管是购物还是下班后派对，这里都能满足您的不同兴趣。

对照以上三个例子的英语原文和汉语译文，我们发现，其原文均包含从属的短语和从句，其中例18既含现在分词短语 meaning...，还含宾语从句（mean的宾语），例20含 whether 引导的从句，从句含并列名词短语，例19中前后是两个并列句，即 The shore line isunobtrusively divided into low islands fringed with black lava boulders and overgrown withjungle 和 the grey-green water slips in between，前半部分还含 fringed with... 和 overgrown with...，翻译时均将这些句子拆分成汉语的并列结构，中间用更多的逗号分开，尤其是例

19 和例 20，符合汉语的表达习惯，读起来不觉冗长拖沓，反而朗朗上口。

六、句子之间的连接不十分明显及翻译中的处理

如上所述，旅游文本由于侧重向读者介绍和宣传某一景点、某一旅游机构或某一旅游服务，因此一般不使用复杂的句子或复杂的篇章结构。英语旅游文本一般不会使用特别长、特别复杂的句子，反而会使用较短的句子，而且句子之间没有明显的连接手段，很多时候即使意思还未表达完整但在主谓结构已经完整的情况下，英语也会断句。中文的篇章大多由结构短小的句子构成，每个句子可以包含多个并列结构，将一个意思表达完整才会出现句号。译者在翻译过程中要注意英汉语的此种差异，尤其将英文译成中文时要注意标点符号，尤其是逗号的使用。请看下面的例子。

例 21：

原文：You stay in the hotel of your choice but as part of a half-board arrangement, you have the daily option of savouring creative cuisine at one of 20 0ther hotels or restaurants. At no extra charge of course.

译文：入住自己选择的宾馆，但作为半膳安排的一部分，您可以选择每天在 20 家其他宾馆或餐馆之一用餐，这项服务当然不额外收费。

例 22：

原文：The issue of quality is central to our package tours. The high standard of quality was awarded by the Swiss Tourist Industry with the highest quality seal（QQQ）.

译文：质量是我们组织包价游（套餐游）的重中之重，高水准的质量赢得了瑞士旅游工业局颁发的最高质量印章（QQQ）。

例 23：

原文：The trips do not end at the national border. PostBus Tourism will also accompany the holiday group abroad to the neighboring countries of Switzerland.

译文：游览并不局限在瑞士境内，邮政巴士旅游局还会陪伴度假团前往瑞士周边国家游览观光。

例 24：

原 文：Located in one of the England's most densely populated areas, Manchester expanded inthe 19th century with the opening ofthe Manchester Ship Canal. The trade coming in from thismajor inland port combined with the Industrial Revolution tumed Manchester into a majorbusiness hub.Now also booming cosmopolitan centre, Manchester's nightlife entertains and satisfies the large student population. This bustling city epitomizes the ever-changing music, art, and fashion industries and often sets national trends.

译文：曼彻斯特坐落在英格兰人口最密集的地区之一，19世纪随着其通海运河的开通而不断扩展，来自这一主要内陆港口的贸易和工业革命的发展使曼彻斯特成为重要的商业枢纽。现在作为繁华的大都市中心，曼彻斯特的夜生活又给众多学子提供了丰富多彩的娱乐活动和舒适惬意的生活，而且这座繁华的国际都市充满了动感，其不断变化的音乐、艺术和时装潮流常常成为全英国的时尚潮流。

上述例子中，例21至例23的原文均由两个英文句子构成，但是要表达的意思却是连贯的，所以在中文译文中将中间的句号均转换成了逗号，使得汉语在意思上更加连贯，符号汉语的特点。例24原文由四个英文句子构成，但是其汉语译文变成了两个句子，因为汉语是"意合"的语言，如果将每句话后面变成句号，势必使各个部分显得彼此孤立，没有连贯性，那么反而达不到在中文读者群中宣传"曼彻斯特"的目的。不少译者（尤其是正在学习翻译的学生）往往没有意识到这一点，只是机械地照搬原文的标点符号，使得汉语译文显得不那么连贯，影响了翻译效果。

中文旅游文本的句式特点与英文有一些相似之处，最主要的相似之处便是祈使句和问句使用也较频繁，但这两种语言本身的特点决定了其句式有很多不同之处。譬如，汉语多用小句，虽然句子较长，但不会给人拖沓冗长的感觉。另外，汉语还会使用无主句来表示所述的情况适用于每个人，从而达到宣传的目的。

第四节　旅游文化中的修辞手法及其翻译

修辞是一种语言活动，是依据题旨情境，运用特定的手段修饰文辞，以加强语言表达的效果。英语rhetoric的意思就是the art of effective or persuasive speaking or writing; language designed to persuade or impress（often with an implication of insincerity or exaggeration etc.）。英文的这两个解释中前面一个相当于汉语的"修辞学"，后者则相当于汉语的"修辞"。英汉语中均有一定的修辞方式，在一定的语境里能够使表达更具说服力和感染力，即让用来表达的语言"生动、形象、具体，给人以美的感受"。这些修辞方式就是我们平时所说的修辞格，或者叫作修辞手法。

旅游文本经常使用一些修辞手法，就是为了让语言表达更具有吸引力，让读者获得更多的美感，从而激发起他们游览的兴趣。英汉两个民族都有人在不断地研究和改进自己的语言运用艺术，并且逐渐形成了一套特定的表达模式。因此，中英文中都会使用一些修辞格，中英文旅游文本中都会使用一定的修辞手法也就不足为奇了。但是也有人认为，由于中英文语言文化背景下审美心理存在明显差异，中文文本往往引经据典以期给人以美的享受，而英文文本则直扣主题，很少穿插与主题无关的内容。另外，中文重修辞华美，为借景抒情而修辞手法变化多端，而英文重描述客观，文风质朴，逻辑严谨。英文旅游文本中并不是完全摒弃修辞手法，相反，这些文本的修辞手法很多和中文一样，可谓多种多样，只不过使用频率不及中文而已。而且由于各民族的思维和语言之间有些共同的东西，因此中英文有些修辞手法基本相同。当然，中西思维不同，审美习惯不同。譬如，英文更重信息，汉语更重形式；英语更重逻辑和条理明晰，汉语更重艺术和具体形象。这些不同点表现在旅游文本中就在于英语使用的修辞手法一般会少于汉语的修辞手法。这是因为西方文化中更重"真"，东方文化更重华丽词藻和高雅的格调美；西方美学侧重模仿再现、典型塑造和认识判断，中国美学侧重艺术的言志缘情、境界创造和意蕴品味。

但不管怎样，中英文旅游文本中都会使用一定的修辞手法。下面详述英汉旅游文本中常用的修辞手段及其翻译：

一、中英文旅游材料中共有的修辞手法及其翻译

1. 比喻及其翻译

比喻是把要描述的事物（本体）与另一种具有鲜明同一特征的事物（喻体）联系起来，包括明喻、暗喻、借喻等。比喻用来描写事物的形状、景色、抒情或说理等，使得描写或叙述的对象更加生动形象、新鲜有趣，能给人留下深刻的印象。由于中英文旅游文本中均会使用一些比喻，因此这一修辞手法一般可以直译，甚至可以互相转译，即明喻可以译为暗喻，暗喻可以译为明喻等。请看下面的例子。

例1：

原　文：Then came the twilight colors of sea and heaven, the winepink width of water merging into lawns of aquamarines, the sky a tender palette of pink and blue.

译文：暮霭沉沉，海天一色，红浪翻涌，碧波横流，天空俨然是块柔和的调色板，粉蓝两色交相辉映。

例2：

原文：In winter, ice crystals decorate the fountains and snow covers Basel like icing sugar.

译文：冬季，冰晶点缀着喷泉，皑皑白雪如同糖粉一般覆盖了整个巴塞尔。

例3：

原　文：Mont Vully stands at the western end of the Three-Lakes Region like a pearl embedded between the lakes of Murten, Neuchatel and Biel.

译文：威邑山位于三湖地区的最西端，像一颗珍珠镶嵌在穆尔藤湖、纳沙泰尔湖和比尔湖之间。

例1的原文使用了暗喻，如 lawns of aquamarines 和 the sky a tender palette of pink andblue，将景色描绘得栩栩如生，译文将前者变成了"碧波横流"，实际上类似夸张的手法；后者则转译为明喻，使用喻词"俨然"，整个译文多使用四字表达，符合中文读者的审美预期，应该说取得了很好的翻译效果。例2的原文最后是一个明喻（like…），汉语译文也为明喻（如同……一般），形象生动。例3中like a pearl embedded between the lakes of Murten, Neuchatel and Biel 明显属于明喻，汉语直译这一明喻再现了原文所传达的美。

2．拟人及其翻译

王希杰指出："拟人即把生物或无生物当作人来描写，给予它们人的思想感情，让它们具有人的声情笑貌。这种人格化的方法，可以把没有生命的东西写得栩栩如生，也可以把有生命的东西写得可爱可憎，引起读者的共鸣。"当然，旅游文本中的拟人一般均是用来描写"可爱"的东西，这样就把本来静态的旅游景点描写得极富动态和生命之感，从而拉近与读者的距离，可以在读者中间起到很好的宣传作用。中英文的拟人手法基本可以直译，正如李定坤指出："由于汉语辞格拟人和英语辞格 personification 的特点完全相同，所以一般情况下，汉语拟人可以直译为英语 personification，英语的 personification 可直译为汉语拟人。"如果在一定的语境下，拟人的手法无法直译，可以将之转译为比喻。

例4：

原文：Last but not least, Beatenberg beckons from high above Lake Thun, a sun terrace parexcellence and also the longest village in Europe.

译文：位于图恩湖上方的比登堡正在向您招手，游客在这里的阳光露台上可以欣赏四周美丽的景致，比登堡还是欧洲最狭长的村庄。

例5：

原　文：Davos-the highest Alpine resort in Europe-offers all the amenities of a small town, while nestling in landscape of unspoilt natural beauty and marvelous mountain splendor. Davosoffers an array of attractions unequalled by any other mountain holiday resort in the whole of Europe.Davos is delightfully diverse, a holiday, sports, congress, health, research and culture resort rolled into one!

译文：达沃斯是欧洲海拔最高的阿尔卑斯山区旅游胜地。小镇依偎在群山的怀抱之中，自然风光优美纯净，拥有欧洲其他山区度假胜地无可比拟的独特魅力，其景色多姿多彩，集度假、运动、会议、保健、学术和文化胜地于一身！

例6：

原文：近年来，杭州市又开始综合整治西湖，把许多被岁月风尘掩埋的景点重新开发出来，并对西湖做了新的规划，一个更丰满、圆润的西湖渐渐露出清新的面容。

译文：In recent years, Hanghzou Municipality has started a comprehensive rehabilitation of the West Lake, including redevelopment of many scenic spots and new planning for the Lake. Gradually the Lake has taken on a new look, like a plump and charming beauty.

例7：

原文：长沙这座从远古走到现代的湖湘首邑，虽然历经数千年的风雨沧桑，仍不失古朴美丽的都市风采。

译文：Now Changsha, the capital city of Hunan Province, still shows its unsophisticated beautyafter thousands of years' severe tests.

例4和例5两个英文句子均使用了拟人的手法，翻译时采取直译的手法能够非常生动地再现原文的信息，尤其是例4中的"招手"、例5中的"依偎"是典型的拟人手法。例6原文中"一个更丰满、圆润的西湖渐渐露出清新的面容"和例7原文整个句子均属拟人的修辞手法，前者在译文中变成了明喻，否则直译显得比较突兀，转译成明喻后反而能让读者感到贴切生动；后者则直译为英语的拟人，使用了动词show，比较生动形象。

3. 设问和反问及其翻译

设问和反问是中英文都有的修辞手法，主要是通过提问及作答或不作答的方式激发读者去思索、体会，实际上目的在于加深读者的印象，或突出要表达的内容和观点，从而使文章结构更紧凑，更富有起伏变化和艺术感染力。因此，旅游宣传文本中使用设问和反问是一种常见的表达方式。由于中英文两种语言中均存在这两种修辞方式，因此一般直译即可。请看下面的例子。

例8：

原文：Where can you be greeted in 11 languages on Swiss National Day? In Interlaken ofcourse!

译文：瑞士国庆节期间在哪里可以收到11种语言的问候？当然是在因特拉肯！

例9：

原　文：Was there engmeering genius involved? Yes, there was.For example, when you're puttingthe block right at the top, how are you going to lug a block of stone that weighs several tons 480 feet up a structure? How are you going to do it, and how are you going to do it withoutleaving scratches on all the rest of the structure? And how many people does it take to drag ablock weighing several tons 480 feet up into the sky? Approximately, 2.3 million blocks ofstone were cut, transported and assembled to create the Great Pyramid.

译文：其中是否显示出工程天赋？回答是肯定的。譬如，要把大块石头放到顶部，可如何将一块重量达几吨的石块拉上480英尺的顶部？这又如何才能做到？怎样才能不至于在整个塔上留下划痕？将这样重的一块石头放到顶上又需要多少人？要知道，建造大金字塔大约切割、运送、安装了 230 万块这样的石头。

例 10：

原文：菩萨如此兴奋，急步前行到底是要看什么地方？原来金光四射之地，正是泾县古八景之一的"曷山夕照"！

译　文：Bodhisattva was so excited that he hurried forward to find out what a place it was. It turned out to be a place with splendor in all directions. Later it was named "Chanshan SunsetGlow", one of the ancient scenic spots of Jingxian County.

例 11：

原文：无数滑鼠一起畅泳，是要暗示现代人类成了科技的奴隶吗？百搭的中国传统桃花图案，又传达了怎样的社会现象？到澳门塔石艺文馆看看就自有分晓。

译文：Is a mass of mouses swimming merrily towards a bullseye a comment upon today's blind reliance upon technology？ Can the peach blossom textile so common to Chinese clothing be used successfully as banners or saucers？ Stop by the Tap Seac Gallery to find out everything.

以上四个例句中，例 8、例 10 和例 11 均使用了设问句，例 9 开始是设问，后面是反问句，无论是英文还是中文，翻译中均做了直译处理，这样还可以保持原文的语气和感染力。

4. 反复及其翻译

"反复"这一修辞手法就是指重复使用某一词、某一短语、某一句等用以强调和突出文字的意思，加强表达的语气和感情，加深读者的印象。在旅游文本中使用"反复"可以加强宣传渲染的语气，使所宣传的旅游产品给读者留下深刻的印象。无论是英语的旅游文本还是汉语的旅游文本都可见反复这一修辞手法的使用，汉语使用的频率会更大，因为汉语本身就倾向使用重复。在汉语句子中，重复使用一些词或词组可以使语气更加平衡，气势更加恢宏，增加表达的节奏感。一般来说，英文旅游文本中的"反复"可以直译，汉语中的反复要根据英译文的句法进行灵活处理，有时可以直译，更多的时候要将后面反复的部分省译或进行变通处理。

例 12：

原文：These trains run every 20 minutes during the day and every hour in the evening until midnight. In the nights from Thursday to Friday, Friday to Saturday and Saturday to Sunday, the shuttle trains run every hour all night.

白天每 20 分钟有一列火车开行，傍晚至午夜每小时均有一列火车开行。星期四至星期五、星期五至星期六以及星期六至星期日，往返列车每小时一班通宵运行。

例 13：

原文：Travel in style-dine in style：The MGBahn is more than just a railway, and offers numerous special excursions in winter: f ine food or going on a special outing all make the trip unforgettable.

译文：优雅地旅行 - 优雅地用餐：马特宏圣哥达不仅仅是一条铁路，还为游客提供无数的冬季特别短途旅行项目：精美的食物或者特别的短途观光都会使您的旅行变得令人流连忘返。

以上两个英文例子中均使用了反复，例12中every使用三次，例13中的in style使用两次，special使用两次，这些反复手法使表达更具感染力，加深读者印象，在翻译中进行直译处理，使译文准确生动地再现了原文的语气。

例14：

原文：成都，天府之国之都，南方丝绸之路的起点，你有千年的文化底蕴，你有千里的肥田沃土，你有千秋名人贤士……

译文：Chengdu, an ancient city lying on the Land of Abundance as the starting point of the South Silk Road, boasts vast fertile land and thousands of years' culture created by sages andelites.

例15：

原文：雾凇之美，美在壮观，美在奇绝。

译文：The beauty of rime lies in its spectacularity and uniqueness.

例14和例15的汉语原文均使用了反复，其中前者重复"千"，后者重复"美"，细心的读者会发现这两句的英译文中没有重复thousand和beauty，如果重复这两个词会使英文显得冗长，反而起不到很好的宣传作用。

二、中文旅游材料中的其他修辞手法

由于中文更重审美和渲染，在旅游材料中表现为使用夸张的修辞手法；由于中国文化历史悠久，几乎每一个地方都有着重要的历史渊源，因此，在宣传这些旅游目的地时往往会引用一些诗句或典故，也就是使用"引用"这一修辞手法。当然，中文本身的特点也决定了中文旅游材料还使用对仗和排比的手法。下面分别看一下中文旅游材料中的这些修辞手法及其翻译：

1. 夸张及其翻译

所谓夸张，就是在表述中故意言过其实，或夸大事实，或缩小事实，目的在于给读者留下深刻的印象。一般来说，旅游文本中的夸张均为"夸大事实"，用于渲染宣传的语气。但是，将英汉旅游材料进行比较可以发现，汉语使用夸张的时候较多，英文旅游材料使用夸张的时候并不多。这并不是说中国人喜欢夸夸其谈，西方人重事实，而是由两个民族的思维决定的。汉语行文讲究辞藻工整，纵横飘逸，重视酣畅淋漓的审美情趣，而西方人更重简洁、严谨。因此，汉语旅游文本中的夸张手法在英译文中要适当删减，在保留原文实质信息的前提下，稍加润色即可。请看下面的例子。

例16：

原文：塔子山公园内的九天楼鹤立鸡群，亭亭玉立，卓尔不凡；你看她层叠有致，舒张有度，俯仰自如，雍容大度，犹如贵妇临轩；再看那雕梁画栋，飞檐垂瓴，花窗秀门，真似玉女笑面。

译 文：Jiutian Pavilion, located in Tazishan Park, is a splendid pavilion with decorated eaves andtiles.

上面例子的中文原文不仅使用了比喻和拟人的修辞手法，还充斥着很多夸张的表达，但是英文可以只翻译其主要信息。有人也曾将该例翻译成以下文字并拿给外教看，结果外教却对文字的过分修饰感到不解，继而对文字内容的真实性产生怀疑：

Jiutian Pavilion, located in Tazishan Park, is erecting highly like a crown among roasters; it is graceffilly standing there showing its unlqueness in the world; alas, please look at its beautiful neatness while piling up, its f lexibility when expanding or shrinking; it resembles adignified lady standing by window; please look at the engraved posts, the uptumed eaves andweeping tiles as well as its well decorated windows and doors, you would surely associate itwith a smiling face of a maid.

例17：

原文：（龙舟赛）演历史于古今，生传说于纷纭，珠联爱国情操、悲壮色彩、璧合神秘气氛、拼搏精神，动如摧枯拉朽、轰轰烈烈，势若排山倒海、可歌可泣。

译 文：The Boat Race, a most exciting group event, is held in memory of Qu Yuan, a patriotic statesman and poet in ancient China.

例17的原文可谓句句夸张，中文读者读后一定会激动不已、跃跃欲试，可是如果直译，势必如例16的直译一样在英语读者群中不但收不到良好的宣传效果，还会适得其反，所以译文对夸张的表达进行了删减，在译出实质性的信息的同时稍加修饰，使用形容词exciting，同时，对"龙舟赛"的意义稍做解释。

2．引用及其翻译

引用，就是在自己的话语中插入现成的话或故事等，以达到提高表达效果的目的。在中国，引用可以说是一种古老的修辞手法，不少作者在写作过程中会引用权威的或有说服力的话、诗句、谚语、故事等证明自己的观点，借以提高行文的感染力和说服力。一般来说，英文很少在旅游宣传材料中引经据典，而中文的旅游宣传材料正好相反，宣传者往往喜欢引经据典，尤其喜欢引用古诗词，以增加所宣传景点的美和特色，以引起读者的共鸣。这些引用如果比较复杂，则如本书第二章所说应该做省译处理。有的时候，如果引用的句子或诗句并不十分复杂，而且将引用的内容译出可以让读者更明白，起到更好的宣传效果则可以直译，当然这种直译是指基本译出原译，并非一一对应的"硬译"，因为中英文各自的特点决定了汉语中很多诗句无法照搬进英文当中。

例 18：

原文：洞庭湖"衔远山，吞长江，浩浩汤汤，横无际涯。朝晖夕阴，气象万千"。

译文：Carrying the shadows of distant mountains in it and swallowing the Yangtze River, the vast and mighty Dongting Lake streches afar. It is brilliant in the morning and gloomy at dusk, with its scenery abounding in changes.

这里的原文基本均引自范仲淹的《岳阳楼记》，可以说引用部分就是该句的中心内容，所以有必要将其翻译出来，但是细心的读者会发现，英译文中没有使用引号，也没有将其译为与汉语一样的连珠四字句，而是根据英文的语法逻辑特点，仅将意思翻译出来，且分成三个短语，这样层次清楚、逻辑分明，充分考虑到了译语读者的接受能力。

例 19：

原文：正中位置是一座典型的土家吊脚楼，一架梯子搭在屋边，屋角挂着成串的玉米和辣椒，楼的左边是小桥流水，楼的后边是良田美池，一农夫正在扶犁耕田。真是好一幅"小桥流水人家"的童话世界。

译文：The middle of it is a typical suspended house, with a ladder standing against its wall andbunches of corns and hot peppers hanging onIts corner. On the left there is a bridge with water running under it, and behind the house there is a pool and fertile farmland, where a farmer is ploughing the land. What a beautiful fairy land!

这里的中文原文以观察的先后顺序写景，最后引用元朝马致远的《天净沙·秋思》中的"小桥流水人家"进行总结和感叹，使原文的描写得到升华，这样的写作手法符合汉语的审美特点，能够吸引中国读者，使读者读后心中立即出现一幅栩栩如生的画面。但如果将这句诗直译为 tiny bridge, flowing brook, hamlet abodes，这些在英语中只会是意象的罗列，就会造成与前文的重复现象，英文读者反而会感到句子生硬，意思重复，所以应该将其省译，直接翻译"童话世界"。

例 20：

原文：杭州因有美丽的西湖而成为著称于世的风景旅游城市。北宋词人柳永在《望海潮》一词中写道："东南形胜，三吴都会，钱塘自古繁华。烟柳画桥，风帘翠幕，参差十万人家。云树绕堤沙。怒涛卷霜雪，天堑无涯。市列珠玑，户盈罗绮，竞豪奢。"

译　文：Hangzhou is a world-known tourist city thanks to the beautiful West Lake and majestic waves in the Qiantang River.

例 20 的原文大部分引用了柳永的词，如果直译出来势必会让英语读者感到不解和冗长，所以为达到在英语读者群中的宣传目的，只好省略不译。

3. 对仗及其翻译

对仗也叫对偶，就是用语法结构相似、音节数目相等的一对句子来表达一个相对立或者对称的意思。尤其是汉语非常讲究对仗，符合汉语背后的审美思维。如果对仗部分属于实质信息则可以直译，但汉语旅游文本中的很多对偶只是用来取得很好的宣传效果，实际上并不含有实质性信息，对仗中那些内容空洞、只是用来渲染语气的词在翻译中往往省译，但可以使用一些英文词汇表示对照。

例 21：

原文：上望重重山影轻摇，下听阵阵水浪拍舟。

译文：Above are ranges of mountains and below are waves of water.

例 22：

原文：盈盈湖水作证，巍巍蓝天作证，见证这一个个人生的爱情希冀。

译 文：The clear lakewater and the lofty blue sky can testify that everyone will have his true love.

例 23：

原文：凤凰自然资源丰富，山、水、洞风光无限。山形千姿百态，流瀑万丈垂纱。这里的山不高而秀丽，水不深而澄清，峰岭相摩、河溪萦回，碧绿的江水从古老的城墙下蜿蜒而过，翠绿的南华山麓倒映江心。江中渔舟游船数点，山间暮鼓晨钟兼鸣，河畔上的吊脚楼轻烟袅袅，可谓天人合一。

译 文：Fenghuang Town boasts abundant natural resources and fascinating scenery made upmountains, water and caves. Here, you can enjoy peaks in various shapes and waterfalls flying down the slopes. Magnificent mountains and clear water wind their way around the city. On the water fishing boats come and go, in the mountains the bell tolls for morning and evening andfrom the suspended buildings rises faint smoke. Everything is in harmony.

以上三个例子的汉语原文均使用了对仗，例 21 整个句子就是由对仗的两部分组成的，例 22 "盈盈"和"巍巍"对仗，例 23 中的"山形千姿百态"与"流瀑万丈垂纱"对仗，"山不高而秀丽"与"水不深而澄清"对仗。另外，例 22 甚至还重复了"作证"一词。翻译处理根据具体情况而定，例 21 的英译文保留了原文的对仗；例 22 的译文前半部分也基本上属于对仗，即 the clear lakewater 和 the lofiy blue sky，但"作证"的译文并没有重复使用；例 23 由于原句本身具有很强的描述性，如果直译会使英文重复的地方很多，因此其中的对仗也进行了简化处理，基本传达出原文的实质信息，当然还是适当地选择了英语一些名词短语、形容词和动词等，如 boast，abundant，fascinating，peaks in various shapes，waterfalls flying down the slopes，wind their way，magnificent mountains，clear water，come and go 和 toll 等。

4. 排比及其翻译

排比是汉语中常见的修辞手法之一，排比就是把三个或三个以上意义相关或相近、结构相同或相似、语气相同的词组或句子组合在一起，让读者感到条理分明、节奏和谐、感情洋溢、气势强烈、形象生动。正是因为排比的这些效果，所以在旅游文本中不乏排比这一修辞手法的使用。请看下面的例子。

例 24：

原文：贺兰岩画，展现游牧民族的生活场景；长城脚下，回荡延续千年的征战厮杀；浩瀚沙海，上演长河落日的壮美奇观；广阔草原，滋养膘肥体壮的牛羊马群。

译　文：Cliff paintings on the Helan Mountains reflect the life of nomadic people, while the Great Wall reminds us of wars and battles happening thousands of years ago. The boundless desert witnesses the marvelous sunset on the Yellow River and the vast grassland breeds sturdy andhealthy cattle.

例 25：

原文：这里是周人先祖的故乡、岐黄文化的发源地。到公刘一代，复修后稷之业，躬耕稼穑，驯养家畜，率民南迁，拓展疆域，为周朝奠定了基业。岁月悠悠，沧海横流。秦皇汉武，结束战乱纷争，实现中国统一；贞观之治，营造大唐盛世，催生李杜诗篇；一代天骄，建立蒙古帝国，跃马扬鞭欧亚。

译　文：This land is home to ancestors of Zhou lineage and the earliest Chinese medicine. Gongliu, adescendant of Houji, Father of Chinese Agriculture, restored agriculture and grew grains andraised animals.He led his people to the south to expand the territory of his clan, laying afoundation for the founding of the Zhou Dynasty.With time passing by, this land witnessed prosperity of different dynasties. Qin Shi Huang, the first emperor of Qin Dynasty（221 B.C.-206 B.C.）, and Emperor Wu Di in the Han Dynasty（202 B.C.-220 A.D.）put an end to wars and chaos of different clans and built a unified China. During the reign of the Emperor Taizong（598-649）, the Tang Dynasty（618-907）flourished into prosperity and at that time emerged the great poems by Li Bai and Du Fu, two masters of poetry.Genghis Khan overcame the vast land in Asia as well as Europe and founded the Wgest contiguous land empire（1206-1259）in human history.

　　非常明显,例 24 的原文均属排比,例 25 中的"秦皇汉武,结束战乱纷争,实现中国统一;贞观之治,营造大唐盛世,催生李杜诗篇;一代天骄,建立蒙古帝国,跃马扬鞭欧亚。"也是明显的排比句。但是在翻译成英文时,由于中英文思维的差异,读者会感觉到原文排比的气势在英语中打了折扣,或者"荡然无存",但只要能够把原文的意思译出即可,不必"亦步亦趋",否则会显得冗余、烦琐。

第五章　旅游文化翻译的生态美原则

第一节　动态平衡原则

在自然界中，生物与生物之间、生物与生存环境之间通过相互作用而形成一定的生态平衡。一方面，外界环境条件的不同会引起生物形态构造、生理活动、化学成分、遗传特性和地理分布的差异；另一方面，生物为适应不同的环境条件也必须不断调整自己。

当生态系统中的关联组成成分和比量相对稳定时，能量、物质的输入和输出相对平衡，这样的生态系统处于平衡稳定状态。换句话说，生态系统处于相对平衡稳定时，种群结构和数量比例没有明显变化，能量流动和物质循环的输入与输出接近平衡。当生态系统发生变化时，就会出现反馈和自我调节，从而维持相对平衡。达到生态平衡的生态系统相应地也就达到了相对稳定的阶段，这种生态系统的生物量相对最大，生产力也最高，因而自我调节能力也就更强一些。同时，生态系统内部结构越复杂，其自我调节能力或生存能力也就越强。

翻译是一个复杂的生态系统，由于翻译生态与自然生态具有关联性、相似性和同构性，因此，自然生态中的这种平衡性特征在翻译生态系统中也同样是具备的。通过翻译活动主客体之间、翻译活动主体与其外部生态环境之间的相互作用、相互影响，才能形成翻译生态相互依赖的动态平衡系统。一般来说，翻译生态系统内部具有自我调节能力的大小依赖于系统内部的以译者为代表的"翻译群落"的能力。这里的平衡和谐，指的是综合因素的整体平衡和谐，既包括翻译生态的平衡和谐，又包括文本生态的平衡和谐，还包括"翻译群落"生态的平衡和谐；既包括跨语言、跨文化的整合与平衡，也包括内在、外在因素的整合与平衡，还包括宏观、中观、微观思维的整合与平衡。

从文本生态平衡的角度来看，文本生态平衡就具体包括文本的语言生态平衡、文化生态平衡、交际生态平衡等等。仅就文本生态平衡中的语言生态平衡而言，译者就要致力于保持原语与译语的词义平衡、句意平衡、原语与译语的"传神"与"达意"的平衡、原语与译语实用价值和美学价值的平衡、原语与译语的文风的平衡等等。

从翻译实践验证的角度来看，大凡公认的、较有影响的译品，其"双语"（原语和译语）生态的平衡也都相对处理得较好。

从过往"对等"理论的角度来看，迄今为止的各种翻译理论中，关于"对等"（equivalence）、"对应"（correspondence）、"对称"（symmetry）、"平等"（non-discrimination）等，已早有研究，有些也已渐成共识。这些不同的称谓，从"双语"的语言形式、意义功能、文本信息、知识总量、交际意图，以及"诸者"关系等不同方面入手描述翻译的实质和结果，说到底，也还是"双语"在这些方方面面之间追求总量"平衡"的问题。

从翻译研究本身需要的角度来看，一方面，就生态翻译学研究而言，"平衡"是任何生态系统最基本的特征，因此，也是生态翻译学的一个核心理念。翻译生态环境对产生翻译文本的作用自不待言，如同"No context, no text"一样，没有翻译生态环境，就没有成功的翻译。因此，需要保持翻译生态整体的和谐与平衡，否则，没有翻译研究各个生态系统的平衡，也就没有生态翻译学的健康发展，也就不可能履行和体现生态翻译学维护语言多样化和文化多样性的学术使命。另一方面，就翻译生态内部而言，翻译生态平衡还表现为翻译生态系统诸"者"之间的妥协让步与宽容变通，考虑作者、读者、原文、译文等多方因素的、"翻译群落"生态与"文本生态"之间的协调与平衡，译者跨越时空界限，克服各种障碍与作者开展平等对话，充分认识新时代读者的实际需求和接受能力，在作者与读者之间寻求平衡点，实现作者、译者、读者三方面的视域融合并产生共鸣，形成互惠互利、健康有序的生态循环。

现以保持原文生态与译文生态的平衡为例。

翻译行为中的译者，通过"选择性适应"和"适应性选择"，既要有责任尽量保持并转换原文的语言生态、文化生态和交际生态；同时，译者通过"选择性适应"和"适应性选择"，又要有责任尽量使转换过来的文本在新的语言生态、文化生态和交际生态中，即能够在译入语的翻译生态环境中"生存"和"长存"。

我们知道，语言生态、文化生态和交际生态均有大小之分。大的语言生态可以指大语种和小语种及濒临灭绝的语种的和谐共存；小的语言生态可以指一个翻译文本内各语言要素之间的和谐关系。大的文化生态可以指优势文化和弱势文化及濒临灭绝的文化的和谐共存；小的文化生态可以指一个翻译文本内各文化要素之间的和谐关系。大的交际生态可以指国际交往和区域间交流及个体间交际的关联与交集；小的交际生态可以指一个翻译文内交际意图和交际行为的互动关系。

可见，翻译行为中的译者，是在致力于保持原文和译文在语言、文化、交际生态中的"平衡"与"和谐"。从生态翻译学的视角来看，生态翻译堪称文本生态、翻译生态和"翻译群落"生态的"平衡术"与"和谐论"。这既是生态翻译学的主旨，也是"生态范式"翻译伦理的要则。

第二节　多维整合原则

多维整合原则主要指评判译文的标准，不再只是忠实于"原文"，也不再只是迎合"读者"，而是要在保持文本生态的基础上，为实现译文能在新的语言、文化、交际生态中"生存"和"长存"所追求的译文整合适应选择度。所谓"整合适应选择度"，是指译者产生译文时，在语言维、文化维、交际维等多维度的"选择性适应"和继而依此并照顾到其他翻译生态环境因素的"适应性选择"程度的总和。在一般情况下，如果某译文的"选择性适应"和"适应性选择"的程度越高，它的"整合适应选择度"也就越高；相对而言，最佳翻译就是"整合适应选择度"最高的翻译。

生态翻译学的翻译方法简括为"多维转换"，具体落实到语言维、文化维、交际维的"三维"转换，也是以理而出，以实为据。

（1）从理论角度来看，语言学的、文化学的、交际学的翻译途径是基于翻译实际的系统研究，而语言、文化、交际也一直是翻译理论家关注的焦点。例如，从功能语言学角度来看，语言维关注的是翻译的文本语言表达，文化维关注的是翻译的语境效果，交际维关注的是翻译的人际意图，这就与韩礼德（A.Halliday）的意念功能（ideational）、人际功能（interpersonal）、语篇功能（textual）以及语场、语旨、语式等语域理论有着相当程度的关联和通融。

（2）从实践角度来看，语言、文化、交际一直是翻译界普遍认同的要点，是翻译过程中通常需要重点转换的视角；译者也往往是依照语言、文化、交际不同阶段或不同顺序做出适应性的选择转换。

（3）从逻辑角度来看，翻译是语言的转换，语言是文化的载体，文化又是交际的积淀，因而，语言、文化、交际有着内在的、符合逻辑的关联，这也体现了翻译转换的基本内容。

（4）从保持"文本生态"的角度来看，译者通过"选择性适应"和"适应性选择"，既要有责任尽量保持并转换原文的语言生态、文化生态和交际生态；同时，译者通过"选择性适应"和"适应性选择"，又要有责任尽量使转换过来的语言生态、文化生态和交际生态能够在译入语的翻译生态环境中"生存"和"长存"。保持原文和译文的语言生态、文化生态和交际生态的协调平衡，这些又都与翻译操作方法中的"三维转换"相对应，从而最终实现原文和译文在语言、文化、交际生态中的"平衡"与"和谐"。

鉴于翻译生态环境的种种因素对译文的形成都会不同程度地起到作用、产生影响，因此，如果这些因素在译文评定的标准和做法中未能体现、缺乏显示、未予整合，那就应当看作是一种不足，因为这样既不符合翻译的实际，也有失评判的公允。正因为如此，提出

"多维整合"伦理原则,对译文的评判标准和具体做法来说,从理论上和整体上予以关注,使之赋予道义和伦理责任。

第三节 多元共生原则

多元共生原则主要指译论研究的多元和不同译本的共生(symbiosis)。

根据生态学原理,共生性是生物存在的一种基本状态,即生物间相互依存、共同发展的状态。如同自然生态中的生物多样性和生物共生性一样,多样性和共生性体现了各个事物个性的千差万别而又共生共存。同样地,以生态整体论和生态理性为指导的生态翻译学,倡导翻译理论研究的多元化和不同译本的共生共存,而且,翻译理论研究的多元化和不同译本的共生共存也应该成为翻译学发展的一种常态。同时,多元的翻译理论和不同的翻译文本在翻译生态环境中会遵循"适者生存""优胜劣汰"的自然法则,不断进化发展。

一方面,译论研究就是一种学术研究,而学术研究就要讲求"同而且异"。中国早就有"天下同归而殊途,一致而百虑"(《周易·系辞》),"君子以同而异"(《睽卦·象传》)的古训。因此,译论研究讲求多元,既符合翻译理论研究的现实,又符合华夏学术伦理的传统。美国学者劳伦斯·温努提也提出过"存异伦理"的概念,并认为"异化"是道德的,差异是对文化他者的"尊重"。

可以说,译论研究"多元"的伦理,体现了对翻译理论研究者"构建权"的尊重。另一方面,文本生态、翻译生态、"翻译群落"生态的生态环境是动态的、变化的。因此,为了适应不同层次翻译生态环境的种种变化;或者为了保持文本生态、翻译生态、"翻译群落"生态的平衡与协调,翻译活动中不同翻译文本的共生共存是翻译活动中的"自然现象",是翻译行为的一种常态。

在这方面,不同翻译文本共生共存的生态翻译伦理原则恰好印证了这样一个事实:"适者生存""汰弱留强"的自然法则在人文研究领域与在自然界里的情形是不完全相同的。这就是自然界里的物种(动物和植物)适应自然环境、接受"自然选择"的"淘汰"是绝对的,是生物物种意义上的"绝迹""消失""灭绝"。例如,恐龙的灭绝、南极狼的绝迹、种子蕨的消失等等。然而,翻译界里译者/译品适应翻译生态环境、接受翻译生态环境选择的"淘汰"则是相对的,是人类行为意义上的"失意""落选""舍去""取代""未中""失落"等等。这就是说,翻译活动中译者/译品的所谓"适"或"不适""强"或"弱",都不是绝对的,而是相对的。同时,不同的译本、不同的译文,由于它们适应了不同的翻译目的、不同的读者对象,因而又有可能共生共存。这里的"汰弱留强"和"共生共存"都是符合生态学的基本原理的。

可以说，翻译文本的"共生"伦理，又体现了对人们对不同译本共生共存"翻译权"的尊重。

第六章　生态美学视域下的旅游文化翻译实践探索

第一节　生态美学视域下旅游文化广告翻译

笔者将在本节首先简要介绍英语旅游广告的文体特点，重点阐述其口语化表达、用词倾向、语法、句法和修辞方面的特点。然后在此分析的基础上，提出英语旅游广告翻译的总体策略，其中包括在翻译时如何体现旅游广告的文体风格、如何处理广告文本中的修辞以及如何发挥旅游广告的劝诱功能和审美功能等。

一、英语旅游广告的特点

英语旅游广告语篇属于广告文体，在用词、句式和修辞方面都有其独特的语言特点，可谓是一种独特的语类。从功能角度来讲，旅游广告应该归属于纽马克所说的"呼唤型"（vocative）文本，其目的是向大众宣传旅游目的地、旅游产品、旅游体验、服务或其他相关信息，以说服旅游者到目的地游览或购买旅游产品，或者改变游客对旅游目的地或旅游产品的认识，改变他们对一种品牌的偏爱，或者提醒游客如何购买、预定旅游目的地或旅游产品。英语旅游广告往往语言简洁、精练、生动、形象，富有感情色彩和感染力。

（一）旅游广告的对话性特点

现代社会，人们出外旅游很大程度上是为了缓解压力、放松心情。因此英语旅游广告最突出的特点就是对话性，因为对话性的语言往往给人一种轻松的感觉，显得亲切、自然。

从表面上看，广告是"非交互性"（non-reciprocal）的话语。但从本质上讲，许多广告都是对话性的，至少可以看作是广告发起者与潜在购买者之间的对话。我们通过下面一则航空公司的广告来说明旅游广告的对话性特点。

[1] No, we haven't made a mistake.We have a different calendar to you. Ours starts from the year 622AD, when the Prophet Mohammed traveled from Makkah to Medinah.

Our airline, however, started exactly 40 years ago.In a country as large as Saudi Arabia, air travel soon took off.Now we're expanding so fast, statistics are rapidly out of date.

But here are a few you may like to bear in mind.

Saudia carry over 11 million passengers a year, flying between 23 domestic and 44 international destinations.

We have a 92-strong fleet that includes Boeing 747's, Lockheed Tristars and the first 11 Airbus A300-600's.

14 new aircraft will wear our livery this year, including 10 of the latest stretch-top 747's. And we're determined to improve a 93% punctuality record.If the figures mean nothing to you, the food will.Our in-flight cuisine wouldn't be out of place in a top restaurant.So isn't it about time we welcomed you into our world？ Because it looks like 1405 is going to be another good year.

以上广告的对话性主要是通过以下手段来构建的：首先，否定词 no 用于广告语篇之首，使这一广告给人以对话的第一印象，因为 no 通常是用在面对面的对话中。其次，两个代词 we 和 you（包括 our 和 ours）的反复使用，创造了对话的主体：航空公司及其潜在的顾客。最后，you may like to，and we're determined to. So isn't it about time 等交际性表达法增添了对话的人际意义。you may like to 表面上表示可能性，实际上则表达祈使的意义；and we're determined to 表达了"我们"增加守时性记录的决心。修辞性疑问句 So isn't it about time 是用来提出建议的，具有强烈的劝说和诱导功能。

口语化的语言往往显得亲切、自然，没有强迫感。再来看下面几则英语旅游广告词：

[2] Come and Say G'day.

来这道声"白天好"

[3] Makin' It Easy!

就这么便捷！

[4] Yes，the Philippines，Now!

对！菲律宾，就现在！

[5] You'll Love Every Place of Victoria.

您会热恋维多利亚的一草一木。

[6] A Continent of Wonders Awaits You.

神奇的大陆欢迎您！

[7] You may like to take optional excursions such as Sepilok Orang-Utan Rehabilitation Center.

你也可以选择游览景点，例如塞比洛克红毛猩猩康复中心。

这几则广告词都体现了典型的口语化特点。如例 [2] 中的 G'day 是澳大利亚英语中典型的问候语；例[3]中 Makin' 是 making 的省略说法；例[4]中的 yes, now 完全是对话用语，非常简练；例[5]、例[6]和例[7]中第二人称代词的使用，具有祈使的意义，表明广告人是在直接对受众说话，给读者一种亲切可信的感觉。

（二）旅游广告的用词特点

旅游广告作为传播信息的手段，既要充分宣传、介绍旅游目的地或旅游产品，又要设法节省时间和篇幅，力求用简洁、生动、形象、引人注目、富有感染力的语言产生预定的商业效果。

1. 使用代词

旅游广告使用人称代词可以为独白式的广告语篇赋予对话的语气，使广告受众直接参与到广告话语中，从而诉求他们的知识、兴趣和情感，拉近旅游商与旅游者之间的距离。旅游广告中的第一人称 we 指代旅游商，是广告话语的发出者。第二人称 you 指代旅游消费者，它的使用可以使消费者在阅读广告时有一种被尊重的感觉，体现了旅游商始终把消费者放在第一位，"顾客就是上帝"的理念。另外，旅游商以第一人称 we 自居，可以给顾客一种承诺，让他们觉得这是一个可信任的机构，同时还可以给客人带来亲切感，缩短二者之间的距离，有助于实现广告的人际功能。

[8] Beyond Your Imagination——Korea Airlines

您意想不到的——大韩航空公司

[9] You're better off under the Umbrella.——Travelers Insurance

在"伞"的保护下，你会更加舒适。——旅行保险公司

[10] We are your homes in Japan.——Dai-Ichi Hotels

我们是你在日本的家。——戴艾奇饭店

例[8]潜在的意思是 We are beyond your imagination，它可以给读者无限思考的空间，增强了广告主与广告受众之间的互动。例[9]把保险公司比作"伞"。例[10]把饭店比作"家"，通过使用代词 you, we, your 突出了消费者的地位，给广告受众一种关怀、贴心的感受。

2. 使用形容词

广告语言要求形象生动，因此，往往运用表现力丰富的形容词，既可以达到简明传达信息的效果，又可以增加语言的表现力。旅游广告文体中广泛使用的形容词是描述性的，对旅游目的地或旅游产品的描述能引起联想，激发旅游者的感情或欲望。用描写性形容词代替有条理的客观证明，一方面，反映了旅游广告语言的易读原则；另一方面，也显示了广告语言倾向性的感情色彩。

旅游广告中常用的形容词有：new, fresh, luxurious, first, sure, clean, wonderful, beautify, special, only, fine, great, bright 等。另外，形容词的比较级和最高级的出现频

率也很高，因为它们具有比较性质，可以迎合消费者货比货的心理。

[11] You'll take a shine to the special privileges of the Regency Terrace.——Hyatt Regency

下榻凯悦饭店，请您尽情享受特权。——凯悦饭店

[12] New Hawaii.——Haddon Tours

全新的夏威夷。——哈登旅行社

[13] The World's First Choice.——Holiday Inn

世界的首选。——假日酒店

[14] The view in Singapore from the world's tallest hotel.——Westin Hotels & Resorts

从世界最高的饭店里鸟瞰新加坡。——威斯汀酒店

[15] Kodiak Alaska's most mystical isle.——Kodiak Island

科迪亚克，阿拉斯加最神秘的岛屿。——科迪亚克岛旅游

以上例句中使用的形容词 special，new，first，mystical 在旅游广告中出现的频率是相当高的。例[14]和例[15]中使用了形容词最高级形式，这也是广告语言中普遍存在的一种用词特点。

3. 变异拼写

变异拼写目的在于造成一种"突出感"，使词语变得不寻常，引起读者的注意，而且它可以迫使读者去理解词语的意义，从而加深对广告内容的记忆，还可以通过这些词语有效地传播产品信息。广告语言中主要运用的变异拼写手段是把一个词素与一个不合乎语法的词素或者与一个创造出来的假词素进行组合。例如：

[16] TWOGETHER：The Ultimate All Inclusive One Price Sunkissed Holiday

两人世界，阳光假日，一站式价格，尽享全程服务

这是一则为夫妻二人提供假日旅游的广告。Twogether 实际上是 together 的拼写变异，以 two 代替 to，既取 together 之音，又取"两人"之意，突出了一对恩爱夫妻在共享二人世界中品味假日旅游的浪漫情怀。

4. 增强说服力的词语

这些词语往往用于加强句子表达的语气，有的甚至明显地夸大其词、尽显吹嘘、讨好顾客、招揽生意之能事。增强说服力的词语包括：表示确定语气的短语，例如：of course，more than any other，it's no wonder，best of all，there is no doubt 等；表示经常性和可能性的情态动词，例如：never（负经常性），sure（正可能性），surely（正可能性）；强调词，例如：truly；表示确定性的"情态动词+副词"搭配，例如：can really，just can't，could only，could be absolutely，must，surely。

看下面的例子：

[17] Of course, the destination we fly to more than any other is London.

当然，我们飞行的目的地就是伦敦。

[18] …it's no wonder the Philippines has some of the f inest beach resorts in the world.

……难怪菲律宾群岛有世界上最美的海滨度假胜地。

[19] The Only Palace in the World Where the Queen Stands Guard.

世界唯一由女王站岗的殿堂。

[20] There is no doubt that the hotel is Chinese but Chinese with a difference.

毫无疑问，这是一家中国酒店，但是一家与众不同的中国酒店。

[21] Never has there been a better time to experience New Zealand than now.

游览新西兰，再也没有比现在更好的时候了。

例 [17] 是英国航空公司的广告标题，其中的 of course, more than any other 表示了一种确定的语气，向旅行者传达的是一种负责任的承诺。例 [18] 中的 it's no wonder 以及后面形容词最高级 the f inest 的使用，突出了菲律宾群岛海滨度假胜地的特点。例 [19] 是 Helmsley Palace Hotel 的广告主题句，其中的 the only 强调了酒店的特色：豪华、高贵、尊荣。例 [20] 中的 there is no doubt 强调了这家酒店的特色：中国酒店，也增强了广告的说服力；例 [20] 中使用了 never 这个表示负经常性的副词，与比较级连用，突出了广告的祈使功能，敦促旅游者立即采取行动。

除了上面提到的几类词语之外，旅游广告有时还通过使用半助动词 have to 来增强说服力，因为它表达责任（obligation）和逻辑必要性（logical necessity）。另外，have to 所表达的"逻辑必要性"的意义要比 must 强烈，因此，更有说服力。

（三）旅游广告文本的语法特点

旅游广告文本在语法上主要表现为多用现在时和主动语态，在句法上主要表现为多使用并列句、祈使句和疑问句。

1. 现在时和主动语态

在广告中使用现在时态和主动语态可以给人一种语句干脆利落、劲健爽快的印象。另外，旅游经营机构的广告反映其现行的促销目的和连续的市场营销战略，在广告语中使用被动语态和其他时态除了为取得特殊促销效果或表达的需要外，不会有其他更加令人信服的解释。看下面的一则旅游广告：

[22] COUNTRY ESCAPES

West Lancashire offers you the chance to escape and take time out from the hectic pace of 21st century life to relax and discover delightful countryside and picturesque villages. Wherever you go you're sure to receive a warm welcome.

Enjoy panoramic views, join guided walks or experience the thrill of freedom to explore hidden corners, beautiful old buildings, charming pubs and restaurants, tourist attractions that offer something different, and towns and villages with real historic flavor.

Gentler hidden delights abound with waterfalls at Fairy Glen in Wrightington, or spectacular woodland scenery with old and gnarled oak and silver birch trees at Ruff Wood, Ormskirk, which has Biological Heritage Site statue due to the presence of the red squirrel. The semi natural ancient woodland of oak and beech at Dean Wood follows the course of the Dean Brook between Up Holland and the River Douglas at Gathurst.

Wildlife Trust's Mere Sands Wood Nature Reserve is a wildlife rich haven in the heart of agricultural West Lancashire, covering over 100 acres. It is made up of lakes, mature broadleaved and conifer woodland, sandy, wet meadows and heaths, and is accessible to everyone to enjoy seeing the wildlife. The site is designated as a Site of Special Scientific Interest (SSSI) and is nationally important for wildfowl and dragonflies, as well as its geology, and has a fascinating history.

Why not visit www.visitwestlancs.org.uk or

Email info.edu@westlancsdc.gov.uk

We look forward to welcoming you to West Lancashire.

这则英语广告语篇共有243个单词，11个句子，通篇采用现在一般时，除了It is made up of…和The site is designated as…因句式表达上的需要而使用被动语态外，其他句子均使用主动语态。

2. 并列句

英语广告为求得简洁，常倾向于使用并列结构。与复合句相比，并列句读起来亲切自然，易于为人们所接受。例如：

[23] Bask…indulge…luxuriate…in beautiful white-sand beaches…

Breathtaking scenic wonders…world-class facilities and efficient service.

躺在美丽的银色沙滩上，沉浸在绝妙奇异的风景中，尽情享受世界一流的设施和高效的服务。

[24] Come to New York and See the World.

来纽约，看世界。

[25] We've switched on the lights

Turned up the Verdi

And the champagne is on board

So where the bloody hell are you

我们已经把夜空点亮了

威尔第的音乐也已渐渐响起

香槟也已在甲板上摆好

嘿，你怎么还没来？

这三个例句中都使用了动词的并列结构：bask，indulge，luxuriate；come，see；switch on，turn up。连续使用并列的动词词组，可以使句子简洁明了，充满强烈的动感色彩，给读者以鲜明的节奏感，同时也有敦促消费者采取行动的功能。

另外，例[23]在描述景物时使用了"形容词+名词"的并列结构，这也是旅游广告中常用的并列结构。

3．祈使句

祈使句本身包含有请求、号召旅游者去做旅游经营机构期待的消费行为的意义。旅游广告的目的也是说服、敦促旅游者采取某些行动，或接受某些观点。因此，祈使句的使用可以直接敦促旅游者采取行动，促进旅游广告这种目的的实现。

看下面几条广告词：

[26] Come To Life In Hawaii.

到夏威夷来享受生活。

[27] Enjoy It

尽情享受

[28] Discover Bermuda's wonderful little secret

发现百慕大美妙的小秘密

[29] Eat a piece of homemade cake in the historic French cafe near the waterfalls.

坐在古香古色的法国咖啡馆里，就在瀑布旁边，品尝我们自制的蛋糕。

[30] Let the sunshine in your heart. Come to Bali.

让阳光照耀你的心田。请到巴厘岛游玩。

以上几个祈使句中come，enjoy，discover，eat，let等动词的使用，使句子具有强烈号召力。

英语旅游文本中最常用的20个祈使语气动词是try，ask for，get，take，let，send for，use，call，make，come on，hurry，come，see，give，remember，discover，serve，introduce，choose，look for。

另外，英语旅游文本还可以通过其他方式表达请求语气。其中一种方式便是反问。例如：

[31] Isn't it time you treated yourself to a holiday？

难道还没有到用度假来犒劳自己的时候吗？

[32] Dear girls, Why not escape this summer's World Cup to a country where men spend less time on football, and more time on you?

亲爱的姑娘们，为什么不逃离今夏的世界杯，前往另一个国度？这里的男人会将更多的时间花在你的身上，而不是足球。

[33] For something completely different, why not try a Club Med vacation?

要体验全新的感受，为什么不试试地中海俱乐部的旅游度假服务呢？

比较起肯定表达 It's time you treated yourself to a holiday，例 [31] 运用反问句表达的语气则更加强烈。例 [32]、[33] 中使用了 why not 句型，表达的是一种强烈的建议。

另一种方式是使用单词 "should"，这里不表示命令，而是一种敦促。例如：

[34] You should experience the many delights of India.

您要体验一下印度的多种乐趣。

另外，还有一些表示暗含的祈使语气的句子，具有号召或建议的作用。例如：

[35] Our spa treatment is certainly worth trying.

我们的温泉疗养确实值得您一试。

[36] You can dance the night away at any of the hotel's 5 discos.

您可以到我们酒店内5个迪厅中的任何一个去跳舞，消遣您的夜晚。

[37] For those who agree that doing nothing is the best form of relaxation, there's always a Shangri-la resort.

如果您认同不做事就是最好的娱乐方式，那么就请到香格里拉度假村。

这几个句子都是肯定的陈述句，但它们都暗含有祈使语气，尤其是其中使用的副词 certainly，always 和情态动词 can 更加突出了这种语气。

4. 疑问句

使用疑问句，通过询问可以让读者直接参与到话语世界中，引起读者的共鸣。如果问题与旅游产品所能提供的主要好处有直接的关系，它就能够刺激读者做出肯定的回答，或至少能够让读者急于了解更多。有时，使用 "How to…" 的问题可以祈求或激发读者的某种需要，从而通过购买广告中所宣传的旅游目的地或产品而实现自己的这种需要。

[38] Are you ready to experience at Reebok City?

你准备好要体验瑞布克市了吗？

[39] Who could blame you for succumbing to an even longer stay in any, or all, of our remarkable islands?

继续徜徉在我们美妙的群岛之中，有谁会责怪你呢？

[40] Who would know better how to welcome you to the U.S.?

还有谁更能了解如何欢迎你到美国来呢？

例 [38] 使用了一般疑问句，期待读者做出肯定的回答，采取购买旅游服务的行动。例 [39] 和例 [40] 以特殊疑问词 who 开头，给读者以思考的空间，最后做出广告中所期待的选择。

（四）旅游广告的修辞特点

广告既是文学，又是艺术。为了用艺术的形式实现商业目的，英语广告成为语言艺术与商业推销的结合体。各种修辞手法的运用是英语广告魅力的重要源泉。旅游广告运用独具匠心的修辞手法，可以增加吸引力，富于表现力和感染力，不仅创造出一种意境，填补广告本身未尽的内涵，而且使旅游者获得精神享受，产生兴趣。从而更好地传播信息，吸引源源不断的游客，赢得最好的效益。旅游广告常用的修辞有下列几种：

1. 比喻

比喻中常见的有明喻与隐喻。明喻表示两种不同事物之间的相似关系，一般由 like 或 as 来连接。隐喻把甲物比作乙物，但甲物通常不出现，句子中不用 like 或 as。

[41] Smooth As Silk

如丝般柔滑

[42] The hotel has a beautiful garden, a paradise of birds and flowers.

酒店有一个美丽的花园，一个花鸟的天堂。

[43] Spend an evening with Beethoven at Lincoln Center.

在林肯中心度过一晚，聆听贝多芬的音乐。

读者在阅读含有比喻的语句时，需要将短时记忆与长时记忆联系起来，去理解本体与喻体之间的相似性。而且，读者会进一步思考与广告产品相关联的比喻本体的其他含义。这个思考和理解的过程将会加深读者对广告内容以及广告产品的印象。另外，运用比喻作为广告创意的手段还可使广告词富于美感，简洁，生动、富有新奇性、趣味性和可忆性。

2. 排比

排比是对某一个词、词组、结构或句子进行重复，将它们排列起来，达到一种加强语势的效果。排比结构平衡匀称，声调铿锵有力，有利于强调语势，突出重点，具有很强的表现力和感染力。

[44] Look into our land and discover us.

We are strong.

We are free.

We are Alberta.

游览我们的土地，就能发现我们。

我们坚强有力。

我们无拘无束。

我们是阿尔伯达。

这是一则加拿大西部阿尔伯达省的旅游广告，以富有节奏感的排比句的形式表现这个地区的人文特色，颇能打动人心，激发感情。再看下面一则新加坡威信史丹福酒店的广告：

[45] I WANT THE BODY OF A GREEK GOD.

I want to work out in a huge fitness center.

I want to stay in the heart of the Central Business District.

I want a room with a view of three countries.

EVERYTING I WANT IS AT THE WORLD's TALLEST HOTEL.

THE WESTIN STAMFORD & WESTIN PLAZA

Singapore

我想要希腊之神那样健壮的身体

我想要在一个巨大的健身中心锻炼

我想要住在中心商务区

我想要一个俯瞰三个国家的房间

我想要的一切尽在世界最高的酒店

威信史丹福威信广场

新加坡

这则广告包括广告标题在内，连续使用了四个 I want 结构，表达了顾客想要入住该酒店的强烈意愿，而且在正文中的三个 I want 结构之后列举了该酒店的几个突出的特点，从而取得了很好的表达效果。

3. 双关

双关就是利用词语的语义和语音条件，使某些词语或句子在特定的环境中具有双重意义。在印刷广告中，双关与图画搭配使用所引起的共鸣可以使广告受众更加喜欢广告本身、对品牌产生更加积极的态度，以及更好地回忆起广告标题。双关之所以能够起到劝说消费者的功能，是因为消费者在阅读广告时不仅会注意到双关词语，而且需要付出努力去理解广告内容的含义。当我们面对双关，发现它不能与我们的短时记忆相"匹配"的时候，我们会去长时记忆中搜寻与其相匹配的意义。当消费者成功地解读了广告中的双关的时候，自然会产生一种愉悦和满足的情感，广告自然也就实现了劝说的功能。

[46] Butlin's——the right choice.

Don't labour the point, or be conservative in your choice, or liberal with your money.
Come to Butlin's for the real Party.
Great Party Ahead

布特林旅行社——您明智的选择。

想旅行不必费神似劳工党；选择旅游团不必谨慎如保守党；花费不会放任像自由党。

布特林旅游团，真正的旅游团。

我们伟大的旅游团诚邀您的加入。

这是一则 Butlin's 旅游公司的广告。原文中 labour，conservative，liberal 分别是英国的劳工党、保守党和自由党，在这里都是语义双关。Labour 有"费力"之意，labour the point 指为找旅游公司而劳力费神；Party 也是一语双关，既可指"政党"又可指"团体"（旅游团）。全文因双关语的运用显得生动活泼、妙笔生花。

4. 重复

重复是一个词语或词组反复出现在连续的几个句子中的语言现象。运用重复修辞格能够增强气势，表现强烈的情感，突出强调效果，并且节奏具有音乐美。英语旅游广告中重复更能增强旅游产品或服务的宣传力度和宣传效果，让顾客过目不忘，产生一种认可购买的心理倾向。

[47] You're Not Just Flying, You're Flying the Friendly Skies.

翱翔长空，感受温馨

[48] We are in Sanya, we know Sanya best.

我们在三亚，我们最了解三亚。

[49] Premiere airplane for a premiere airline.

一流的飞机供给一流的航空公司。

[50] First in airfreight with airfreight first.

第一货运，运货第一。

例 [47] 是美国联合航空公司的广告，通过重复 Flying 一词，增强了语言表达的气势。例 [48] 通过重复 we 和 Sanya，增强了旅游服务的宣传力度。例 [49]、[50] 通过重复 premiere 和 first，强调了航空公司服务的特点。

二、英语旅游广告翻译

旅游广告的目的就是向游客宣传旅游目的地、旅游产品或服务，说服顾客产生前往目的地旅游和购买旅游产品或服务的欲望和行动。旅游广告语言风格独特，富有感染力，因此，译文也应该发挥目的语的语言艺术魅力，实现广告的商业目的，做到简洁、精练、生动、形象，富有感情色彩和感染力，符合译文读者的期待。另外，考虑到英汉两种语言文化的差异，在翻译旅游广告时，可根据具体情况从内容到形式进行适当的调整，或者根据客户的要求进行改写或再创造。

（一）体现文体规范，突出文体功能

根据广告正文的体裁、风格、手法等不同，我们可以将它们分为直述式、叙述式、证言式、描述式、对比式等。翻译时要根据广告的具体文体形式在目的语中选择相应的风格进行表达，突出广告的文体功能。旅游广告多以叙述式和描写式为主，但有时又兼具其他文体特点。

直述式广告以传递信息为侧重点，其特点是用直接、精练的语言将广告产品的特点客观地表述出来。因此，翻译此类广告时，应该用平实的语言准确地传达原文的信息。

叙述式广告通常是用故事形式写成的广告文，它往往能将枯燥无味的广告变得饶有趣味。广告中的叙事不是目的，只是提供了一种背景信息，其最终目的仍然是传递产品或服务的信息，从而达到销售的目的。只不过这种信息的传递是在受话者对广告毫无觉察、毫无抵抗的情况下进行的。翻译这类旅游广告时，要采用汉语中的叙事性语言，把故事娓娓道来，但对于涉及旅游产品或服务的信息，要力求语言的准确、清晰、客观。

描写式广告，是以其生动细腻的描绘刻画达到激发人们基本情感和欲望的一种广告文体。这类广告侧重"以情动人"，通过建立与消费者之间的情感联系，从而激发消费者的行动。翻译这类旅游广告时，应注重对广告目的地、产品或服务的渲染性描述，语言尽可能生动形象，语气夸张，给消费者描绘一个鲜明的形象，从而使其对所描述对象产生深刻的印象。

[51] "I'm arriving tonight and I have no time to pack. How much do I have to bring？"

How much would you like to bring？ Our valets can press your suit——or a week's worth of them——in an hour.Our spacious rooms offer hair dryers and thick robes; our health clubs, gear from running shorts to aerobics shoes.And our 24-hour concierges are poised to provide anything you intended to bring, but didn't——from a sales presentation on a disk, to best——seller. Hard cover or audiotape. In this value-conscious era, the demands of business demand nothing less.For reservations, please telephone your travel counsellor or Four Seasons Hotel's toll free.

FOUR SEASONS HOTEL

译文："我要今晚到达，但没有时间整理行装。我应该带多少东西呢？"

您想带多少东西呢？我们的服务员可以为您熨衣服，哪怕是一周的衣服，他们也能在1小时之内熨好。我们宽敞的房间备有电吹风和睡袍，我们的健身中心为您准备好了运动短裤、健身鞋等。我们的接待人员随时会为您提供您所打算带但没有带来的东西——无论

是一张光盘中的销售演示,还是一本畅销书。无论是精装本还是录音磁带,我们都可提供。在这个崇尚价值意识的时代,商务需求无小事。如要预订,请咨询您的旅行顾问或直接拨打四季大酒店的免费热线电话。——四季大酒店

这则广告首先以对话的方式,从顾客的角度提出了一个问题,实质上涉及广告的主要内容。然后,广告针对消费者的问题,列举了酒店的设施物品和服务。广告正文基本上是直述式。译文基本上采用了直译的方法,没有过多的渲染,只是用朴实的语言传达了原文的信息。

[52] The Banyan Tree Phuket isn't just a resort for your body. It's a sanctuary for the soul.

Under the shelter of the Banyan Tree rest comes rather easily to a soul. That's because an essence of tranquility pervades the air at the Banyan Tree. From the quiet elegance of its private villas to its contemplative watercourts and gardens. From the serenity of its superbly landscaped 18-hole golf course to the therapeutic comforts of its spa. And, when your surroundings exude such peace, there's a very good chance that some of it will filter inside you.

原译:普吉岛悦榕庄度假村不仅是解除疲劳的度假胜地,也是您精神的神圣归宿。

入住悦榕庄,您的身心会很快放松下来。

那是因为,在悦榕庄的空气中弥漫着一种宁静的特质。

这里的别墅宁静、典雅,

这里的河道和花园沉思默想。

这里有风景壮丽的18洞高尔夫球场,

这里有舒适的温泉浴。

当您的周围发散着这种平和宁静,很有可能它也会渗入您的内心。

改译:普吉岛悦榕庄度假村——身心放松的度假胜地,心灵超脱的神圣殿堂。

这里的空气清新,沁人心脾,

这里的别墅宁静典雅,仿佛世外桃源,

这里的水景庭院,平静怡人,

这里有18洞的高尔夫球场,风景壮丽,

这里有温泉水疗,舒适养人。

入住悦榕庄,享受平和,放纵身心。

例[52]是一则描述式广告。原文虽然传递的信息仍然是酒店的各种设施,但描绘比较细腻生动,富有感染力。原译基本是直译,虽然没有什么错误,但总感觉平铺直叙,缺少趣味。改译则发挥了汉语描写体的惯有风格(四言八句、平行对偶、声情并茂),增加了一些渲染性的表达,另外,改译仍然保留了原文中使用的排比修辞,从而增强了语势。

（二）意虚直实，等效不等形

从操作层面上来说，广告翻译不能像文学翻译那样，信守作者本意，力求信实神似。广告创作者为了达到诉求顾客的目的，常常通过各种语言手段吸引读者。

但由于英汉两种语言文化的差异，如果再对这些手段斤斤计较，则有可能无法发挥广告在目的语中的作用。因此，灵活处理往往是广告翻译的根本。但这个灵活处理只能体现在对原文的形式改变上，而不能改变原文所要传达的基本信息，否则就不能叫作翻译，而是重新创作。具体做法可以用"意虚直实"来概括，即对于虚述的信息要采取意译法，而对于实述的信息要采取直译法。

就语言的层面来讲，所谓"实"，就是原文中承载核心信息的词或词组，翻译时应该尽量反映在译文中，做到信息等值；所谓"虚"，就是那些承载劝诱信息、渲染性的词或词组，翻译时应该注重实现话后效果（perlocutionary force），强调读者的反应，可以对这些词进行增删改动，采取"等效不等形"的原则，进行意译。

[53] Clark is the perfect getaway

for families seeking an action-packed

holiday with a twist——

climbing a dormant volcano.

希望与家人欢度一个全动感假期？

或再加一点新意爬休眠火山？

菲律宾的克拉克是个理想之地。

原文中实述的词语有 Clark, getaway, families seeking an action-packed holiday, climbing a dormant volcano。它们为读者提供的是具体的信息，因此，都在译文中得到了如实再现。原文中虚述的词语有 perfect, twist, 在译文中进行了比较灵活的处理。译文也注重了广告语后效果的处理，在形式上对原文做了改变，把原文的一句话分为三个层次，并且在译文中使用疑问句，增强了语言表达的效果。

[54] Luxury Hotel and Spa

After a long day enjoying all that Three Castle Kingdom has to offer, a retreat to the elegantly Roman-themed Hotel and Spa is the perfect way to end the day. Whether guests are staying for a night or a week, they will never run out of things to do at this first class hotel resort. Set against the backdrop of a Roman palace and featuring amenities such as a 5-star restaurant, specialty shopping, themed dining, hiking trails and a world-class spa and fitness center, this one-of-a-kind resort is a "must do" for anyone visiting Three Castle Kingdom.

For those 100king for fun and adventure far beyond the wildest dreams of their imagination, you need not 100k further than Three Castle Kingdom—A Landmark Park Whether guests are spending the day visiting the magnificent castle realms of the Theme Park, celebrating the night away at the Entertainment/Retail District, cooling off at the themed Water Park or relaxing at the magnificent Spa Resort, there's no limit to the world of discovery and adventure that awaits. With its wide variety of entertainment and leisure choices, this truly unique development offers choices for everyone and is certain to become the yardstick by which all others are measured.

翻译这两段旅游宣传材料，我们首先要找出那些承载实在信息的词或词组，以保证在翻译过程中不出现漏译，以及找出那些虚述的词语，在翻译中可做灵活处理。原文中的"实词"有 Three Castle Kingdom, Roman-themed Hotel and Spa, for a night or a week, 5 star restaurant, specialty shopping, themed dining, hiking trails, fitness center, Entertainment/Retail District, themed Water Park, Spa Resort，主要是体现旅馆设施和服务的表达。原文中的"虚词"有 elegantly, perfect, first class, world-class, one-of-a-kind, far beyond the wildest dreams of their imagination, not look further than, magnificent, away, no limit, cooling off, relaxing, wide variety of, truly unique, become the yardstick 等修饰性表达。

译文一：

在三堡王国游逛了一整天，也许应该休息一下，那么风格高雅的罗马主题旅馆和温水浴池会使你的一天结束得非常圆满。无论游客住一天，还是待一周，在这个一流的度假旅馆中，不愁没有事干。旅馆以罗马宫殿为背景，一派五星级旅馆的气氛。访专卖商店，吃主题饮食，加上悠闲地在小道上漫步，在浴池中伸一下懒腰，或在健身房锻炼身体，来三堡王国的游客绝不能不来此小住。

对于那些要在想象的梦想外寻求欢乐和经历险境的人来说，你不必到其他地方，由里程碑公司承担建造的三堡王国就能满足你的需求。无论游客是在白天参观主题公园雄伟的城堡王国，还是夜间在娱乐休闲区庆祝，或是在主题水上公园嬉水乘凉，或者在高级温水浴池中放松一下，等待你的是没有极限的发现和惊险的世界。由于可供选择的娱乐休闲方式多种多样，这个真正独特的公园为每个人都提供选择，而且一定会成为所有其他娱乐休闲公园衡量的标准。

译文二：

徜徉于罗马宫殿，领略古雅风情。尽情主题购物，享用顶级饮食。踏遍健身步道，体验温泉水疗。这是您饱览"皇殿传奇"后，舒解一日疲劳的良方。不论是一宿或一周，在此举世无双的酒店，分秒皆不虚度。来到"皇殿传奇"，就有超越想象的快意。在这座主题公园，鬼斧神工的宫殿，足够把白日光阴消磨殆尽；琳琅满目的娱乐卖场，来时月光满盈，走时晨星已成群。主题水上公园清凉消暑，水疗度假村放松筋骨，皇殿无处不惊喜，

天天有传奇。到"皇殿传奇"娱乐休闲，老少咸宜；看"皇殿传奇"一枝独秀，群起效尤。（李翠蓉译）

译文三：

在三堡王国畅游一日后，回到风格高雅的古罗马式旅馆休闲，享受温泉水疗，不失为一日游乐的高潮。无论是小住一夜，或是逗留一周，这个一流的旅店区绝不会让游客兴致索然。这一休闲区以罗马宫殿为背景，设施配套齐全，有五星级餐厅、精品专卖商店、主题饮食饭店，还有供你健步的小道，高级的温泉水疗，一流的健身设施，任何一位来三堡王国游乐的人都应来此一游。

假若游客想要冲破想象的极限，去寻欢乐，觅险境，绝不用舍近求远，由里程碑公司承担建造的三堡王国保你称心如意。游客白天可在主题公园历险，晚上能在零售休闲区娱乐，在主题水公园嬉水乘凉，在温水浴池让身心为之一爽，新发现、新惊险、新惊喜接踵而来。想娱乐、要休闲，节目层出不穷，此园独步天下，游人各得其所。三堡王国为休闲娱乐业定下了看齐的标准。（叶子南译）

以上列出的三种译文基本上都保留了原文的实述信息，主要差异在于对虚述信息的处理。读者的不同反应也主要在这些虚述信息的处理上。第一个译文，无论是在实述信息还是虚述信息，都采取了比较倾向于直译的方法，因此，通篇让人感觉平铺直叙，有点乏味。例如，把"For those looking for fun and adventure far beyond the wildest dreams of their imagination, you need not…"译成"对于那些要在想象的梦想外寻求欢乐和经历险境的人来说，你不必到其他地方"，显得句子太长；如果译成"假若游客想要冲破想象的极限，去寻欢乐，觅险境，绝不用舍近求远"，则能给读者喘息的机会，似乎更好些。第二个译文非常有文采，但过于强调文学气息，广告味不足，如果是针对普通大众，不够通俗。译文三则处理得比较妥当，对于实述信息基本上采用直译法，对于虚述信息则采用意译法。突显广告主要信息，又注重广告的话后效果。

（三）再现原文修辞手法

为增强广告语言的美感和诱导功能，广告创作者往往非常注重各种修辞手法的运用，从而使语言表达更加准确、鲜明、生动，给人以深刻印象。在翻译旅游广告时，如果能够将这些修辞手法在汉语中恰当地体现出来，将会发挥广告在目的语中的效果。广告修辞翻译的具体方法有直译法、修辞转换译法和意译法。直译法就是在译文中采用与原文相同的修辞手法，努力再现原文的内容、形式和风格。

例如：

[55] You and Northwest, business at its best.

您与西北同行，生意最佳水平。

[56] Like a good neighbor, State Tour Insurance is there.

亚洲旅游保险公司就像您的一位好邻居一样,随时为您服务。

[57] Kangroo Island…you can escape from the rush of life and become a modern Crusoe.

在袋鼠岛……你能逃避喧嚣的尘世,成为现代的鲁滨孙。

例[55]原文是美国西北航空公司的广告语,运用了英语中的尾韵修辞。译文准确地把握了语境,把原文的尾韵转化为目的语的叠韵,保留了英语原有的音韵美。例[56]原文把旅游保险公司比作好邻居。西方《圣经》中有"爱邻如己"之说,中国也有"远亲不如近邻"的说法,因此,在译文中保留了这个修辞,让人感觉亲切友好。例[57]原文运用了转喻,用Crusoe指代逍遥自在的人,由于这个人物在中国为多数人所熟识,因此译文中保留了这个修辞。

英语和汉语修辞的差异不仅体现在语言层面上,其根源在于思维,由于中西方思维观念的差异,因此,有些修辞是不能采取直译法进行处理的。遇到这种情况时,我们可以采取转换译法,用汉语中的另一种修辞将英文的意境表达出来,或者译出原文的意义,明白晓畅即可,不能为了修辞之形而丢了意之内核,避免保守、僵化的"死译"。

[58] The whole area becomes ablaze with the whites, yellows, reds, and oranges or tulips, daffodils and other species popular in English gardens…

英国花园里逗人喜爱的郁金香、水仙花及其他各种鲜花遍布整个地区,有白色的、黄色的、红色的,还有橙色的,呈现一派争奇斗妍、璀璨夺目的景象……(谭卫国译)

[59] Blessed by year round good weather, Spain is a magnet for sunworshippers and holidaymakers…

西班牙蒙上帝保佑,一年四季,天气很好,宛如一块磁铁,吸引着酷爱阳光、爱好度假的人们……(谭卫国译)

[60] More sun and air for your son and heir.

这里阳光充足、空气清新,对您的儿子——事业和财产的继承人——大有裨益。

例[58]原文中的ablaze是个形容词,有两种意思:"猛烈燃烧的"和"光辉明亮的"。该词在这里显然是作为暗喻使用的,译者根据其喻意和上下文把它译为"呈现一派争奇斗妍、璀璨夺目的景象",译得生动准确。原文中的the whites, yellows, reds, and oranges分别指代呈现这些颜色的郁金香、水仙花及其他类型的鲜花,是典型的借代修辞格,所以分别译为"有白色的、黄色的、红色的,还有橙色的"。例[59]原文中Spain is a magnet…是隐喻,译文采用了直译加意译的方法,把这个隐喻转化成了明喻,接着译出了比喻意义。例[60]原文是一则海滨浴场的广告,sun和son,air和heir谐音,是谐音双关的巧妙运用,起到号召众多度假者全家老小到海滨浴场来的作用,但这个双关语在汉语中很难找到相对应的翻译,因此,译文通过文内注释法把其双关的含义揭示出来。

（四）发挥目的语优势，译出美感

英语民族与汉语民族在心理思维上的差异导致了其审美的差异。语言是思维的外壳，因此英语民族与汉语民族对语言的审美情趣也不尽相同。例如，英语重确切、重逻辑、重分析，而汉语重模糊、重内在关系。这在一些景点推介广告中尤其突出。因此，在翻译这种类型的英语旅游广告时，应该发挥汉语的优势，考虑读者的审美情趣，诉求读者的美感。

[61] The fanciful names at Arches National Park like Fiery Furnace, Three Gossips, Marching Men, Dark Angels, etc.do justice to the other worldly rock formations they denote.

原译：石拱门国家公园内那些极富想象力的景物名称，如"火炉烈焰""三个长舌妇""行进者""黑天使"等，与超凡脱俗的山石形象恰如其分且名副其实。

改译：石拱门国家公园内各景点的名称可谓千奇百怪、极富想象力。其中有"烈焰熔炉""三怨妇""游行者""黑天使"等等。这些名字用来形容那梦幻般的山石可谓名副其实、惟妙惟肖。

原文结构紧凑，主次分明，体现了英语的逻辑美和写实的特点。如果照直译，则让读者感觉压抑，根本没有美感。如果将原文拆分成小句，按照汉语的习惯，用四字结构把原文的气势和声色充分表现出来，则会让读者有不一样的感受。再来看下面两例：

[62] A boundless blue sky stretches over golden fields of wheat rippling in the warm, dry wind. The horizon is interrupted only by a lone grain elevator. A dusty pick-up chugs down a gravel road, its weathered driver intently observing this year's field of crops.

Meanwhile, you luxuriate on the buoyant surface of a hot mineral spring, its curative powers made famous by Native American legend.All the muscles you stiffened playing 18 holes of your best golf, release their tension into the healing waters. Soon enough, you'll be as good as new, ready for another day of downtown cafe hopping in Saskatoon or trying your luck at the grand casino in Regina.

无边无际的蓝天，蓝天下无边无际的金黄麦田在风中轻轻摇曳，远处有一座谷仓孤零零的身影，一辆灰尘仆仆的货车正在赶路，一脸风霜的老司机在心里盘算着今年的收成。

这时，你也许刚刚从18洞高尔夫球场得胜归来，正在温热的矿泉中闭目养神，琢磨着当地有关温泉神奇疗效的传说。养精蓄锐之后，第二天你又可以在萨斯卡通大逛特逛，还可以去里贾纳的大赌场碰碰运气。

[63] Saskatchewan has a quiet stillness that invades your soul. The landscape is larger-than-life, the people down-to-earth, the cultural experiences authentic. There's room to breathe in our cities and towns, our beaches and resorts. Discover a place where every visit rejuvenates. Start your adventure...

萨斯喀彻温省是个安静闲适的去处,在这里,你的灵魂将得到释放。这里的风景独特,富有传奇色彩;这里的人们纯真朴实,热情好客;这里的文化体验真实自然。尽情游览我们安逸的城市,享受我们金色的沙滩,还有那恬静的度假胜地。任何一个去处,都会使你精神焕发,活力四射。开始你的旅游吧……

以上两例都是景点推介广告,译文充分发挥了汉语描写语言的优势,译出了原文潜在的审美情趣。例[62]译文中运用汉语中特有的叠词现象,用"孤零零""灰尘仆仆",来翻译原文中的 lone 和 dusty,增强了修辞效果,使句子富有音乐美。例[63]译文运用排比修辞,增强了节奏感。

翻译旅游广告时,我们首先要确定其体裁风格,是属于直述式、叙述式,还是描述式,然后再选择不同的翻译策略。对于叙述体的旅游广告则尽可能采取直译的方法,传达原文的基本信息;对于描写式广告,则尽可能发挥汉语描写语言的优势,创造出渲染的效果,以情动人,但要保留原文的实用信息,不能随意添加和删除这些信息。对于广告中的修辞,在翻译时,有可能保留就通过直译进行保留,不能保留,则进行修辞转换或意译,尽可能实现译文与原文功能的对等。

三、汉英旅游广告对比

当今社会,中国的旅游广告宣传不再只是单纯地面向本国消费者,更多地趋于国际化。因而旅游广告翻译显得日益重要,其翻译的好坏对旅游宣传起着至关重要的作用。旅游广告翻译不仅要考虑到两种语言之间的差异,还必须从文化背景的整体差异上考虑。

(一)汉英旅游广告在语言层面上的差异

作为一种特殊的信息传播形式,旅游广告最大的特征就是简洁明快、通俗易懂,便于记忆且朗朗上口。只有这样才能让游客过目不忘,留下深刻印象。

请看一则航空公司的广告。

原文:航空公司广告——上海航空公司

上海航空公司是中国第一家自主经营国内干线客货运输的地方航空公司。公司目前拥有……架先进的波音757—200型飞机和一支经验丰富、技术精湛的飞行、机务、服务人员队伍。公司坚持"安全第一、旅客至上、优质服务、良好信誉"的服务宗旨,创立了安全准点、微笑服务、礼貌待客、额外服务、方便旅客等服务特色。公司的优质服务在社会上享有盛誉。

公司目前开辟上海至北京、广州、桂林、西安、福州、厦门、汕头、昆明,杭州至北京、广州,南京至北京、广州的来回程航班,还承接包机业务。上海航空公司成立以来,得到了社会各界的关怀与支持,公司将不负众望,努力争创国际先进水平,热诚地为国内外旅客服务，继续扩大与外界的联系和交往，为我国的民航事业做出贡献。

译文：Airlines Advertisement—Shanghai Airlines

Shanghai Airlines is the first regional carrier operating domestic trunk routes for passengers and freight transport in China.Shanghai Airlines has currently in service an advanced fleet of...B757-200 airplanes. It also has a staff of very skilled flight and maintenance crew and servicing personnel with many years' experience.The guideline followed by the Airlines is "Safety First, Passenger Consideration, Excellent Service and Good Prestige". Safety and on-time reliability, service with a smile and courtesy.extra service for the convenience of passengers, these unique features make.Shanghai Airlines a prestige company.

Shanghai Airlines has regular flights between Shanghai and Beijing, Guangzhou, Guilin, Xi'an, Fuzhou, Xiamen, Shantou and Kunming, between Hangzhou and Beijing, Guangzhou, between Nanjing and Beijing, Guangzhou.Charter routes are also operated.Since its establishment, Shanghai Airlines has received support from the general public. To come up to the public expectation, we will continue to further develop a friendly relationship with other business groups and organizations.and to provide our quality service, aiming at high international standards, in order to make our own contribution to the civil aviation industry.

通过这则广告的汉英对比可以看出，在语言使用上，汉英的词语选择、语序及句子结构皆有不同。从语言学的角度来看，旅游广告语言的特点首先是用词及句型简单；其次是语法简单；再者就是大量使用修辞手法。比如夸张、拟人、重复、双关等等。然而，汉英旅游广告之间在语言上还是存在一定的差异的。综观东西方的旅游广告，不难发现汉语旅游广告多用抽象类词语，而英语旅游广告多用具体类词语。如对比"千古佳酿，万代留香，中华酒宗，汝阳杜康"（杜康酒）以及"Enjoy Coca.Cola"（可口可乐）这两句广告语，杜康酒用了"千古""万代"等抽象形容词来形容该酒的质量之好；而Coca-Cola只用了一个简单的"Enjoy"来描述。因此，在旅游广告翻译时要注意两种语言不同的语用习惯。

（二）汉英旅游广告在社会文化层面上的差异

汉英两种语言所处的社会文化背景截然不同，译者在旅游广告翻译的过程中，要充分考虑两种不同的文化因素。首先，旅游广告作为一种宣传手段，其听觉视觉效果要符合旅游者的审美观。某个旅游广告在本国旅游者看来美不胜收，非常完美，但可能在译入语国旅游者看来却不尽如人意，甚至引起强烈反感。比如，当Coca-Cola刚刚进入中国市场时，人们将其音译成"口渴口蜡"，给人的感觉是该饮料有如蜡般的口感，让人产生反感，将其译为"可口可乐"比较符合中国人的审美，令人赏心悦目。

汉英两种语言各自都拥有独特的语言习惯及历史文化，译者在进行旅游广告翻译时应特别注意两国不同的历史文化的差异,避免误译。例如,某酒店的大堂上的广告语"Where there is a guest, there is a home"就是套用了"Where there is a will, there is a way"。这则旅游广告套用了俗语、诗句,使旅游者一踏入酒店看到这句话就会倍感亲切,容易使游客接受该广告语并且便于记忆。

此外,旅游广告语言常常包含一些本国的文化内涵、历史典故、诗句以及习惯用语等等,请看下面这则关于日本文化节的广告。

原文:Japanese Culture Day

◆ Tea Ceremony

Introduced from China about 1200 years ago, the tea ceremony at first spread among Japan's Samurai—warlord class as one of their aesthetic pursuits. But in time it spread, becoming an integral part of Japanese culture available to all who chose to practise it. Cha-no-yu, as it is called, consists of more than a tea-sipping rite; it includes esteeming artistic tea bowls. Taking pan in cha-no-yu call provide a hint as regards the innermost part of the Japanese heart and mind.

◆ Flower Arrangement

Flower arrangement, or ikebana, has evolved into a true art form. The types of arrangement are limitless and usually symbolise the season of year. Ikebana can feature buds as well as blossoms, leaves whatever, depending on one's imagination. Japanese Culture Day provides a chance to compose your own flower arrangement.

◆ The Kimono

Few indeed do not know about the Kimono as Japan's traditional garb, once worm in various forms and degrees of quality by everyone as daily attire. Today the kimono is seen mainly on such auspicious occasions as weddings and formal parties. Glimpse the gracious life of the nobility in Japan during the Heian Period(AC 794—1185)through the elegant kimono.

◆ Japanese Cuisine

Japanese cuisine is arranged so as to keep the original characteristics of the foods used and at the same time to recognize their colour and flavour. It is arranged in dishes, in order to express the feeling and atmosphere of the season of the time. Much Japanese cuisine is regarded as healthy and is becoming popular outside Japan.

译文:日本文化节活动

◆茶道

1200年前,茶道自中国传入。开始只在日本的武士军阀阶层作为一种审美时尚。但是,后来成了日本文化不可分割的一部分,人人都可以享用。茶道不仅仅指喝茶的礼节,而且包括鉴赏茶具艺术。练习茶道能体会日本人思想的精髓。

◆插花

插花，日本人称作生花，已经演变成为一种真正的艺术形式。插花的花式不可计数，它们常常象征季节。插花可以显示花蕾，也可以表示盛开的鲜花，或绿叶等等，这取决于插花人的想象。日本文化日提供给您自己插花的机会。

◆和服

几乎没有人不知道日本的传统服装——和服，原先是人们日常的穿着，有各种样式和质地。如今，这种服装一般只在婚礼和正式晚会这样的场合出现。通过优雅的和服，您可一瞥日本平安时期（公元794—1185）贵族们的高雅生活。

◆日本料理

日本料理使食品保持原汁原味。食品放在碟上，表现时代气息。大部分日本料理被认为是健康食谱，正越来越受到外国人的欢迎。

在上面这则旅游广告里，出现了具有日本本国文化内涵的一些惯用语，如"日本的武士军阀阶层"（Japan's Samurai.warlord class）、"生花"（ikebana）、"和服"（Kimono）、"日本料理"（Japanese Cuisine）等。这就要求译者在进行旅游广告翻译时，注重各民族特有的文化进行个性化翻译。

文化和语言是相互制约、相互影响的。同样，广告语与文化也是紧密联系的。由于东西方语言结构和文化上的差异，翻译工作者在进行旅游广告翻译之前，必须要了解源语和目的语之间的差异，以及目的语国家的文化特征、风俗习惯、文化历史等等。此外，译者还要充分了解东西方旅游广告之间的差异，这样才能在翻译中准确、自然地再现源语的广告信息，也才能使翻译尽可能地贴切恰当。

第二节　生态美学视域下旅游景点公示语的翻译

一、公示语的定义和功能

顾名思义，"公示语"就是公示给公众的一些简练浓缩的语句，包括指示、警示和标示等。吕和发总结出公示语的应用范围如下：公共设施方面，如地铁、机场、加油站等；公共交通方面，如终点站、出租车站、游船码头、票务中心、高速公路、交通工具等；旅游景点，如博物馆、名胜、古迹、公园等；旅游服务方面，如旅游信息咨询、旅游紧急救援、翻译服务等；街道区县方面，如胡同、大街、社区、居民小区等；涉外机构方面，如出入境管理、外交使团等；公共机构如消费者协会、红十字会等。公示语还应用在服务机构内外，如商业设施的商店、超市、餐厅、银行、图片冲印等；旅游设施的旅游酒店、航空公司、度假村等；体育设施的体育场、高尔夫球场、综合健身中心等；文化设施的影院、剧院、网吧、迪厅等；卫生设施的医院、急救中心、中医诊所等；宗教会所的教堂、庙宇、道观、清真寺等；科教机构的大学、中学、研究所、特教学校等；社会团体的协会、学会、趣味组织等；残疾人服务的残联、康复中心等；治安监督的紧急警务、失物招领、消费者投诉等处。另外，还有一些具有公示意义的职务、职称，如秘书长、领班、主任医师、总经理等也包括在内。程尽能、吕和发认为公示语的定义和范围如下："公示语——公开和面对公众，告示、指示、提示、显示、警示、标示与其生活、生产、生命、生态、生业休戚相关的文字及图形信息。公示语与标识语、标志语、标示语有某些相同的应用特点，但公示语应用更为广泛。凡公示给公众、旅游者、海外宾客、驻华外籍人士、在外旅游经商中国公民等，涉及食、宿、行、游、娱、购行为与需求的基本公示文字信息内容都在公示语研究范畴之内。"本章所探讨的旅游公示语包括前文所述的旅游景点介绍（景点牌说明）、旅游信息咨询、旅游紧急救援、公共交通方面、商业设施标识、健身娱乐、文化设施，等等。这些公示语一般出现在旅游景点，包括印或刻在石板、木板或塑料板上的介绍性、指示性、提示性、警告性的文字内容以及诱导游客前往参观或使用旅游服务宣传广告的口号。

  公示语使用简短的语言或图示形式向社会公众提供一定的信息，具有指示、提示、限制和强制等作用。具体说来，公示语可以提供信息、引发公众的兴趣、加深公众的理解、宣传或固定形象、促发或阻止行动等功能。可以说，公示语有的具有信息功能，有的具有表情功能，有的则具有呼吁功能。表现信息功能的如"停车"（parking）、"请勿攀爬"（No climbing!），表现表情功能的如"新北京，新奥运"（New Beijing, GreatOlympics）、"古都西安，中华文明源脉"（Ancient Xi'an：Cradle of Chinese Civilization），表现呼吁功能的如"拯救自然，拯救世界"（Save the wildness and save the world）等。既然公示语的功能多种多样，旅游公示语的功能也多种多样，包括信息功能、表情功能和呼吁功能，信息功能如"海事博物馆模拟器票券于本馆茶座收银处有售，可同时载两人。票价：每次澳门币十五元整"（Maritime Museum Tickets for the simulator are available at thecash desk of the snack bar.Price：MOP$15.00 for a ride of 2 persons），表情功能如"澳门欢迎您！"（You are welcome to Macao），呼吁功能如"减废回收最环保，污者自付齐赞好"（Reduce Waste. Make Polluters Pay）。公示语的每一种功能还可以细分，如吕和发认为公示语信息有静态意义和动态意义，所谓"静态意义"是指突出服务、指示功能的公示语，如说明设施、景点、服务项目、机构名称等，如"票务处理"（Ticket Problems）、"国际出发"（International Departure）、"饮用水"（Drinking Water）、"吸烟席"（Smoking Seat）等；所谓"动态意义"则指显示动作性的公示语，如"向右转弯"（Turn Right）、"严禁拍照"（No Photographing/No Photosf No Photos Allowed）、"仅限紧急情况下使用"（Emergency

Use Only）等。

公示语翻译是旅游翻译的一项重要工作，因为传达公示语的功能、在目的语中找到与原语公示语相对应的表达法对宣传旅游景点、彰显旅游目的地人民的文化素质等都是非常重要的。有鉴于此，下文将专门探讨旅游公示语的翻译。

二、旅游公示语的翻译原则

旅游公示语的风格不同于普通旅游文本的风格。罗选民认为，公示语的风格主要包括简洁性、规约性和互文性。其中，简洁性是指词汇和句式的简单凝练，力求以最简的形式获取最佳的反馈效果。例如，词汇多使用简单名词和动词，句式多使用简单明了的祈使句。规约性是指公示语主要用在特定的场所和特定的环境，而且很多公示语由于历史沿革和语言文化习惯而成为约定俗成的表达形式。所谓"互文性"则指公示语的文本有些已经固定下来，不能随意更改。公示语的这些特点与前文提到的公示语功能有关。简洁性可以使公示语更好地发挥其信息功能，规约性和互文性可以使公示语更好地发挥指示功能和提示功能，即表情功能和呼吁功能。鉴于公示语的功能和语言风格，其翻译也应该保留其语体特点和语言风格，在此基础上实现其功能。在翻译旅游景区公示语时，要注意中英文各自的习惯表达方式，真正显现公示语的功能对等。否则，如果译者一味坚持原文的内容和形式，译文可能无法产生预期效果，进而导致该公示语译文无法在旅游途中实现交际功能。

到目前为止，我国公示语的翻译还存在众多问题。龙江华在《国内公示语汉英翻译研究述评》一文中指出，国内学者对于公示语翻译错误类型的研究说明，公示语翻译的错误主要可归类为以下几点：语言失误，包括拼写错误、大小写错误、标点问题、语法错误、用词不当、中英文不符、译名不统一；语用失误，包括死译硬译、交际信息失真、中式英语、文化误解、译文累赘、语意模糊、施为用意错位、语言礼貌蜕变、译文刻板、译文公示效果不佳；由于译者的疏忽、不负责任所导致的错误；由于政府部门、管理部门和市民对公示语翻译规范不够重视所导致的错误。造成以上翻译失误的原因主要有四点：译者的中英文基础不扎实；母语的负面迁移；缺乏对目的语文化背景及中西方两种文化差异的理解；对公示语翻译不够重视。以上这些问题在旅游景点的公示语翻译中极为常见，尤其是汉译英更是如此，其中错译、歪译、漏译、硬译等现象非常明显。譬如，将"勿踩草地"硬译成 Don't stamp on the grass，这在外国游客看来透着指责的口吻，将"闲人莫入"硬译为 Strangers are forbidden，语气显得非常生硬。实际上前者恰当的译文应该是 Keep off the grass, please! 后者则是 Staff Only! 另外，中文的很多公示语具有中国特色，如果直译也会闹出笑话，如"向文明游客学习！"译成了 Learn from Civilized Tourists! 而"向文明游客致敬！"则译成了 Salute to CivilizedTourists! 其中的 civilized 实际上是"开化的""非野蛮"的意思，与中文原文语境中的"文明"完全是不对等的，所以这种笑话启发我们翻译公示语时，尤其是翻译中文公示语时一定要注意两种语言背后的文化语境。上面的两个公示语不如变译为 Welcome to...。比如，将"全国优秀旅游城市宁波欢迎你"译成 National Excellent TouristicCity！ You are Welcomed by Ningbo! 这可谓典型的中式英语，实际上地道的英译应该是 Welcome to Tourist City Ningbo!

张美芳指出，从翻译的角度看，语篇制作者的意图决定了整个翻译过程及采用的翻译策略和方法。可接受性这一概念是指交际过程中语篇接受者的反应和态度。这一概念最直接的含义是指使用中的语篇符合接受者的期望，能被接受。可接受性还可包括受话人愿意主动参与其中的呼吁，共同实现其目的。因此，意图性与可接受性两个概念在研究公共牌示语言及其翻译中也相当重要。实际上，一些学者对公示语翻译的原则达成了一定的共识，认为公示语翻译应该遵循以下主要的原则：以目的语为归宿，注重译语读者的可接受性；译语的文本类型和交际目的决定翻译的策略和方法；遵循公示语翻译的规范性（包括法律规范）、标准性和沿袭性；实行言外之意对等；译者可根据具体情况决定翻译的策略或方法。一般来说，公示语翻译应尽可能采用"回译"(Back Translation)和"借用"(Borrowing)的方法，即找到目的语中相应的表达方式，而对有中国特色或文化特色公示语可采用三种变通的翻译方法：增译，即对于公示语中一些文化信息很浓的重要信息，通常要在译文中增添必要的解释，以再现语篇中的指示功能；减译，删除低值文化信息，从而使译文读者更易于理解；改写，在掌握大量背景资料的基础上，有时需要对原文进行改写，使译文更符合目的语的规范和风格（龙江华，2007）。

我们认为，由于公示语的功能并不是单一的，公示语的形式也不是单一的，所以翻译中应该根据公示语的功能和语篇形式进行翻译，同时，注意在目的语中的可接受性。这可以说是公示语翻译的主要原则，至于在这些原则的指导下采取前段所述的"回译""借译""增译""减译""改写"中的哪一种或哪几种策略，要根据公示语的功能和形式特点确定。下面具体探讨旅游景点的公示语文体形式及其翻译。

三、旅游公示语的文体形式及其翻译

（一）名词短语构成的公示语及其翻译

用名词构成的公示语一般是用来显示特定信息，向游客说明某一场所的功用或某一景观的名称等。使用名词短语可以使提供的信息比较直观、易懂。至于此类公示语的翻译，要根据具体情况灵活处理，主要包括均由名词构成的公示语英汉互译时可以采取直译，如果英语公示语以名词为中心，前后使用形容词或分词等则需要根据汉语的表达习惯处理。请看下面的例子。

Danger 危险

Locker Room 更衣室

TicketMachines 售票机

WashingBay 洗车场

BeverageNotIncluded 酒水另付／另付酒水

以上几个例子中，前四个均为名词构成的公示语，其中译文也是名词短语，而后一个例子属于"名词+过去分词"结构，included 本身属于动词的过去分词，动作性很强，所以也译成了动词短语。下面请看汉译英的例子：

会议中心 Conference Center

餐饮部 Food and Beverage

宾客存储箱 Guest Lockers

归来阁 Guilai Pavilion

太白书屋 Taibai Study

旅游购物中心 Shopping Center

自动门 Automatic Door

以上例子原文的中心均为名词，可以说都是名词短语，翻译的时候均译为英语的名词。而且，"归来阁"虽然是由动词"归来"加上名词"阁"组成，但如果把"归来"译为"Return"反而会让英语读者提出疑问，所以既然作为景点的名称，不如直接采用音译。

总之，中英文中只要原文完全由名词构成，一般都译成目的语的名词，但如果英文名词中含有较强的动词意思，那么根据具体情况将之译为汉语的动词短语。

（二）动词短语组成的公示语及其翻译

表示限制、强制或警告的公示语往往是使用动词或动词短语构成的祈使句，表示要求游客做什么、不做什么，或表示禁止。这样的公示语在中英文中比比皆是。因为中英文均存在祈使句公示语，所以一般说来，由动词短语构成的祈使句均采取直译的方法。请看下面的例子：

Keep off the water 水深，请勿靠近！

Mind the gap 当心道槽！

Slow down 减速慢行！

Do not trespass on the railway! Penalty £200 严禁穿越路轨，违者罚款 200 英镑！

请小心台阶 Please mind the step!

请勿攀摘花木 Please don't pick the flowers!

请勿用手触摸展品 Don't touch the exhibits!

游客请勿靠近展品 Do not stay close to the exhibits!

以上中英文例子的原文均属于动词短语构成的祈使句，旨在告诉游客要做什么或不能做什么。这些祈使句在目的语中均采用了直译，即译成目的语中的祈使句，这样可以达到翻译的目的，即原文的呼吁功能。当然，有些汉语的祈使句也可以译成英文的名词短语，例如：

严禁停车 No parking!

小心路滑 Caution：Slippery Path!

禁止拍照 No photographing!/No photo!/No photos allowed!

大多数公示语的文本功能不是单一的，而是复合型的，但每则公示语只有一个主要功能。上述公示语一方面为游客提供信息，另一方面在于呼吁游客注意安全或不要做某事。其中"严禁停车"和"禁止拍照"采用了英文中常见的表达方式，即 no+ 动名词／名词，而"小心路滑"则采用 Caution+ 名词的方式，这都是英语中经常使用的，因此这样的翻译可以称之为"回译"或"借译"。这样，既显示出公示语的信息功能，又显示出其呼吁功能，同时又照顾到英语读者的习惯表达，所以在翻译此类公示语时，这种翻译策略应该加以借鉴和推广。

还有一些使用动词的中文公示语实际上表示一种状态而非祈使句，那么这类公示语一般也译成英语的名词或表示状态的介词短语等。例如：

因故停用 Out of order

短时停车 Short stay

正在维修 Maintenance in progress

以上三个例子的汉语原文虽然都是动词，但实际上均表示某种状态，而非要求读者做什么或不做什么，英语在表示状态时一般会使用名词或介词，所以上面三个例子的英译文均变成了状态词，其中第一个是介词短语，第二和第三个均为名词短语。

（三）表示状态的形容词或分词构成的公示语及其翻译

由表示状态的形容词或分词构成的公示语往往在英文中比较常见，但这类公示语译成中文时常转译为动词。请看下面的例子：

Sold out 售完

MercuryFree 无汞

Footpathclosed 边道封闭

以上三个英文公示语分别使用 sold、free、closed 等过去分词或形容词来提醒游客或提供必要的信息，但是这三个词在汉语中的对应语是动词，所以汉译文变成了动词短语。鉴于此，有些表示状态但由动词构成的汉语公示语一般要译成英语的分词或形容词。例如：

每天开放 Open daily

一律免税 Duty free for all

失物招领 Lost and Found

以上两个例子中原文"开放"和"免税"是动词,但表示的是状态,所以在译成英文时选用形容词 open 和 free 表示状态,是非常恰当的翻译。"招领"一词在汉语中是动词,英译文使用过去分词 lost 和 found,表示此处提供这样的服务,属于一种惯常的状态。

(四) 缩略语构成的公示语及其翻译

缩略语是指使用英文单词的首字母合成的表达方式,在英文公示语中比较常见。特别是游客最常接触和使用的公共设施与服务的公示语会使用缩略语显示(程尽能,吕和发,2008: 361)。翻译英语缩略语构成的公示语时当然要使用汉语的完整表达。请看下面的例子:

P 停车场

WC 卫生间 / 厕所

F&B 餐饮服务

IDD 国际直拨电话

以上例子中 P 是英语单词 parking 的首字母,WC 是 washing closet 两个单词的首字母,F&B 是 food 和 beverage 的首字母连在一起,IDD 则是 international direct dialling 三个单词的首字母连在一起。这些都是常用的标识,但译成中文时却无法找到汉语的简称,所以要译得完整,中文读者才能看懂。反过来,在将以上汉语译成英文的时候,则可以使用英语的缩略语。

(五) 单句型陈述句公示语及其翻译

单句型陈述句公示语即使用一个陈述句说明某地或某事或某一特色的公示语形式,一般用于宣传、公告或警告等。无论是英语还是汉语,此类公示语一般在目的语中都可以直接翻译成陈述句。请看下面的例子:

This site is under 24 hours surveillance 本工地 24 小时在闭路电视监控范围内

Trespassers on the railway are liable for prosecution 横穿铁路者将受罚

Beware! Muggings occur in this area. 当心!本区域有行凶抢劫者出没。

桂林山水甲天下 East or west, Guilin landscape is the best!

麦当劳每周 7 日全天开放:McDonald's is open 24 hours a day(seven days)

窗口关闭请谅解 Position Closed. Sorry For Any Inconvenience

以上六个例子中英文原文均为陈述句,旨在陈述某种事实,翻译时大多译成目的语的陈述句,以实现原文的功能,但最后一个没有译成完整的句子,但显得言简意赅。

（六）篇章型公示语及其翻译

篇章公示语主要指写在标牌上的一些介绍或说明性的文字。一般说来，这样的公示语属于说明文，结构比较简单，用词简洁明了，整个风格比较简约，表达直观通俗，但注重信息的准确性。在翻译这类公示语时基本可以直译，只要有效地传达出原文的信息即可，当然风格上要与原文风格一致，即用词简单、句式简洁等。但是由于民族的文化心理不同、思维习惯不同，中文一些介绍性文字会注重言辞优美，突出一些非常具有修饰性的细节，那么在翻译这类公示语时，一定不要一味地追求达到与汉语描述完全对等的英译文，而是根据英语游客的认知欣赏习惯，在译文中进行相应的处理和取舍，以传达信息和突出解说功能为主的情况下，力求所用英文符合英语读者的表达习惯。请看下面的例子：

Dates：every Thursday from 11 June to 10 September

Price：adults CHF 59（withl/2-Fare-Card），CHF 79（withoutl/2-Fare-Card）

Bookings：until 16：00 hrs on the preceding day at the Gornergrat Bahn

日期：6月11日至9月10日的每个星期四

价格：成人：59瑞士法郎（持半价卡），79瑞士法郎（无半价卡）

预订：活动的前一天16：00之前，地点：戈尔内格拉特铁路公司（Gomergrat Bahn）

这一英语篇章标识语提供了有关游览的实质信息，包括日期、价格、预订时间和地点，所以翻译成中文时只需将实质性信息翻译出来即可，而且从形式上基本保持原文的风格，采取罗列的方法，用词简单明了。

第三节　生态美学视域下英语旅游景点介绍常用句型

一、旅游景区英文解说语言概述

在我国目前的旅游景区中，解说不被人们普遍接受。一方面，由于人们旅游的目的还普遍停留于普通的大众观光；另一方面，缺乏高质量的解说服务。同时，游客管理与旅游解说相互独立，旅游者只能处于被动管理的地位。随着新兴旅游方式的不断增加与游憩活动的深入开展，人们不仅对活动的参与性增强，而且渴望在旅游中进行娱乐并获取知识。因此，旅游景区解说成为旅游者理解、欣赏环境和遗产的主要途径，促进了旅游景区管理手段的完善。

（一）景区英文解说的口语化与文化释义

景区解说系统一般由软件部分（导游员、解说员、咨询服务等具有能动性的解说）和硬件部分（导游图、导游画册、牌示、录像带、幻灯片、语音解说、资料展示栏柜等多种表现形式）构成。导游的英文解说是景区解说系统的主体，在景区英文解说过程中应着眼于即景口头表达，其风格应有别于书面语言，强调简练流畅通俗；少用长句、倒装句、插入语、分词短语和被动语态，尽量使表达简明易懂；导游的英文解说还要有灵活性，与不同类型景点及不同层次的游客相适应。

景区英文解说时效性很强，导游员应在无法借助任何帮助的情况下快速、精确、流畅地把相关信息传递出去——提高口译中的信息传递效率是一位合格导游员的基本素质。中英语言具有各自独特的表达方式，我们不能将两者的美视为等同。在景点讲解的语言表述上，应该用英语思维，力求生动形象地用英语口语表达。试比较下面关于《武陵源风景》的两段英语导游词：

这里三千奇峰拔地而起，形态各异，有的似玉柱神鞭，立地顶天；有点像铜墙铁壁，巍然屹立；有的如晃板垒卵，摇摇欲坠；有的若盆景古董，玲珑剔透……神奇而又真实，迷离而又实在，不是艺术创作胜似艺术创作，令人叹为观止。

例1：Three thousand crags rise in various shapes. They are like whips or pillars propping up the sky, or huge walls, solid and sound; Or immense eggs piled on a steady boarder; or miniature rocky or curious…Fantastic but actual, dreamy but real! They are not artistic works but more—

例2：Three thousand crags rise in various shapes—pillars, columns, walls, shaky egg snacks and potted landscapes.—conjuring up unforgettably fantastic images.

我们可以看出例1的译文行文用字过于汉化，语言啰唆无物，景物描绘欠清晰，语句也过于平淡，没有拓展游客的想象力，即3 000奇峰没有给人留下难忘的美感；而例2的译文语言表达言简意赅，就像一幅实地拍下的照片，形象有动感，这样的讲解能引起游客的游览兴趣。所以导游在讲解时要注意咬文嚼字，从英语词汇的海洋中选取最恰当的词语进行合理的搭配，并力求形象化、口语化的讲解。

国际旅游实际上是一种跨文化交际，即不同文化背景的人们之间的交际。导游员要译好、译准、译活那些具有中国特色的东西，必须研究和掌握中国文化背景知识和外国旅游者的心理活动。比如，当一个中国人游览到黄山时，看到千奇百怪的松树，马上就会想到松树的高贵品质，进而联想到人的毅力、持之以恒等等。但一个外国人恐怕就不会有这些联想。如果我们希望他们和我们有基本相同的情感体验，我们可以在介绍时加入"松"在中国文化的蕴含意义。

再看下面这个景区解说，导游通过介绍历史文化，把"天涯"与"海角"两个词语逐一向游客做了介绍说明：

原文：从三亚市区沿海滨西南行26公里，便是世界闻名的"天涯海角"风景区。在一块巨石上，有清代题刻"天涯"二字，又有民国文人题刻"海角"二字。许多古今文人墨客在此留下他们的足迹和题咏，使此地成为富有历史文化价值的游览胜地。碧海、白沙滩、蓝天、青山、椰林，还有其他壮丽景象供您尽情享受。

译文：Tianya Haijiao Scenic Spot is located 26 kilometers away on the southwest seashore of Sanya. On a huge rock, two characters "Tian Ya" were chiseled during the period of the Qing Dynasty and the other two characters "Hai Jiao" were chiseled by unknown scholars in the modem times of China. The four characters mean the end of the earth. Many scholars of ancient times and today left their footprints and wrote beautiful poems here, making it attractive for its historical and cultural value. You Can enjoy the sea, white sandy beach, sky, mountain, coconut forest and other magnificent scenery.

在北海公园静清斋景区的介绍中有这样一句话："这是当年皇帝及后妃来园消夏、休息、读书的主要地点"。这句的英译：It was the main place for emperors and queens of the Qing Dynasty to enjoy the cool, rest and reading during the summer time. 句子翻译看上去准确，可仔细推敲，注意 queen 这个词，在西方是女王或王后。妃子，应该称为 emperor's concubines。所以本句应该修改为 It was the main place where the emperors with their empresses and concubines of the Qing dynasty would enjoy the cool, rest and reading during the summer time.

所以英语导游人员既是导游又是跨文化交际的传播者。平时要注意在接待不同游客的过程中的语言技巧，注意尊重和适应对方的文化价值观，敏感地捕捉与中英相关联的信息，提高语言及跨文化交际能力，这样，才能达到比较理想的口译效果。

（二）景区英文解说中的语言交际与信息传递

旅游解说的主要功能是信息性，其目的在于吸引游客，激发他们参观景点的兴趣，增强其参观乐趣。同时，增加对中国文化的了解。但这个目的的取得必须以提供足够的信息为前提。所以景区英文解说的过程就是把信息由原文转移到译文的过程。作为旅游翻译重要组成部分的旅游景区英文解说需要以应用语言学为基础，结合游客的具体情况，及时发现解说中存在的问题与不足，找出相应的对策，并在实践中将不合时宜的语言模式不断地改进。

例如：

原文：崂山，林木苍翠，繁花似锦，到处生机盎然，春天绿芽红花，夏天浓荫蔽日，秋天遍布金黄，严冬则玉树琼花。其中，更不乏古树名木。景区内，古树名木有近 300 株，50％以上为国家一类保护植物，著名的有银杏、桧柏等。

译文：Laoshan Scenic Area is thickly covered with trees of many species.Which have credit for its scenery. Among them nearly 300 are considered rare and precious, over half of which fall into the state—level protection category. The most famous species include gingko and cypress.

在原文中，林木苍翠，繁花似锦，到处生机盎然。春天绿芽红花，夏天浓荫蔽日，秋天遍布金黄，严冬则玉树琼花。这些对景物的描写具有一种超越现实、虚实不定的朦胧之美。而对于许多英国国家的旅游者来讲，这些描写显得虚夸不实。因而，在译文中，译者采取了去虚留实的手段，去除了这些溢美之词，将关键的实物 trees、gingko、cypress 彰显出来，如此的译文表达可使读者觉得自然流畅，符合他们的审美心理。

再看下面的例子：

一个介绍湖南的小册子中有这样一段话：

原文：湖南省位于长江中游东经108°至114°，北纬24°至30°。因地处洞庭湖之南，所以叫作湖南。

译文：Hunan province lies just south of the middle reaches of the Changjiang（Yangtze）River between 108° and 114° E longitude and 24° and 30° N latitude. As it is also situated south of lake Dongting, the province has the name Hunan, which means "south of the Lake".

对比原文，我们发现译者增加了一个非限定性定语从句来解释地理名词"湖南"，让读者了解"湖南"这个地名的由来，对它有更深的印象。

此外，在旅游景区的英文解说中，导游有必要将相关的政策法规告知游客，如环保政策、当地习俗、社会行为和宗教场所的行为规则、当地的小费习惯、可否在景区内的商店讨价还价、是否允许拍照等等，提醒游客要和当地人的社会习俗和价值观保持一致。以上这些都是要游客了解和遵守的重要因素，导游解说人员应该把这些通过译文的形式告知所有游客。

当前，汉语旅游文献的翻译已成为我国地方对外宣传的重要途径。而翻译的质量将直接影响外国游客对我国改革开放40年来的重大成就的了解，影响我国独特文化的传播。由于景点翻译主要面向普通国外游客，而不是让专家做专门研究，因此，我们应规范景区的英语解说，进一步对景区的英语解说进行系统的研究，并指导实践工作，以提高旅游景区的整体服务质量。

二、旅游景区英文解说中的语篇翻译

汉语和英语这两种语言各有什么特点？我们似乎难以把握住这个问题的要害。虽然学习了多年的英语，但绝大多数人对它的把握仍处于感性阶段。在大量的英语实践中，特别是在旅游翻译过程中，出现有不少中式英语。如果我们能深刻理解汉英这两种语言的特点，并在语言实际应用中使之体现，这个问题就可以解决。但是对汉英这两种语言特点的把握，不能陷入各自的孤立研究中，将这两种语言进行对比是把握各自特点的有效办法。

传统的语言学一直以句子作为最大的研究单位，这不仅妨碍语言学本身的发展，同时也极大地影响了翻译理论研究与实践的发展。自从 1967 年联邦德国罗曼语言学者 H.Weinrick 提出"语言学只可能是篇章语言学"的口号以来，以篇章为对象和重点的语言学研究取得了十分喜人的进展。语言研究开始进入一个更为广阔的领域。篇章语言学的出现，必然带动翻译理论的发展。

（一）解读语篇翻译

现在的翻译研究不再拘泥于词句上的对比以及在词句层次上寻找翻译规律，而是扩展到了语篇层次，形成了现在的语篇翻译研究模式。语言使用者根据不同的交际目的、不同的场合会采用不同的语言形式，即不同的语篇类型。语篇类型可按语篇的范围、方式和体式来划分。按语篇范围来划分的语篇类型主要包括文学语篇、科技语篇、法律语篇、新闻语篇、广告语篇。语篇方式是指信息传播的方式，主要有两种，即书面的和口头的，但这两种之间有交叉重叠的现象。语篇的体式指语篇所体现出来的说话人、作者对听话人、读者之间所保持的态度和社会距离，也可指叙述语篇中人物间存在的交际关系，比如是正式、随便还是亲密等。一个语篇呈现在译者面前首先让他接收到的信息应该是语篇的类型。译者只有对不同的语篇语域有了正确的认识后，才能确保语言在具体传译中与其使用场合、交际目的、交际对象之间保持一致。解读构成语篇的一个个语言结构也离不开整个语篇及其语境作为思考背景。语篇翻译模式可操作性强、实用价值高，为翻译研究提供了有血有肉的实际意义，语篇翻译模式能够为翻译的本质问题"转换"提供最具实用价值的指导，这正是它从一开始就体现了强劲生命力的关键原因。比如词义的选择，英语中有一句名言：词本无义，义随人生（words do not have meanings; people have meanings for words）。从这就可看出词义的不确定性和灵活性。所以语篇翻译显得十分重要。

1. 以语篇为单位，才能结合语境，理清句子的结构；以语篇为单位，才能结合语境，理解原文的文化信息

语篇是有序的整体，它总是按照一定的顺序组织构建。旅游英语语篇的形式图式构建主要与时间顺序、空间顺序、主次顺序等与人类经验密切相关的认知顺序相符合。例如：

Shanghai is the fifth largest city in the world.Six thousand years ago, humans had settled here, but it was not until 751 that it received its present name, with its sophistication and grandeur earning it the appellation "Paris of the Orient" in the 20th century. Today, Shanghai is China's leading center of commerce, finance, information, culture and science and technology; to overseas and domestic visitors, it is most likely a shoppers' paradise.

这个语篇组织是按照时间顺序展开的："Six thousand years ago"—"751"—"20th century"—"Today"主要介绍了四个时期的重大变化。

再看下面这个例子：

Thle Palace is seated in the heart of Beijing.In front of it is the Gate of Tian'anmen, at the back is the Scenery Hill, to the east is Wangfujing Avenue, and to the west is Zhongnanhai, the headquarters of the Party and the central government.

这一段落从前后东西四个方位描述故宫，符合人们常规体验所形成的意向图式模式。

2. 以语篇为翻译单位，能更加确保译文的通顺

已经确定了原文的语篇类型，在译语中找出匹配的语篇类型应该不是难事，只不过译者应熟悉不同语篇的模式或格式及不同的语篇类型使用率较高的词汇、句式和句子结构。要使译文通顺、顺利地为译入语读者接受，译文就必须符合译入语的语篇规范和译语读者的阅读习惯。以语篇为翻译单位能充分考虑到汉英语篇的差异性，能在表达方式上做适当调整，达到翻译交际的目的。如西方人属分析型，他们由一到多的思维方式表现在句子结构上常以主语和谓语为核心，统摄各种短语和小句。其结构复杂，但层次分明，形成树权形的句式结构，多为长句。而东方民族属综合性思维，强调从多归一的方式，句子以动词为中心，以时间逻辑事理为顺序，横向铺叙，形成流水型的句式结构。在翻译时，英语的长句要转换成汉语的几个短句，而汉语中一个意群中的几个短句可转化为一个英语长句。例如：It is a truth universally acknowledged that a young person in possession of a good fortune must be want of travelling all over the world.（凡是有钱的年轻人，总想周游世界，这是一条举世公认的真理）。

（二）语篇翻译中的文化冲击与文化相对性

1. 文化冲击

景区英文解说中所遇到的东西方现代文明差异是文化冲击的源头。自从"入关"以来，中国诸多方面发生了很大的变化，各行各业都要与国际社会接轨，都要进行产业升级换代，以适应国际标准与文明要求。旅游更是首当其冲，面对日益剧增的海外客商与游客，他们不免对中国社会品头论足。从旅游服务到其他方面，我们一边力争与国际社会接轨，一边大力提高服务水准。但还是有一些文化与习俗的差异。看下面一段导游和游客的对话：

Guest：You've done well.Actually you needn't be so careful.

Guide：I don't want to lose my bowl.

Guest：…What？

导游的回答让游客感到莫名其妙。导游的意思是"我要认真工作，我可不想丢了我的饭碗啊！""饭碗"是汉语文化中用来表示工作的词语，就如汉语中常见的"铁饭碗"表示的是稳定的工作，不能直译成"bowl"和"iron bowl"，因为在英语中并没有相对应的类似的表达法。所以只能根据其言内含义，将其语用意义译出来，即 I don't want to lose my job! 同样，"He has taken the bread out of my mouth"不能直译成"他从我嘴里拿去了面包"，而应按照语用意义译成"他砸了我的饭碗"。因为原文的真正含义是"他抢走了我的工作"或"他断了我谋生的路"。

我国的景物描写，语言表达常常人文色彩浓郁，物我一体，具有一种超越现实、虚实不定的朦胧之美。旅游语篇翻译中，景物描写往往用客观具体的形象罗列来传达实实在在的景物之美，力求忠实再现自然，体现出一种可感的直观美。卓有成效的译者不会把一种语言的形态、结构强加到另一种语言之上，而是随时做必要的调整，把源语的信息用译入语的独特结构表达出来。汉英语言差异及不同文体显现的是不同的语言特征，这就要求译者在翻译的时候不能仅仅根据字面意思进行翻译，必须根据目的语文体的语言表达习惯进行语用翻译。

原文：Extraordinary temples done in wildly flamboyant architectural styles；centuries-old cities of powerful.long-gone empires；fruit-1aden boats gently rowed down calm canals；caparisoned elephants heading parades in northern villages；multicolored kites fluttering below clear blue skies；lush paddy fields being worked by plow-pulling oxen；and expansive plantations of rubber trees，coconut palms，and bananas.

译文1：极其华丽的建筑风格下的非凡庙宇；强大，逝去的帝国，世纪老城；平静的运河，轻轻行走的水果载船；披挂着装饰的大象，前进游行于北部乡村；清澈的蓝天下，飘着五彩风筝；拉着犁的牛，在郁郁葱葱的田里工作；广阔的农场，种着橡胶树、椰子树和香蕉树。

译文2：非凡的庙宇，建筑风格狂野华丽；强大，逝去的帝国留下了历尽沧桑的世纪老城；平静的运河上轻轻地行走着满载水果的船只；披挂着装饰的大象，成群结队行走于北部乡村；清澈的蓝天下，飘着五彩风筝；水牛，在郁郁葱葱的田里辛勤拉犁；广阔无垠的种植园里满是橡胶树、椰子树和香蕉树。

从上面两个译文可以看出，译文1行文有点晦涩，不太符合旅游景区英文解说的特点，而且也不符合汉语的语言习惯。译文2则针对景区英文解说的特点，尽量用华丽优美的词语来形容，并力求让读者脑海中浮现出栩栩如生的画面，以使读者产生要去旅游的愿望。可见，在选择用词及语言风格的时候，不能脱离语篇逐句翻译，而要根据语体特点进行分析转换，以符合目的语读者的欣赏心理和目的语语篇的表达习惯。

2. 文化相对性

不同的社会体制、文化习俗与意识形态的存在，有时候对游客心理会产生很大的文化冲击（culture shock），在解说过程中导游应该加以沟通与适当的解释，要求游客尊重当地的习俗，不可横加指责。比如，汉语中的"炕"对欧美人来讲是非常陌生的，因为在西方文化里没有对应的词语与物体，所以在汉译英的时候导游需要做进一步的解释：Kang, a heatable brick bed；再如"班门弄斧"这个短语，可译成"Showing off one's proficiency with the axe before Lu Ban, the master carpenter"。其中"鲁班"被译为"Lu Ban, the master carpenter"（手艺高超的木匠鲁班）。要不然，鲁班究竟是个什么人，不知道典故的外国游客就会感到茫然。

对文化相对性的接受是跨文化交际相互承认的一个起点，对文化他性（Otherness）采取宽容和求同存异的态度是可取的，有时也是必须的。各民族传统文化的价值具有相对性，没有高低、优劣之别。从广义的文化概念来看，一个国家或民族的文化可分为两部分：民族性文化和世界性文化，或者说，民族性较强的文化或世界性较强的文化。价值、信仰、伦理道德、理想、艺术、制度、礼俗等是民族性较强的文化，是"创造"出来的。我们所说的"传统文化"或"民间文化"主要是指这部分的文化。而世界性的文化如科学技术及其所制造的物质文化或物质文明，是"发明"出来的。民族性较强的文化具有相对性、保守性、排他性和渐变性等特征，世界性较强的文化具有可比性、流动性和速变性等特征。民族性较强的文化相对性较强，没有先进与落后之分。例如，基督教、佛教和伊斯兰教三大世界宗教没有高低之分，西方人吃饭用刀叉、东方人用筷子等习惯没有优劣之别。

提倡"文化相对主义"与"文化绝对一体化"相对峙，它既反对西方中心主义造成的对东方文化的统摄和抹平，又不同意仅从东方某一或某几种文化出发来弥合具有个性差异的东方文化整体。在总体上文化相对主义弘扬了东方（与西方相对）文化的类似性和互通性。在承认东西、内外差异的基础上提倡相互尊重、相互理解，并彼此进行积极的文化涵化和整合，达到多元和谐共处。

现代语言学目前发展的趋势之一就是加强语用和功能的研究。语用学重视语境，其中包括上下文和实际情景。前者跟篇章语言学及话语分析有关，后者跟言语行为理论有关。把两种语言的结构放到实际运用的语境中去进行对比，显然比只从结构本身对比更加有用。可以预测，把语用学的理论及篇章语言学和话语分析的方法运用到旅游翻译中是对比语言学发展的必然趋势。

旅游翻译作为应用语言学，在理论和应用等诸多方面都有待于进一步研究和提高，并在以后长期的实践中不断完善。没有一面镜子，人是不能知道自己的容貌的。旅游翻译必须吸收相关学科的研究成果及其理论以发展本学科的研究方法，语篇对比分析将为现代旅游翻译研究提供理论依据和研究模式。

三、语际转换与旅游景区英文解说

旅游景区服务质量对于旅游景区塑造良好的市场形象、创造在游客心目中的美好印象、提高景区的竞争力，起着非常重要的作用。旅游者在旅游景区的整个经历是否令人难以忘怀，依赖于其在景区整个旅游过程中的感受。在游览过程中，旅游景区的每个人、每个景和物都对游客记忆的形成有所贡献，都在向游客提供整体服务，使其在满意和愉快的过程中完成旅游活动。也就是说，旅游景区服务者的态度以及他们与旅游者的交流还有景区内服务项目的内容与质量都影响着游客的满意度。因此，旅游景区解说应致力于建立和加强旅游者与旅游目的地的互动交流，包括旅游者与旅游资源之间的"人—物"交流及旅游者与目的地居民之间的"人—人"交流。

旅游景区是以服务的形式向游客呈现其产品，其特殊性在于它提供人对人的服务，带有感情色彩。在旅游景区解说中，由于旅游者来自四面八方，有着不同的语言文化背景，人们感知周围世界的方式和角度各有不同。在不同民族之间及不同语言体系的社群之间，由认知差异所引起的文化缺失常会造成理解障碍，文化上的障碍使语际转换存在着一定的局限性。尤其是针对外国旅游者，中西文化间的强弱、转型与稳定等客观因素都或多或少地干扰并影响着语际转换和景区解说质量。因此，在景区解说中双语间的文化交流要达到全盘地被理解、接受与认同是尤为困难的。下面就旅游景区英文解说质量问题，基于语际转换的角度，从以下几个方面对文化缺失予以剖析与探讨。

（一）语言表述的完整性

向导式解说系统是当前我国旅游景区的主要解说方式之一。它以专门的导游人员向旅游者进行主动的、动态的信息传导为主要表达方式。当前我国多数旅游景区的多语种解说薄弱，外语语法和用词不当现象较为普遍；景物解说或过于简陋或过于繁杂，不利于旅游者理解等问题在很大程度上影响了旅游者的出游兴致。旅游景区解说的双语交流绝不是浅层意义上的两种语言之间的对等转换，而是两种不同文化审美方式之间的协调与沟通。景区解说往往包含着大量的景观描写，由于汉英两种语言在景观描写的手法上存在巨大差异，因此，如何对这些景观描写进行英译，当属译者面临的难题。

旅游景区解说的一个突出特点就在于尊重学科专业性和兼顾科普通俗性之间的平衡与协调，这主要体现在某些专业术语的表述上。如果完全避开这些术语有时就要以牺牲价值性信息为代价，解说本身将无法向游客有效传达其诉求点。

原文：克什克腾世界地质公园内有中国东部规模最大的第四纪冰河地貌。

译 文：The Hexigten World Geopark has the Quaternary glacial landforms which are the biggest of their kinds in East China. （The Quaternary is a subdivision of geological time which covers roughly the last two million years up to the present day.）

在此例中，"第四纪"对于不了解地理知识的游客来说可能很难理解，从而失去充分体会整个景区风貌的背景知识支撑。所以在进行景点解说时有必要对该术语进行补充性解释，以弥补因理解障碍所产生的文化缺失。

鉴于语际转换中存在着语言结构、语义表述和文化上的差异，在进行景区解说时导游要围绕向游客传递信息和文化背景知识这一点，让游客理解、接受是至关重要的。如在陪同外国友人参观福州林则徐纪念馆时，导游介绍说："This is Lin Zexu Memorial in Fuzhou. Every year many tourists come to visit the great hero."听完这句话，游客们只知道林则徐是个英雄，其他的一无所知。针对文化背景完全不同的外国友人，导游还应对林则徐这个人做进一步的介绍，以便让游客对这位民族英雄有更多的了解："Lin Zexu Was an official. It was he who destroyed the 20000 chests of opium in Humen in 1839."

（二）语域感知的选择性

一个研究旅游翻译的人如果只知语言而不知言语，如果只会组织语法上正确的句子而不会选择适应交际场合中恰当的语言变体，如果只注意汉英两种语言在翻译过程中的对应词，而不注意它们在不同语义上的对应关系和使用场合的异同，那他的英语只能说是学了一半。这是因为他只有语言能力而缺乏运用语言进行交际的本领，即缺乏对语域的感觉能力和选择能力。例如，导游在向游客介绍苏州时说："Suzhou is famous for scenic gardens——classic Chinese architecture, and exquisite silk embroidery; it's also'heaven'on earth."有游客提问："What does the name 'heaven on earth' mean？"导游的回答是："It means Suzhou is a beautiful place, just like heaven."游客听后没有真正了解其中的含义。东西方的道德思想观念在许多方面有着很大的差别，有些甚至是截然对立的。西方人死后都想进天堂，而在这里导游把苏州比喻成天堂让游客很不理解。导游如果说"Suzhou city is the Venice of China"更容易被游客接受。因为作为欧洲最美丽的城市，外国游客对威尼斯是很熟悉的。

替代式转换是语际转换中最常用也是最重要的变通手段。这里的"替代"是指广泛的调整变通目标语结构以代替源语的措辞或语句结构。也就是说，在进行景区解说时用类似的事物来解释说明比直译更能使游客理解。有的时候可以把中国的历史人物、事件、典故等与英语文化中类似的东西进行比较。例如，把孔子比作释迦牟尼、梁山伯与祝英台比作罗密欧与朱丽叶、济公比作罗宾汉、孙悟空比作米老鼠、猪八戒比作唐老鸭等，这样的话，外国游客听起来不仅容易理解，而且还倍感亲切。

（三）信息传递的准确性

在汉英两种语言的语际转换中，对应式转换往往成为最先选择，但是这种选择方式常常会降低解说质量。由于景区解说是跨文化的交际活动，所以解说中的信息传递是否准确对解说质量有着直接的影响。在景区解说中如不能对文化语境有适度的把握，就会引起费解甚至产生矛盾。例如，在一次景点旅游休息时，一对外国夫妇对中国导游说："You are a nice guide. Thanks a lot for doing so much for us."导游听后笑着说："Never mind."这对夫妇听后互相对视了一下无可奈何地走开了。导游在这里想表达的是"不用谢""没关系"之类的话，但是"Never mind"常用于对方表示道歉，而自己不予介意的场合，是安慰对方时使用的话语。显然，导游在这里没有将自己的想法用适当的语言表达出来，导致了语用失误。还有一次在旅途中导游想调节气氛，给大家讲了一个笑话，在这个笑话中他说他的朋友是"气管炎"——"He has a tracheitis"，这句话搞得在场的外宾感到莫名其妙。"气管炎"这个词在汉语里是双关语，具有"怕老婆"的意思。而英语中的对应词"tracheitis"则不具有这样的含义。该句若译成："He is a henpecked husband."则无论从信息的传递上还是译文所产生的效果上看，都更确切、自然、对等地再现了原文意义（刘祥生，2008）。语言是信息的载体，更是文化的载体，是文化的反映。因此，在旅游解说中，导游员除了解说语言表层次的信息外，还需考虑原文文化语境，表达出深层次的文化含义，使译文在听者那里产生与原文等效的效果。

（四）词语构建的意象性

不管解说有多少种方式，语际转换的实质是语际间的信息转换。旅游景区解说主要用于吸引游客，同时向游客提供足够的信息以激起游客的兴趣并传播文化。作为专门用途英语，旅游翻译有其独有的特征，其表达方式有很多种，如旅游景点的名字，既要体现当地文化内涵，又要便于游客记住。位于斯里兰卡的亚当峰（Adam's Peak）因其形状像人的脚印，穆斯林认为这是人类始祖亚当的脚印，故而该景点取名于神话中的人物亚当（Adam）。有些旅游景点的文化特色比较突出，还可以采取音译的方式予以解释，如"九寨沟"作为整个旅游景区的名称可以直译为"Jiu Zhaigou"，以凸显景点中的九个藏族村寨。

此外，景区解说词语的使用与表达都要注意它的意向性和贴切性，不能与内容大相径庭。如导游在介绍"静心斋"时直接用它的汉语拼音"Jing Xinzhai"作为英文解说，对于不懂汉语拼音的外国游客来说根本不理解其中的含义，只能是糊里糊涂地听着。根据它的汉语意思，如果把它解释为"Heart Ease Study"更容易游客理解。同样，"Hu Tiaoxia"作为"虎跳峡"的英文名字也不合适，"Tiger-Leaping Gorge"更能较好地反映其中的含义。

（五）情景释义的灵活性

旅游景区英文解说的实质是语际间意义的对应转换，而意义是由语境决定的。目标情景是旅游活动过程中所涉及的主要语境，它包括旅行社情景、景区情景、旅途情景、购物情景等；在旅游过程中，导游和游客本身的对话会随着各自的思路、文化素养等不断地改变着对话的情景。因此，导游解说的语言必须不断地适应使用中的情景和文化，游客的反应也会左右着导游者的表达，导游必须根据游客所具有的文化的、心理的、社会的特定情景，选择游客最容易理解、接受的语言表达方式来灵活编排解说内容，以便达到最佳沟通。如导游对游客说："Today we'll visit famous Mt Huang, it's so majestic and worth seeing. I see several gods of longevity in our group. You may reach the summit by cable cars instead of walking."这时旅游团里的外国游客用很是诧异的语气问道:"Several gods? How can it be?"导游一时不知如何解释。其实导游想说的是旅游团里有上了年纪的老人,如果想登到山顶可乘坐缆车而无须步行。问题是导游忽略了情景释义的灵活性,把简单的英语解说弄得复杂化了。上帝在西方人眼中就是救世主,是不可以随便用来比喻的。如果导游直接说 senior citizens 就会减少不必要的尴尬和不悦。所以在进行景区解说时,导游需要对源语和目标语有足够的了解,在特殊的旅游情景解说中,正确的语言表达方式是使导游和游客关系融洽的主要途径。

旅游景区解说质量是旅游目的地诸要素中十分重要的组成部分,是旅游目的地的教育功能、服务功能、使用功能得以发挥的必要基础。此外,旅游资源除了本身所具有的欣赏价值外,还有着丰富的文化内涵,从而产生特殊的欣赏价值。旅游景区英文解说是一种具体语境中的语言,在进行景区解说时导游人员应该立足于语际间的信息转换,以中国文化为取向,尽量保留中国文化信息,尽量多地宣传中国文化。在解说过程中,确保在传达原文信息的前提下,对原文进行必要合理的调整与变通,力图使译文语言生动贴切、表达简洁。这就要求切实提高景区解说人员的外语水平及综合文化素质,拓宽文化视野,促进旅游景区的解说质量管理,以最大限度地使国内外游客高兴而来、满意而归。

第四节 生态美学视域下英语导游词翻译技巧

一、导游词翻译中的文化解读

奈达(Eugene A.Nida)曾在其《语言、文化与翻译》一书中阐述:"对于真正成功的翻译而言,熟悉两种文化甚至比掌握两门语言更重要,因为词语只有在其作用的文化背景中才有意义。"不同民族在不同的生态环境下建立了自己的文化体系。它包括人类在不同的自然环境下形成的风土人情、语言文字、宗教信仰、思维方式、文化知识、道德规范等诸多方面的不同。一个民族的语言往往渗透着不同民族的文化内涵,表达同一概念的词语。它在不同的文化氛围下不断使用,获得了附加在表面意义之上的不同联想意义,因而会引起不同的心理反应,产生文化差异。文化差异是客观存在,文化差异带来了文化冲突。发生文化冲突与对抗的原因从理论上分析,无非就是不同文化的差异性、传播目的与手段的正当性、一种文化对异质文化的需要程度及对参与交流双方的权益能否得到有效的保障。

(一)导游词翻译中的文化差异

导游词翻译中的文化差异具体体现在汉英两种语言的比照。汉语重意合,重内容表达,重传情达意。英语重形合，句子结构比较严谨。不同的文化产生不同的语言结构模式，这就要求在汉英语言的互译转换过程中，不能单独追求形似，否则就会削足适履，破坏各自语言系统的独特神韵。各民族间在文化上的差异反映在各自不同的语言中，特别反映在蕴含文化意义的导游词翻译中。

1. 文化与所指意义不一致

在进行两种语言转换的时候，源语中所指对象有时无法在目标语文化中找到，或者明显不同于目标语文化中的可比对象。以东西方的时间观为例：我们中国人通常把事情按先后顺序进行排列，即先发生的事放在前面，后发生的事放在后面，而英国人的时间观和我们恰恰相反。正是这个原因，在跨文化国际中就容易产生误解。鉴于东西方的文化差异，在进行汉英句子互译时就要特别注意。例如，看到游客都累了，导游鼓励大家说："We ale getting ahead of the destination"。不能见到 ahead 就译成"前"，要依语境而定。正确的译文应是"我们快到目的地了"。再如，导游跟游客说"We are subject to the law of the land"。"land"在这里的意思是"当地"，而不是"土地"，整个句子应该译为"我们必须遵守当地的法律"。

2. 文化与语用意义不一致

不同的社会背景造就了不同的语言表达方式。在导游词翻译中，有时承载语用意义的指称对象是目标语文化所不熟悉的。例如，在参观曹操的故乡安徽亳州时，导游这样向游客介绍："曹操是一位军事家、政治家，有人说他总是戴着仁慈的假面具。""戴着假面具"是中国人所熟悉的比喻，它的语用意义就是"让人看不透"。但是，如果在译文中把"假面具"一词保留住，它的语用意义即内涵意义就没有翻译出来，也就无法实现两种文化的交际。所以，把它翻译成"He always sails under false colours"既保留了源语的文化内涵也算尽了翻译的职责。再如，导游在带领游客参观韶山毛泽东故居时介绍说：People here only wear cotton clothes and eat vegetables. 他想表达的是这里的人过着布衣素食的生活，但引起了游客的误解，因为当代英美人，尤其是有钱人，崇尚穿纯棉衣服，吃蔬菜水果，自然不易联想到简朴的生活。因此，不妨这样表述：People here live a simple and plain life. 对于不同的环境、不同的对象，即使是表达同一层意思，也要注意其中细微的差别。

3. 文化与语言内部意义不一致

某些语言形式（如词法及句法等）有时会在一个句子里作为内容而出现或与内容关系十分紧密，在翻译这样的内容时，译者就无法使其脱离源语语言形式而表现于译文之中。例如，导游嘱咐游客说"明天可能有雨，大家最好带着雨伞，未雨绸缪"。这个成语翻译成英语是"While it's fine weather, mend your sail"。汉英两种语言所要表达的意思十分接近，但由于所处地理位置不同，赖以生存的手段各异，从而导致在相同情况下引发了不同联想，进而表现出不同的语言特点。

(二) 导游词翻译中的汉英句法对比

汉英两种语言分属不同的语系，其思维模式与语言表达也完全不同，文化差异很大，这就要求语言学习者从跨文化的角度掌握汉英两种语言的语法特点。

汉语的造句法可以叫作编年史手法（chronicle style）：着重动作的记录，着重时间的顺序，先者先之，后者后之，把——发生的事件如实接次说出。英语造句则是强调空间构架，注重句中的词语和语言连接形式。通常是先搭建主语和主要动词，然后运用关系词和连接词将相关材料连接起来，其目的是把各组成部分彼此之间的相互关系交代清楚。

原文：Chinese think punctuality is a virtue and try to practice it especially in the business world. Chinese tend to come a bit earlier to show their earnestness. And it would not be regarded as being late if you come within 10 minutes after the appointed time.

译文：中国人认为守时是一种美德并会尽力做到守时，在商界尤其如此。中国人通常会提前一点到达以显示其诚意。你在约定时间后十分钟之内到达，也不会被认为是迟到。

原文：During the month of January or February, Chinese families clean their houses, set off firecrackers, post pictures of the Door God and couplets on their gates. On the eve of the Spring Festival, it is a folk custom to stay up late or all night to pray for peace and prosperity in the coming year.

译文：在每年的一二月份期间，中国的家家户户通常都要把家里打扫得干干净净，燃放爆竹，贴门神和对联。按照中国的民间习俗，人们除夕之夜要守岁，祈福来年的祥和昌盛。

作为"意合"语言，汉语无人称，无主语，无时态的句子比比皆是，而英语作为"形合"语言，表达时它必须是一个完整的句子。如"早知今日，何必当初"——If you know it would come to this. I would have acted differently."主语—谓语"结构所属的逻辑范畴来自抽象思维，是西方人偏重的，是解析式的。它以各部分为起点，如果省去主语则不成句子。

此外，汉语强调行为主体，趋向于使用主动句；英语则喜欢用事实客观地表达，倾向使用物称和被动句。

原文：在古代中国，学者们把月亮看作是光明、纯洁和善良的象征。

译文：In ancient China, the moon was considered by scholars as a symbol of brightness, purity, and goodness.

原文：没有知识和乐趣人们就不会去了解异国文化。

译文：Foreign culture can not be understood without any knowledge and pleasure.

作为交际工具，汉英两种语言的主要要求都在于"明确"。汉语的明确在于强调以神统形，英语则是以形显义。如果说汉语造句以意合句、连动句为特色，那么复合句最能代表英语的造句精神,尤其是主从交错使用的复合句。

(三)跨文化视域下的导游词翻译

导游词翻译必须根据源语导游词本身的内容和上下文的关系,来做具体的处理。由于汉英两种语言造句手法和手段不同,在译文中,尤其是在连动句和复合句的翻译中,我们有必要按照汉英两种语言各自的造句规律,调整各组成部分,重新搭建句子结构。这不但可以维护各自的文化内涵与译文语言的规范,更确切地表达原句的内容,并且还给译者在翻译过程中提供不少的方便。

1. 英语复合句的汉译

此类句子的翻译主要是把英语原句的空间结构转化为汉语的时间顺序的句子。也就是说,通过原句的各种关系词看出它们所联系的各部分间彼此相对的时间顺序,然后按照这个顺序将各部分重新定位。

Mencius knows nothing about his mother who dies before he was brought up.

这句话是比较常见的英语复合句,由关系词"who"和"before"连接而成。在翻译时,译者需要通过"who"和"before"这两个关系词看出它们所联系的部分在时间上的先后次序,然后进行重新定位。那便是:孟子从小就死了母亲,所以记不起她了。

原文:I still recognize the guest by now, considering the amount of trouble he had made since moving into this room.

译文:他搬入这个房间后,不知惹出了多少麻烦,到现在我还认得那个客人。

"搬入这个房间"原在"惹出麻烦"之前,而两者都先于"认得那个客人"。故译文里先提"搬入",其次提"惹出麻烦",最后提"认识"。

2. 汉语连动句的英译

首先,译者要从汉语连动句中看出各动词的相互关系,确定主要动词。然后运用英语关系词及关系手段,连接句中的动词。按照结构严谨关系明确的要求,重新排列各部分次序,必要时可断句翻译。

原文:如果你真的吃饱了,最好直接拒绝,否则好客的主人会不停地给你的碗中盛满饭。

译文:If you are truly full, you had better refuse directly; otherwise, the hospitable hosts will continue to refill your bowl.

原文:中国有句俗话叫"礼尚往来",这在私人和商业关系中都是十分重要的。

译文:"Courtesy demands reciprocity", goes an old Chinese saying.and it is important to both private and business relationships.

上述英译中运用关系词或关系手段来代替汉语原句中的动词,因为时间顺序不需要变更。但下面一句,译成英语便打破了原有的时间顺序:

原文：昨天爬山时，那个小女孩摔了一跤，膝盖跌得乌青，她哭了。

译文：She cried in climbing the mountain yesterday after the little girl fell and bruised her knee.

一名优秀的导游会通过动人的语言表述让游客流连忘返，请看下面这则导游欢送词的英语译文：

Ladies and gentlemen：

I'm very sorry that you are leaving. On behalf of my travel agency and my colleagues. I wish to take this opportunity to express my heartfelt thanks and bid farewell to our dear friends.

As an old Chinese saying says："There is no banquet without ending." I must say that I really enjoyed being with you and your group is the best group I have ever had. I thank you for your patience and friendliness, which has made my work easier and has enabled me to learn many things about your country and people. Some of you have been teaching me English；some of you have been talking to me about your culture and your ways of life.You have made me a better tour guide and I thank you all for that.

I also appreciate your cooperation and your understanding, which has made the trip a special pleasure and a success for my part.

A few days ago, we met as strangers, but today, we are departing as new friends. I shall always cherish the happy memories of our delightful friends and our trip together. I believe that the growing contacts will bring the people of our two countries closer and promote peace and harmony in the world.

Tourism is a young and growing industry in China. We have been making great efforts to improve our travel service. Things will be much better next time when you come here. We look forward to seeing you again.

I wish you a pleasant journey back home. Thank you.

作为沟通两种不同语言的桥梁，翻译起着举足轻重的作用。作为旅游翻译的重要组成部分，导游词翻译不仅是语言学习的重点，更是学习的难点，其译文好坏直接影响到导游词的翻译质量。汉英语言的发生发展与其各自的社会文化有着密切的关系，文化的差异性导致语言差异性的出现。因此，在导游词翻译过程中文化因素不可忽视。要做好导游词翻译，译者必须从跨文化对比入手，根据汉英语言各自的语言文化特点，合理地组织语言，以达到更好的译文效果。

二、导游词翻译中"认同"的建立

跨文化性是导游工作的基本特点之一。英文导游词的翻译者应时刻牢记我们的服务对象是来自不同文化背景，不熟悉中国，不懂中国的旅游景观，特别是人文景观的外国旅游者。帮助他们欣赏中国的自然景观与人文景观，理解领悟其中的奥妙，获得美的享受，是导游词翻译者的重要任务。因此，在翻译英文导游词时，应该意识到因文化差异而引起的理解、欣赏与接受能力等问题。不要想当然地认为中国人认为美的东西，外国人也一定会认为是美的。中国人欣赏的东西，外国人不一定欣赏。英文导游词的对象主要是与中国人有着截然不同文化背景的外国旅游者，导游词不同于文学作品，它主要供导游讲解使用，汉英导游词翻译中"认同"的建立是英文导游词翻译者应该首先考虑的问题。

（一）文化认同与导游词翻译

中华大地所特有的自然景观、几千年来中华民族的文化积淀和人民智慧结晶的人文景观，在旅游业蓬勃发展的今天以其独特的魅力吸引着千千万万的游客。如此大量的旅游资源要翻译成外文的导游词，无论是口头的，还是书面的，都是一项浩大的文化建设工程。因而，导游词翻译涉猎的领域是非常广泛的，特别是要注意那些民族性的内容，那些常常是旅游的热点。所以一个好的导游翻译必须掌握双语文化才行，这样才可以在导游翻译解说中让东西方文化很好地融合，确保文化认同。

1. 文化理念的认同

我们知道，语言常常是客观世界的反映，是一种社会现象。人们生活在什么样的环境里，就会产生什么样的语言。如果某一事物在人们所生活的客观环境里不存在，那么语言就可能出现空缺。比如，沙拉（Salad）源于法国。英国人最先没有这道菜，语言中也不存在这个词，因此，只好从法语中原封不动地"移植"过来，汉语也是如此。

译者的任务是为译文读者创造条件，或是直译，或是意译。或是直意结合，或是给文化疑点附加说明，引导读者接受外来文化，求得文化理念上的一致。比如，如果把"东施效颦"这个短语简单地直译为"Dongshi imitates Xishi"，原文的含义就没有译出来。东施是谁，西施又是个什么样子，只有中国读者理解。如要译文读者也明了"东施效颦"是指"The ugly imitates the beautiful in such a distorted way that the ugliness of the ugly becomes even worse"。

翻译有中国各民族特色的东西，应该注意民族文化内涵，要尽量防止中国文化的"缺失"。如把"人民币"翻译成 Chinese dollar，把"清明"说成 Chinese easter，把"好的景点"说成是 oriental venice 等，这种高度的翻译词语杂合（textual hybridizing）实际上是一种"文化自贬"。翻译上犯忌，即翻译中的"文化他性"（cultural otherness）现象的泛滥成灾。还有一些中度杂合的翻译词语，如 dumpling / Chinese meat ravioli 来指称"饺子"。

在过去的百年历史中，此种翻译危害不少，扭曲了中华的文化形象，淹没了华夏文化身份，损伤了民族尊严。如果东西方文化理念得到认同，一切问题都会迎刃而解，如把人民币叫作 Chinese yuan（中国元），西方国家都已经习惯这种叫法，如日元（Japanese yen）、澳元（Australian dollar）等，这些外来视角的讲法普遍存在而且已被接受。

2. 风俗习惯的认同

由于风俗习惯的不同，不同的语言之间可能出现相对的词语空缺现象。例如，对于没有接触过我国文化的欧美人来说，把生儿育女娶媳妇说成"红喜"，并不费解，但把死了的人也当成一大"喜事"，这就奇怪了。因为对比欧美文化，把死了人称作"白喜"是我国文化，或主要包括我国文化在内的东方文化的个性。传统上，中国人建屋筑坟很讲究看风水，认为风水好坏可以影响其家族、子孙后代的盛衰吉凶。这种概念在欧美文化中是不存在的。在欧美文化里，人死后大多葬在教堂墓地，没有什么风水可言；修筑房屋虽然也看方向，但那主要是为了房屋建筑的本身。中国人办事讲究选择吉日，在许多地方，人们十分忌讳单日办事。百年好事，总想选个逢双日。在欧美人的心目中，单日与双日没有什么特殊含义，但他们却忌讳"十三"，认为这是个不吉利的数字。正如欧美人对中国文化中单双日的微妙含义感到陌生，中国人对欧美文化中不吉利的"十三"也很费解。

3. 感知的认同

人们对客观世界认识的不同，也会使语言产生空缺现象。换言之，有时人们虽然生活在同一客观环境里，但对某些事物却各抒己见，对代表那些事物的语言赋予不同的意义。如汉语和英语中"狗"的含义不大一样，中国人和英美人养狗的目的与态度不相同。在西方，养狗不仅是用来打猎、看家，而且常常是为了做伴。有的人无儿无女，便拿狗来代替。中国人和英国人对狗所持的不同态度，自然而然也在各自的语言中反映了出来。汉语表示法：狗腿子（lackey）；狗杂种（bastard）；狗养的，狗崽子（son of a bitch）；狗胆包天（monstrous audacity）狗急跳墙（a cornered beast will do something desperate）狗屁（horseshit; rubbish）；狗嘴里吐不出象牙（a filthy mouth can't utter decent language）。英语表示法：Love me, love my dog（爱屋及乌）；top dog（最重要的人物）；lucky dog（幸运儿）；dogtired（筋疲力尽）；to lead a dog's life（过着牛马不如的生活）；to die like a dog（可怜地死去）；to help a lame dog over a stile（助人于危难）。此外，有时非语言形式即纯属文化上的不同，也会造成语言间的语义空缺现象。比如法国人与英国人常用耸肩的动作来表示"我不知道"的意思，而中国人则没有这种习惯。按照中国人的传统习惯，人们不吻别（kiss goodbye）、不接吻道晚安（kiss sbgood night）、不飞吻（blow sba kiss）等。因此，上述英语表示法的含义，对从未接触过西方文化的人来说是难以捉摸的。

（二）导游词翻译中的语言认同

导游讲解是一门口语艺术，因此，导游词翻译应该特别注意其译文语言的口语化、知识性和趣味性以达到翻译中的语言认同。大多数旅游者是为了增长知识、陶冶情操而外出旅游，因而导游词翻译的内容应该充实，避免华而不实、哗众取宠的空洞描写。

1. 口语化

导游语言是一种口头语言，具有生动形象、幽默流畅、通俗易懂并能从多方面调动旅游者注意力、激发游兴的特点。导游语言的上述特点决定了在进行导游词翻译时应尽量使用口头语言，因为导游词翻译出来后大多数是供导游员进行导游讲解使用。导游员的讲解应当如促膝谈心、故友叙怀，亲切而娓娓，微笑而动情。如果翻译出来的导游词学究气十足、死板呆滞、故弄玄虚，导游员即使将导游词背得滚瓜烂熟，导游时使出浑身解数，也很难吸引旅游者。

中国历史悠久，文化源远流长，人文景观与自然景观均很丰富，许多旅游景点与历史上的著名事件、名人轶事、典故传奇等密切相关。许多景观都曾留下帝王将相、才子佳人、名僧禅师的诗文墨迹。对国内旅游者、海外华侨和对中国诗词文化有较大兴趣的日本旅游者来说，在导游词翻译中适当引用名人诗句不失为一种较好的创作手法。但对欧美人来说，这样做则可能是一件出力不讨好的事情。

下面是一段有关辽宁笔架山的中文描写：

笔架山位于渤海湾北部，登临远眺，景点美妙，山门奇特，岩石洁白。雨后天晴，光彩耀眼，上有"光耀家国"四个大字。

这是一段优美的风景描写。看了这段描写，也许很多中国人会暗下决心到笔架山一游。那么我们来看看根据这段中文翻译的英文导游词：

Towering north Bohai Gulf, Bijia Hill presents a nice view at the summit.Its white rocks and weird-shaped gate glisten in the Still after rain. Hence four capitals were written on it "Honor to Family and Country".

从导游词翻译的角度讲，这段英文无论在文化信息的传播上，还是语言的优美程度上都是大打折扣的。看了这段有关笔架山的描写。外国人可能不会像中国人那样产生到笔架山一游的冲动。因此，导游语言只有兼备口语和书面语两种风格，才能满足游客的需求。

再来看下面这个导游词：大东海风景区的白沙滩景色令人惊叹。海湾如弦，波平如镜，冬季水温暖和，全年适合潜海、观光。

Dadong Sea Scenic Spot has a white sandy beach with breathtaking scenery. The bay is crescent-shaped. The water is usually calm and the temperature is warm in winter. Excellent diving conditions can be found any time of the year.

这个导游词翻译句子简单，生动形象且通俗易懂，能够充分激发游客到此一游的观光兴致。

2. 知识性

随着时代的发展，现代旅游活动的目的日益向接受教育、获取信息、增长知识、扩大阅历的方向发展。实践证明，导游员的导游讲解和日常交谈是旅游者，尤其是国外旅游者获取知识的主要来源，甚至是唯一源泉。知识内容是土壤、口语艺术是种子，二者结合才能获得良好的导游效果。因此，导游词翻译应该内容充实，切忌空洞无物，所写内容应该有根有据，切忌胡编乱造。下面是一段有关"大雁塔"的导游词。

This is a famous sightseeing called Big Wild Goose Pagoda. As for the reason why it is called Big Wild Goose Pagoda, there is a legend. According to ancient stories of Buddhists, there were two branches, for one of which eating meat was not a taboo. One day, they couldn't find meat to buy. Upon seeing a group of big wild geese flying by, a monk said to himself."Today we have no meat. I hope the merciful Bodhisattva will give us some." At that very moment, the leading wild goose broke its wings and fell to the ground. All the monks were startled and believed that Bodhisattva showed his spirit to order them to be more pious. They established a pagoda where the wild goose fell and stopped eating meat. Hence it got the name "Big Wild Goose Pagoda".

这段导游词不是简单地将"大雁塔"一提而过，而是详细地介绍了这座塔被称为大雁塔的原因：有一个传说：根据古老的佛教故事，佛教有两个分支，其中一个认为僧侣可以吃肉。有一天，僧侣们买不到肉。当看到一个野生的大雁飞过的时候，一个僧侣对自己说："今天我们没有肉。我希望慈悲的菩萨会给我们一些"。就在这时，领头雁折断了自己的翅膀，摔在地上。所有的僧侣都吓了一跳，认为是菩萨显灵了，要求他们更加虔诚。于是，僧侣们在大雁掉下的地方建立了一座宝塔，并不再吃肉。大雁塔的名字由此而来。听完这个故事，外国旅游者对"大雁塔"就有了进一步的了解，给游客留下了深刻的印象。

下面这两段导游词是对苏绣和川菜的详细介绍，向外国游客进一步展示了中国文化：

原文：苏是苏州的简称，苏州是个典型的南方水乡，苏州的一切都反映出了恬静和优雅。而苏绣也是一样，这边是条小鱼在戏水，那边是只小猫在游玩就代表了苏绣的这一风格。由于拥有得天独厚的气候，苏州与周边地区都非常适合种桑养蚕。早在宋代时，苏绣就已经因其优雅生动而闻名于世了。历史上，苏绣是用来装饰王室的衣柜和墙壁的，即使到了今天，苏绣仍然占据了中国和世界刺绣市场的很大份额。

译文：Su is the short name for Suzhou. A typical southern water town, Suzhou and everything from it reflects tranquility and elegance. So does Su Embroidery. Embroidery with fish on one side and kitty on the other side is a representative of this style. Favored with the advantageous climate, Suzhou with its surrounding areas is suitable for raising silkworms and planting mulberry trees. As early as the Song Dynasty, Su Embroidery was already well known for its elegance and vividness. In history, Su Embroidery dominated the royal wardrobe and walls. Even today, Su Embroidery occupies a large share of the embroidery market in China as well as in the world.

原文：在中国八大菜系中，川菜由于它众所周知的麻辣也许是最受欢迎的。然而，极富特色的辣并不是它唯一的特点。其实，川菜拥有各种不同的口味和各种各样的烹调方法。一道川菜就可以融合辣、甜、酸、咸或麻等好几种味道。川菜的特色菜肴有回锅肉、辣子鸡丁、干烧鱼翅和鱼香肉丝。川菜中非常受欢迎的麻婆豆腐是由成都一名厨师的麻脸妻子在几十年前发明的，把豆腐块放在混有生肉末、辣椒和花椒的酱料中文火烹制。当菜上桌后，豆腐吃起来会非常鲜嫩和辣爽，而且非常开胃。

译文：Of the eight major schools of China's culinary art, Sichuan Cuisine is perhaps the most popular. It is well-known for its hot and pungent flavouring. Yet the highly distinctive pungency is not its only characteristic. In fact, Sichuan cuisine boasts a variety of flavours and different methods of cooking. A Sichuan dish Can be hot, sweet, sour, salty, or tongue-numbing.Typical dishes of Sichuan are Twice Cooked Pork Slice, Spicy Diced Chicken with Peanuts, Dry-fried Shark Fin, and Fish-flavoured Pork Shreds. One of the popular dishes is Pockmarked Woman's Beancurd which was invented by a Chengdu chef's pockmarked wife decades ago.The cubed beancurd is cooked over a low flame in a sauce which contains ground beef, chili, and pepper. When served, the beancurd tastes so tender, spicy and appetizing.

3．趣味性

包含丰富知识的导游词内容还需要艺术而传神的语言来表达。也就是说，导游词不仅仅要口语化、内容丰富，而且讲起来还应该有幽默感并具有趣味性。比如在导游词翻译中介绍有关绍兴酒时，如果仅仅写道：Shaoxing rice wine is very famous and popular in China，对于对中国酒了解不多的外国人不会留下什么印象，引不起什么兴趣。但如果把重点放在介绍绍兴酒的别名"女儿红"（Daughter's Wine）和"状元红"（Scholar's Wine）上，效果就会大不一样。又如，中国很多古建筑大门前有一雌一雄两个狮子，雌狮子爪子下有一个小狮子，而雄狮子爪子下有一个圆球。许多导游员领旅游者参观时都有意停一会儿，指着这对狮子对旅游者说："Look, this male lion is carefree, he is playing football all day long, but his wife has to take care of the baby all by herself"。这句开门见山的介绍不但会引起旅游者的笑声，而且他们都会对准狮子纷纷拍照，游兴大增。

再来看蓬莱仙阁的导游词，更是吸引客人加速前往：蓬莱阁耸立于山东省蓬莱市的丹崖山上。在蓬莱阁，人们可以观赏到蓬莱十景中两个美妙的景观——仙阁凌空和渔梁歌钓。蓬莱阁直耸在高空中，影子反射在碧蓝的大海中，层层迷雾环绕着山峦，就像是一个梦幻的水上海市蜃楼。站在雾气缭绕的蓬莱阁里，脚下的云彩在浮动，游客会感觉到自己像是对着风浪飘飘欲飞的仙人。站在蓬莱阁下，你会看到探出海面并被称为玉良的珊瑚礁。有时你会发现老人三五成群地站在珊瑚礁上垂钓，他们在自娱自乐，非常开心。除了观赏蓬莱阁，游客还可以体验当地的风俗。庙会是每年的传统活动，农历正月十六被视为天上的皇后（天后）的生日，来自四面八方的当地人要去天后宫祈祷。他们常常扭秧歌、耍龙灯并且踩高跷。

Penglai Pavilion perches on the top of Danya Mountain in the city of Penglai in Shandong province. The Penglai Pavilion is the best place to view two of the Ten Scenes of Penglai—Pavilion in the Air and Fishing and Singing on Yuliang. The Pavilion high up in the air casts its reflection in the blue sea, with ring upon ring mist wrapping the mountainside. It is just like a fantastic mirage written in water. Standing in the Pavilion with mist and clouds floating beneath, visitors will feel like immortals hovering over the waves against wind. Under the Pavilion, reefs rising above the sea surface are called Yuliang. Sometimes you can find old men, in groups of three or five, fishing on the reefs, happy and pleased with themselves. Besides enjoying the area, visitors can experience local customs. Temple Fair is a traditional annual activity. January 16th by the lunar calendar is regarded as the Heavenly Queen's (Tianhou) birthday, so local people from near and far go to Tianhou Palace to pray. And they like to do the yangge dance.play with dragon lights and walk on stilts.

英文导游词翻译在我国还处于起步阶段，多数英文导游词都是在中文资料的基础上进行翻译。由于接受对象不同，英文导游词的翻译应该有别于中文导游词或文学作品，最充分地传达文化信息，吸引外国旅游者，激发他们的旅游兴趣是英文导游词翻译的最终目的。

三、导游词翻译中的语义重构

综观旅游市场需求及旅游相关部门的反馈信息，相当一部分导游人员的旅游英语口语水平无法达到旅游行业用人单位的要求。对于导游人员来讲，外语是工具，而导游词则又是针对性、实践性很强的实用工具。在导游词的翻译中译者应立足于导游服务对象，从专业性和实用性出发，通过多种形式改进导游词的翻译模式和翻译内容，以适应旅游业快速发展的需要。

（一）语义重构与导游词翻译

英语导游的涉外服务性体现了导游词翻译中语义重构的重要性。首先，英文导游语言体现的是一种社会行业语，是由于职业不同而形成的一种语言变异；其次，导游翻译既可以是口译，也可以是视译，这就要求在"信"和"达"的基础上注重景点介绍和旅游生活翻译时的现场观赏；最后，导游翻译语言是借助语言的美传达景物的神韵，从这个意义上讲，导游翻译需在"雅"上下点功夫，这就体现在语义重构的细致推敲中。

导游词翻译中的语义重构有狭义与广义之分。狭义的语义重构是指运用语义成分分析法和语义场的相关原理，在目标语中寻找恰当的语义对等物表达出特有的中国文化事物或现象。作为世界文明古国之一的中国，有着悠久的文化历史传统。祖国的人文历史、民族风情、山水名胜等得天独厚的条件吸引着来自世界各地的旅游爱好者。如何让外国游客高兴而来，满意而归？这就要求译者依据源语的语义特征，在目标语具有相同语义概念的语义场中通过语义的对比筛选，进行语义重构——地道的导游词翻译能够帮助外国游客理解并接受中国文化。

依据德国学者特雷尔提出的语义场理论，语言中的词在词义上是相互联系的，它们共同构成一个完整的词汇系统，也就是我们所说的语义场。而在一个由共同概念支配下组成的语义场中，我们只有通过分析，比较词与词之间的语义关系，才能确定一个词的真正含义。因此，要实现在另一种文化背景下的语义重构，首先应该在源语中确定该词涉及的语义场，再通过语义成分分析法，最终确定恰当的语义对等的表达方式。通过下面的例句，我们可以了解语义重构在导游词翻译中的具体操作。

比如导游对游客说：It's time for us to eat lunch. 这句话从语法上看并没有错误，但听起来别扭，地道的英语表达是"It's time for lunch."英语结构灵活多变，为表达一种语言意义，往往有多种语言形式。如汉语里的"吃"字翻译，大家很自然地想到"eat"。但实际上，"吃"字有着广泛的含义，只有根据其在特定场合下去翻译，才译得合理确切。比如：她吃素（She takes only vegetarian food）；他不吃这一套（He refused to listen to this rubbish）。还有"馒头"一词，对外国游客来讲，他们很好奇，因为在西方文化里没有与"馒头"直接语义对应的词汇。那么，根据"馒头"在中文源语里的语义特征——发酵，麦类，面点食物，圆形或方形，蒸煮而成，可以在英文里找到有类似语义特征的词汇——roll，bread，bun，scone. 对比之下，roll 更接近"馒头"的语义特征。在翻译时导游就可以把"馒头"翻译为"traditional Chinese roll"，现更可直接译成 mantou。

广义的语义重构是以语用意义上的对等为目的，即当表达同一种语用意义时，东西方可能有着语义上完全不同的说法，此时若要在西方的文化背景下恰当地表达出这种语用意义，我们就必须以西方文化背景为准绳，摆脱中文习惯句式的限制，进行语义重构。例如，导游到机场接机，按照众人的习惯，我们通常寒暄说："您一路辛苦了"。如果导游不进行语义重构直接翻译成："I'm afraid you must have had a tiring journey."西方游客会感到很唐突。因为在这种场合，西方人通常说："Nice to meet you."或者是"Did you have a good trip？"

旅游翻译中要实现在另一种文化背景下的语义重构，首先应该在源语中确定该词所涉及的语义场，再通过语义成分分析法，最终确定恰当的语义对等的表达方式。作为实用文体，旅游翻译可以从宽泛的源语语义中提炼旅游翻译语境中常用的部分，通过隐喻、转喻等手段进行语义演变，弥补缺失的语言结构和词语，并使旧词、旧句富有新义。在长期的语言实践中，源语词汇、句子、语篇的组建都有一定的程序和规律，在翻译中译者有必要在建构译文话语中习得词语与结构的表达方式，然后再建构质量更高的话语，如此往复，翻译效果会越来越好。

（二）语义重构中的语码选择与转换

语言变异是社会语言学研究的中心内容。导游词翻译的语义重构就是要探讨并揭示导游语言这一社会语言变体的种种特点与规律。语码的选择与人们的语言习惯、文化心理是紧密联系在一起的。在导游词翻译中，导游交际语码的转换也是一个值得研究的重要问题。交际语码的灵活转换是在导游人员与旅游者双方具有共同的双语或多语的前提下进行的。

一般情况下，导游交际语码在实施旅游活动之前就已经确定了。但在具体导游过程中，因为有共同的双语或多语的语言背景，所以导游人员在导游过程中，可以在需要或必要的时候灵活地进行语码转换。语码转换的形式主要有三种：一种是在正式场合使用规定的导游语码，而在非正式场合使用双方共通的其他语码；另一种是在正式的导游语境中夹杂非规定导游语码；还有一种是在正式场合与非正式场合中多种语码混合使用。

在导游词翻译的语义重构中，导游人员可以根据导游交际的需要灵活地转换语码。首先，导游语码的转换是十分必要的。在导游交际中，如果导游人员在表达中时不时地夹杂一点旅游者的家乡话，那无疑会十分有效地营造亲切融洽的交际氛围，极大地缩短与旅游者之间的心理距离，甚至会得到旅游者的高度认同。其次，导游语码的转换要灵活进行。比如，导游交际中有时可能会遇到一些外语或普通话难以表达准确的事物，这时候如果采用适当的翻译策略就会使译文的语言表达更加通俗易懂、清楚明白。

1. 增词

增词是指为了更好地使译文读者理解某些字、词、句的含义，需要增加一些相关知识，而非其字面意思。增词法主要是对旅游资料中涉及的一些人名、地名、朝代、历史事件或典故等加以说明。旅游资料涉及这些方面的内容时，通晓中国文化的人是很熟悉的。但是外国人却可能知之不多甚至一无所知，若不加以说明，译文读者也许根本就不明白，甚至感到莫名其妙。所以用增词法来增加译文读者的背景知识是非常必要的。例如，据说苏东坡守杭时，常携诗友在冷泉上"书扇判案"。

It is said that the Northern Song Dynasty poet Su Dongpo, when he served as vice governor of Hangzhou, used to go to the temple with his friends. And he is said to have handled a court case in the Cold Spring for the owner of a fan shop, for Su was a famous painter, calligrapher as well as a poet.

原文中只是提及"书扇判案"这个典故。别说外国人，就是中国人，一般的读者也不一定知道这个典故的来历。在翻译时译文里增加了说明苏东坡这个历史人物及"书扇判案"这个典故的内容，有助于译文读者对译文的理解。

2. 加注

加注是用增加说明的方法对原文中难懂的字、词、句的字面意思加以解释，或指出历史人物、年代的具体时间等，并常用括号把这部分说明文字括起来。这种加注法能让读者了解它们的字面意思，增加译文的趣味性。例如，路左有一巨石，石上原有苏东坡手书"云外流春"四个大字。

To its left is another rock formerly engraved with four big Chinese characters Yun Wai Liu Chun（Beyond clouds flows spring）written by Su Dongpo（1037—1101），the most versatile poet of the Northern Song Dynasty（960—1127）.

译文中用加注法补充了对苏东坡所书的"云外流春"这个词语的字面意义的解释，以及苏东坡这个历史人物的生卒年代、生活的朝代，并指出了其历史价值。有了这些加注说明，译文读者就不会感到莫名其妙了。

3. 类比

类比就是把中国的历史人物、事件、典故等与英语文化中类似的东西进行比较。用类似的事物来说明比直译更能使读者读懂和理解。例如，浙江兰溪有一个济公纪念馆，里面写有：济公劫富济贫，深受穷困人民爱戴。（Jigong, Robin Hood in China, robbed the rich and helped the pool）济公在这里被比作英语民族的人都很熟悉的罗宾汉，那么他们读起来不仅好理解，而且还感到亲切。

4. 删减和调整

中国人写文章喜欢做各种历史考证，引用名人名言、古诗词等来强调自己观点的可靠性和增加文采。但是对于外国普通旅游者来说，这些似乎是画蛇添足。他们重在了解风土人情，欣赏美景和增加乐趣，而不是进行考古或专业研究。所以在译文中，在不影响对原文理解的情况下，应删去那些多余的部分，使译文更易懂。例如，这些山峰，连同山上绿竹翠柳、岸边的村民农舍，时而化入水中，时而化入天际，真是"果然佳胜在兴坪"（These hills and the green bamboo and willows and farm houses merge with their reflections in the river and lead visitors to a dreamy world.）。在译文中译者删去了诗句，并对"岸边的村民农舍，时而化入水中，时而化入天际"做了些调整，把汉语原文的诗情画意变成了译文的直接明了。

另外，中文的有些段落句式是汉语的习惯句式，若直译成英文，则有"中式英语"之嫌，不符合英文习惯。因此，有必要对原文进行透彻分析，重新调整，译成通顺的、符合英语习惯的译文。例如，西湖的总面积是5.66平方公里，南北长3.3公里，东西长2.8公里。

With 3.3 km from north to south and 2.8 km from east to west. The West Lake covers a total area of 5.66 square kilometers.

译者把原文中的三个并列短句调整成译文中的状语和一个简单句结构。

5. 解释

这里指的解释是用别的词语或句子,尤其是用更容易理解的词句来翻译,而不是把原来的词句直译成译文。请看下面的例子。

原文:宋代大诗人苏东坡把西湖比作西子。

译　文:Poet Su Dongpo ofthe Northen Song Dynasty(960—1127)compared the West Lake to Xizi, one of the most beautiful women in ancient China.

中国人都知道"西子"即"西施",是中国历史上四大美女之一,并且能马上联想到其无与伦比之美。但是若直译成"Xizi",译文读者是不能理解的,用其解释来代替就容易理解了。

在下面这则导游词的英译中,译者没有采取逐字翻译,而是选择使用了描写性词语,融合多种翻译方法,经过语义重构,把富有魅力的、活生生的峨眉山展现在游客面前。

原文:峨眉山以其宜人的自然景观、深远的佛教文化以及丰富的物种和独特的地貌而闻名天下。因此,峨眉山素有"植物王国""地质博物馆""动物天堂"和"佛教神山"之美誉。走进峨眉山,你会看见连绵的山峰,峰顶树木参天,溪流湍急,百鸟欢唱,彩蝶飞舞。春天,万物复苏,峨眉山坡披上翠绿的衣裳;夏天,百花竞放;秋天,红叶满山;冬天峨眉山被大雪覆盖,俨然一位身穿白色婚纱的清纯新娘。峨眉山终年植被葱绿,加之雨水丰富,地貌奇特,气候多样,土壤结构复杂,为大量物种提供了完美的生存环境。在这里,你可以欣赏稀有的树木,各种各样的花草。这些植物不但使峨眉山秀美迷人,也为动物创造了一个自然仙境。

译文:Mt.Emei is well-known for its enjoyable natural scenery, extensive Buddhist culture, abundant species and unique land form.Thus it gets such titles as "Kingdom of Plants", "Geological Museum", "Animals'Paradise" and "Buddhist Celestial Mountain". Mt.Emei is covered with green vegetation all the year round.Its plentiful rainfall, peculiar land form, varied climate and complicated structured of the soil provide a perfect environment for a great number of species. Here you can admire rare trees, many different flowers and herbs. These plants not only endow the mountain with beauty but also create a natural fairyland for the animals here.

总之,语义重构可以帮助我们探索导游词翻译的新模式,充分调动导游人员语言学习的主动性,有效地提高导游人员在英语语言应用、导游讲解技巧、人文知识传播等方面的技能,从而在整体上提升导游词的翻译质量。

四、译者主体性与导游词的动态翻译

译者主体性已成为当前国内外翻译界研究的热门话题之一。关于译者主体性，国内最早明确论述的是翻译家杨武能先生。他在1987年发表的《阐释、接受与再创造的循环》一文中说道："与其他文学活动一样，文学翻译的主体同样是人，也即作家、翻译家和读者，原著和译本，都不过是他们之间进行思想和感情交流的工具或载体，都是他们创造的客体。而在这整个的创造性活动中，翻译家无疑处于中心的枢纽地位，发挥着最积极的作用。"查明建提出译者主体性是："作为翻译主体的译者在尊重翻译对象的前提下，为实现翻译目的而在翻译活动中表现出来的主观能动性，其基本特征是翻译主体自觉的文化意识、人文品格和文化、审美创造性。"对于译者主体性的定义，众说纷纭。无论哪种解释都充分证明译者在翻译中的主体地位已经受到认可，因为译者在翻译过程中兼具了读者、阐释者和作者的三重身份。因此，翻译中译者主体性能否有效发挥，在很大程度上决定着翻译的成败，也是翻译活动的魅力所在。

导游词是供给导游在旅游途中或是景点等地向游客提供有关旅游目的地信息的讲解服务所使用的材料，其主要功能是帮助游客快捷地了解旅游景点的自然风光、民风民俗、本土特产、风味小吃、历史文化古迹与遗产等。从这一点看，它与一般的旅游手册、读物、宣传手册等资料相似，只是它是借导游之口直接说给游客听的，因而导游词有口语化、简明扼要、通俗易懂的特点。在导游词的翻译中，语境知识和认知因素往往相互作用，形成认知语境，使英文导游词的表达方式非常灵活。鉴于导游服务的功能性和心理服务特点，对外导游不仅要把汉语导游词翻译成英语，还要根据受众对象的特点，进行导游词的灵活动态翻译。此外，东西方的认知差异性、旅游目标情境的多样性以及国外游客的旅游目的性决定了译者在进行导游词翻译时需具有跨文化的使命意识，从跨文化角度对导游词进行语际交换，这一过程也是导游词翻译中译者主体性的有效发挥和具体运用。

（一）译者主体性与译文的语篇性

现代语言学越来越重视语篇整体的翻译研究模式。20世纪80年代初，苏联翻译理论家巴尔胡达罗夫提出，翻译是把一种语言的话语变换成另外一种语言的话语的过程。翻译的对象并不是语言体系，而是语篇。李运兴教授曾指出："译者必须把翻译的篇章当作一个整体来看待。篇章固然是一个个段落、一个个句子组成的，但又比一个个段落、一个个句子的总合多些什么。因为篇章不是语句的机械叠加，而是一种有机的动态的组合"。作为语言学科之外的格式塔心理学认为：翻译时只有把原作当成一个完整意象（块），才能再造完整意象（块）。语篇翻译概念的提出，无疑对传统的"句本位"提出了质疑。也就是说，译者在进行导游词的翻译过程中，除了要发挥译者的主体性之外，还必须以源语语篇为基本单位，树立良好的语篇意识。

1. 语篇重构

语篇之所以不失为一个比较理想的翻译单位，在于它拥有一个较大的舞台——语言情景。Halliday 在《英语的衔接》一书中详尽地阐述了语篇的情景取向，他认为构成语篇的核心要素是语篇所发生的情景（Halliday 和 Hason，2001）。语篇包括语言和情景两个层面，翻译应视语篇的情景取向而定。此外，由于东西方在认知、情感、文化、思维等诸多方面的不同，使得各自的语篇构成也不尽相同。对比"目的语篇"与"源语语篇"，我们即发现两者之间有许多"不对应"或"视觉转移"的地方。汉语语篇通常是先把思想发散出去，常在结尾时点题。而英语语篇开宗明义，直点主题。鉴于汉英语言的语篇构成差异，译者在进行导游词翻译时应对译文语篇结构进行调整，以适合目标语读者的思维方式和阅读习惯。看一个旅游语篇的译文处理：

原文：武夷山风景区"碧水丹山""奇秀甲东南"，历史悠久、人文荟萃、古迹众多，素有"闽邦邹鲁""道南理窟"之誉。

译文：Mount Wuyi Scenic Spot has a karst feature. It is a well-known scenic and historical area.

对源语读者来说，汉语原文起到了揭示武夷山文化底蕴的作用，不可或缺，但对于缺少中国文化背景的目标语读者而言，如此地逐字翻译，信息量会明显过多，使游客感到一头雾水。与其费力不讨好，还不如舍其"形"而取其"意"，达到殊途同归的效果。由此可见，导游词语篇翻译的过程从某种程度上说就是语篇重构的过程。

2. 语篇衔接与连贯

语篇的衔接是语篇的语言特征之一。在准确理解原文的基础上，译者通常会选择地道的词汇搭配和语法结构，以此增加目标语受众的理解力，但是这并不能保证句子和段落就能组成一个通顺而连贯的语篇，因为汉英语言的语篇衔接手段有着巨大差异。连贯是句子依据合理的语义逻辑关系，恰当地连为一体的语篇特征。作为意合语言，汉语语篇中的逻辑连贯关系往往隐含在上下文中，呈"隐性"；而作为形合语言，英语语篇中的逻辑连贯关系则通过句法结构来体现，呈"显性"。因此，译者在进行这种隐性和显性之间的转换时，一方面要忠实于原文的连贯性结构；同时，还要考虑译文的连贯性结构是不是可以得到目标语读者的认可与识别。如下面这个导游词翻译：

原文：蜈支洲岛度假中心有丰富的度假娱乐服务设施，但是更令人驻足忘返的是那干净、宁静的白沙滩。

译文：Wuzhizhou Island Resort provides all the comforts of a vacation resort, and better yet, the beach has white sand, clean and deserted.

在这里，源语语篇中起着上下连贯作用的衔接词是"但是更令人驻足忘返的"，在英语语言里很难找到完全对应的词语，译者在译文中巧妙地使用了"and better yet"，这个短语通俗易懂，起到了很好的承上启下的作用，把源语的神韵给展示出来了。总之，东西方思维理念方式的差异需要译者在导游词翻译过程中对语言形式进行必要的调整和变通，针对因差异性而阻碍连贯性理解的语篇给予补偿，使目标语读者可以连贯性地阅读并理解语篇。

（二）译者主体性与译文的可读性

作为一种重要的对外宣传方式和手段，导游词翻译的最终目的是向国外游客介绍有关中国的旅游文化信息，激发他们到中国参观旅游的兴趣，同时，对外传播中国文化。因此，导游词翻译除了要满足游客对旅游目的地的需求性信息之外，还要兼顾译文的可接受性。可读性强的译文会极大地吸引目标语读者并广泛迅速地实现译文的交际价值。相反，如果译文的可接受性差，目标语读者的兴趣和动力就会受到影响，甚至还会导致目标语读者放弃阅读。因此，译文的语言表达在准确、通俗、明了的前提下，还要能雅俗共赏并富有吸引力，适合不同层次游客的理解和接受，并且能够向游客传递旅游信息和文化背景知识。

1. 适宜性原则

正如德国功能派翻译理论所言，翻译绝不是字符之间的简单替换，翻译是一种有目的的行为（Eugene A.Nida，2001）。该理论认为任何翻译行为都是由翻译的目的决定的，简言之，就是"翻译的目的决定翻译的手段"。只要能达到翻译的目的，译者对原文既可以直译，也可以完全改写，或者采用其他任何翻译策略。译文质量的好坏，并非是看它与原文的等值程度，而是看它对于翻译目的的"适宜性"，即是否有助于在译语情境中实现译文的预期功能。对于有着特殊语言结构的汉语导游词，如何通过翻译进行语言及信息转换而使目标语读者接受是导游词翻译的译者应该认真考虑的问题。

2. 词语释义

具有5000年历史的中华民族保留着很多古代建筑，现存的古代建筑很多都已成为旅游胜地，吸引着无数中外游客前来观赏。然而，一些古建筑的专有名词如坊上、玄宫、宫观、宫室等没有对应的英语单词，这就要求译者在翻译的时候需要依据情景语篇对相关词语认真琢磨，捕捉其中的含义。

原文：莫高窟的几座唐宋窟檐是除山西五台佛光寺正殿外国内现存最古老的木构建筑。

译文：The esves of the caves built during the Tang and Song Dynasties are the oldest wooden structures m China in addition to the Main Hall of Buddhist Temple in Wutai Mountain of Shanxi Province.

"窟檐"一词对我们中国人来讲也比较晦涩难懂，译者用"eaves"来解释它可谓恰到好处;"佛光寺"一词译者取它的内在含义,用"Buddhist Temple"进行了释义,使外国游客一目了然。

3. 意向替位

图式理论告诉我们,人的脑海中存在着先有先在的认知图式(Schema),人们在接触或认识事物时,取决于头脑中已经存在的图式。人们往往依赖已经存在的图式对新信息进行解码和重新编码,输入的信息必须与这些图式相匹配,才能形成新语境下的新图式。图式理论具体表现在语言学里是指不同语言文化的意向替位。譬如西方人常说的"You are a lucky dog"(你运气真好),在中国文化里"狗"是令人生厌的动物,与"好"字搭不上边。意向替位在旅游翻译中时有发生。以旅游景点为例,旅游解说中游客的反应时常左右着导游的表达,导游必须根据具体的旅游目标情景,选择游客最容易理解和接受的语言表达方式来灵活编排说话内容,也就是说,译者在翻译的时候需要进行适当的意向替位,以便达到最佳沟通。记得有一次参观孔子故乡曲阜时,有位外国游客问:It's said that Qufu is the hometown of Confucius. What kind of person is he? 面对游客的好奇,导游说:"Confucius is China's greatest philosopher and also the founder of Confucianism, just like Sakyamuni, the founder of Buddhism." 在英文解说里,导游找到了东西文化的契合点——把孔子比作西方广为人知的佛教创始人释迦牟尼,进行了适时灵活的意向替位。听到这个介绍,游客都哈哈大笑起来,一路上都在有说有笑地谈论着。由此可见,每一种语言都包含着一种独特的文化意向。

4. 创而有度

导游词翻译是一种创造性的认知过程,是"创而有度"的过程。正如巴金先生所言:翻译里面必然包含着创作的成分,所以一种著作的几种译本决不会相同,每种译本里面除了原著者之外,还应该有一个译者自己(丁树德,2005)。"创而有度"是指译者为了帮助目标语读者了解相关背景知识和源语文化,可以在译文里适当增加信息,它是译者发挥主体性和创造性进行再创作的过程。例如:

原文:北京应该是每位旅游者希望游览的地方,这座城市始终如一的给那些来到这里感受它的生命力的人们以能量。

译文:Beijing should be on every traveler's wish list, it invariably energizes those who come here to feel its vitality.

通过英语译文可以看出,译者对源语的词语进行了再创作。在译文里,译者把"每位旅游者希望游览的地方"译为"on every traveler's wish list";把"始终如一的"译成了"invariably",通过译文我们看到了译者的语言风格——语言简洁明了、惟妙惟肖。再看下面这个例子:

原文：在中国众多石窟艺术中敦煌莫高窟荣获"五最"：规模最大，内容最丰富，艺术价值最高，画廊最长，名声传播最远。

译文：Mogao Grottoes are the largest in scale, richest in content, highest in artistic value, longest in its gallery, and most widespread in its reputation. They are a world famous art treasury.

为了增加莫高窟对游客的吸引力，译者在译文的最后又增加了一句："They are a world famous art treasury."（它是世界现存佛教艺术最伟大的宝库。）这句话是对莫高窟的总体概括，显示了它在世界上的地位及魅力。

创造性翻译是译者主体性在导游词翻译过程中的具体运用，然而，进行"创而有度"的翻译对译者来说则更是目标语读者所理解和接受的译文标准。

5．语境对应原则

胡壮麟在 Halliday 的语境框架模式的基础上把语境归为三大类：语言语境、情景语境、文化语境。"语境"属于心理学现象的领域。例如，当我们累了坐在一块岩石上的时候，我们把这块岩石称作"chair"。表面上看这并不符合客观情境，因为岩石不是 chair。由于这句话在听者身上引发了某种心理过程，因此，它建构了一个使用 chair 的最合适语境。英美国家是低语境国家，信息靠语言本身就能得到阐述；而中国是高语境的国家。修辞语使用往往多于英语，而且使用频率偏高。导游词翻译中的语境对应要求译者翻译时不求文字表面的死板对应，而要在两种语言间实现"解释的合理性"和"翻译的和谐性"。翻译是语言交际行为，应追求源语读者和目标语读者有相应的感受，既要忠实原文，又要通顺流畅。因为源语语言和目标语语言在性质和内容上有诸多方面的差异，如果无视这种差异而盲目追求对应，译文的可读性就会大大降低。看下面这段对话：

Tour Guide：Where are you from？

Tourist：I'm from Hong Kong. It's the first time for me to be here.

Tour Guide：The continent now develops very fast.You may come to visit frequently.

Tourist：...

查阅资料可知，continent 泛指陆地，可指任何一块陆地，没有任何感情色彩。但是原文中大陆有其特指意义，特指祖国内地，continent 不能表达浓浓的乡情，相比之下，mainland 或 motherland 更贴切。再看下面这段对话：

Tourist：I heard you got married two years ago, but you look so young. Have you started a family？

Tour Guide：Oh, yes. I married two years ago.

Tourist：I mean if you've had children.

在此对话中，由于 Tour Guide 误解了 family（子女）的含义，导致答非所问。

由此可见，译者除了要表达源语语言的表层次信息外，还需考虑源语的语言文化语境，表达出深层次的文化含义，使译文在听者那里产生与源语相同的效果。

（三）译者主体性与译文的民族性

民族性既存在于源语里，也体现在译文中。译者主体性主张译者在导游词翻译中对源语进行修改调整，而译文的民族性则强调保留源语的民族特色。在认知语境下，如何使译者在进行导游词翻译时平衡两者的关系，关键是译者必须处理好作者—译者—读者之间的互动关系，准确地再现主观和客观"两个世界"，追求译文解释的合理性，从而顺应语言文化交际这一总目标。

1. 归化与异化

归化和异化一直是翻译界争论的焦点之一。德国翻译家施耐尔·马赫在提及归化和异化两种翻译策略时解释说：归化就是让原作走进读者，而异化是让读者走进原作（黄忠廉，2002）。换言之，归化靠近读者，主张意译；异化远离读者，主张直译。看下面两个不同的导游词翻译：

例1：走进世界地质公园感受中国灵秀泰宁。（Welcome to Taining World GeoPark.）

例2：蜿蜒曲折的河流，令人神往的湖泊，还有天山的美妙世界——这一切都可从新疆四通八达。（Rolling rivers, lovely lakes and the wonderful world of the Tianshan Mountains—they are all within such easy reach of Xinjiang.）

在以上两个例子里，译者采取了不同的翻译手段，例1是归化策略，例2是异化策略。针对归化、异化我们先不去管它孰好孰坏，仅从这两个译文不难看出，例1语言简单，让人一目了然；例2描写细致，语言拖拉。

翻译不仅仅是一种语言转换，更是一种跨文化的活动。翻译的其中一大社会功能就是引进差异，包括语言和文化两方面的差异。异化策略试图通过翻译引进异域的文化与语言表达方式，然而，具体到翻译实践中很多时候是行不通的。如汉语的"水中捞月"译为"To fish in the air"，不能直译成"Get moon from water"；"拦路虎"译为"A lion in the way"，也不能直译为"A tiger in the way"。汉英是两种截然不同的语言文字，两者字面上的对应绝不意味着其内涵也对应。

在进行导游词翻译时，译者应有效地发挥其主观能动性，充分考虑具体的旅游情境和英语习惯结构模式，不能一成不变地采用某种翻译手段。当然，强调译者的主观能动性并不能忽视主体性还有受动性。刘宓庆曾指出翻译的整个过程，也就是译者以自己的主观能动性克服客观制约性的过程。我们在理解译者主体性内涵时要避免两种极端：一是无视客体的制约性，过分夸大主体能动性；二是过分强调客体的制约性，完全排除主体能动性。

如位于杭州的旅游景点岳王庙，悬挂于岳庙正门的"心昭天日"被意译为"The loyalty is as bright as sunlight"；位于秋瑾墓上由孙中山题写的"中帼英雄"被直译为"Heroine"。

总之，在导游词的动态翻译中，译者要灵活把握归化和异化的分寸，使二者相辅相成，努力建立东西方语言文化的彼此认同。

2. 保留与删除

为了增加导游词的美感、生动性与吸引力，中文源语导游词随处可见的是民间传说、历史典故和多样化的表达方式（如排比、比喻、拟人），以及引用古诗词等形式。对译者来说，要把中文源语导游词的每一个细节都译成英文是相当困难的。在这种情况下，对于具有民族特色的语言文化是保留还是删除完全取决于旅游目标情景语境。例如，有一次一位导游带领游客登上了万里长城，这时有位外国游客说：It's said the Great Wall fell down by Meng Jiangnv, but why is it still here？听到这话导游开始介绍我们中国人家喻户晓的"孟姜女哭长城"的故事：In the construction of the Great Wall many laborers lost their lives. Meng Jiangnv came to the Great Wall with some clothes of her husband only to fmd that he had died.She was so heart broken and wept so bitterly that part of the Wan fell down. Finally she killed herself by jumping into the sea. 导游还没讲完，很多游客就急着往下走，因为长城上面风很大很冷。其实导游没有必要把孟姜女哭长城的故事讲一遍，只需要告诉游客："It's only a legend. Don't take it seriously."

中国语言总是习惯于把美和图像联系在一起，很少考虑语言的逻辑关系。在创作汉语导游词的时候，为了增加浓厚的文学气息，作者往往采用多种修辞方法，如通过使用成语和俗语以使文章更具吸引力。所以汉语导游词充满了对旅游景点的华丽描述。相比之下，西方人喜欢用简洁的文字。由于东西方的审美差异，要求译者在进行导游词翻译的时候需要对译文做适当修改与调整。正如 Peter Newmark 所说，对非权威性的旅游资料译者有足够的权力来修改、采用或是删除，但是不能歪曲原文意图以免冒犯新读者（Newmark, 2001）。例如：

原文：由于《兰亭集序》的盛名，使本来就有崇山峻岭、茂林修竹，又有清澈急湍、映带左右的兰亭更出名，并因此被誉为"书法圣地"。

译文：The Orchid Pavilion Poems made Orchid Pavilion well known as the sacred place of Chinese Calligraphy.

可以看出，源语里共出现了四个成语，如果把它们都逐个译成英语，外国游客会头晕的。译者在译文里删除了不必要的冗余信息，言简意赅地把"兰亭"这一旅游景点介绍给了大家。对于汉语导游词，译者在翻译的时候，一方面，要保留具有中国特色的实质性信息；另一方面，又要调整与目标语读者接受习惯相悖的无关紧要的信息。

（四）译者主体性与译文的时代性

语言是有时代性的，并且随着时代的发展而发展。例如，在莎士比亚时代，"deer"泛指一切动物（现在专指"鹿"）；19世纪"pen"是指"鹅毛笔"（现在专指"钢笔"）；"cab"是"出租马车"而不是"出租汽车"。在全球一体化的今天，社会日新月异，语言中越来越多的新词语不断出现。如"现代化建设"过去译为"Modernization Construction"，而英美人多用"Modernization Drive"；"敬业精神"原来译作"Devotion"，而现在译为"Commitment"。同时，汉语也出现了很多新词语，诸如"下岗""形象工程""与时俱进"等。这就要求译者在翻译汉语导游词时要顺应语言使用潮流，注意译文词语的更新，关注国外语言使用动态，使译文具有时代气息，更易为目标语读者所接受。

1. 简化原则

随着现代社会人们的生活节奏越来越快，体现在语言上就是用词简单明了，在英语语言里单个词可以取代短语、短语可以取代句子、形容词可以取代名词等等。人们之间的交流不再像以前那样受词性、语法、时态、语态的约束，能做到基本传情达意就可以。最具代表性的句子"好久不见"已经简化为"Long time no see"，取代了传统译文 It's a long time that we haven't seen each other.

语言简练是译者主体性在导游词翻译中的特征之一。例如：

（导游问游客）"你们明白我的意思了吗？"——传统译文：Do you understand what I mean？

现译文：You got me？

（导游指着筷子跟游客说）"你可以试着用下筷子。"

传统译文：You may try to use the chopsticks.

现译文：Go for it！

2. 动感原则

现代社会与以往不同，动感是现实社会的一种精神。当今社会一切都要有活力，语言翻译自然也不例外。语言翻译中的动感原则也叫主体信息突出原则。其目的在于给游客提供感性认识，以唤起其潜在的兴趣。要求译文简洁达意，富有表现力。例如：

（游客赞美黄山）"太漂亮了"

传统译文：It's so beautiful！

现译文：Cool！

（导游对全体游客说）"电话联系。"

传统译文：Let's keep contact by phone！

现译文：Call！

3. 时空原则

时空原则是指译者在特定的时空范围内，以最有效的语言传达相关信息，使目标语读者以最小的努力获得足够的语境效果。它实际上是双关语的灵活使用，在进行导游词翻译时译者要以最佳关联为原则，也就是说，必须做到源语作者和目标语读者的期盼相一致。例如：

（在陶瓷店里，游客说）"太与众不同了！"

传统译文：It's special!

现译文：Colorful!

（在餐厅里，导游问游客）"吃完饭了吗？"

传统译文：Have you had dinner?

现译文：OK?

在这两个译文里，"Colorful"和"OK"都失去了它们各自的本来意义，在特定的时空被赋予了新的含义。导游词翻译不同于传统的翻译，具有非常明显的时代特征，是随着时代的变化而不断变化的，并且涉及了跨文化、跨学科专业的研究。这就要求译者一定要与时俱进、博览群书，了解旅游语篇翻译的最新知识从而灵活地驾驭语言，取得良好的翻译效果。

针对导游词动态翻译的特殊性及英汉两种语言在结构和语言风格上的差别，在进行导游词翻译时，译者需要做必要的语言调整以有效地发挥其主观能动性。汉语源语导游词风格特色多样，这对译者来说是一个很大的挑战。译者必须要仔细阅读并透彻理解汉语源语导游资料，这是导游词动态翻译的重要步骤，在翻译时要根据英汉两种语言的语篇特点，运用一定的方法进行改编。在不影响两种语言的文化信息传播的前提下，确保汉语源语导游词与英文导游词语言在风格和内容表达上的相对一致，这也是导游动态翻译中有效发挥译者主体性的重要前提条件。

五、译者文化先构与导游词的翻译和创作

旅游业的迅速发展对全球的经济文化产生了巨大影响，旅游翻译的地位也逐渐提高。旅游翻译主要用于吸引游客并向游客提供充分信息以激起游客的兴趣并传播中国文化，诱导性和信息性是旅游翻译的两大功能。语言是文化的一面镜子，离开文化因素要全面准确地掌握一个民族的语言是不可能的。王佐良先生曾指出：他（指翻译者）处理的是个别的词，他面对的是两大片文化。东西文化是世界上差异最大的两种文化，英语导游词作为中西文化交流的一种重要渠道，里面富含众多具有鲜明中国文化特色的信息，如四字成语、诗歌、传说、谚语、对联及文化空缺的词汇等等。如何把这些文化信息有效地传达给外国游客，是译者应该考虑的问题。而作为翻译者，母语文化先入为主的优势往往影响着导游

词的翻译和创作。

（一）译者文化先构影响翻译视角，制约着翻译活动，导致译者的思维和译文语言不合逻辑

在进行导游词的翻译和创作时，译者文化先构对其影响主要表现在三个方面：价值观差异、思维方式差异和民族文化缺省。

1. 价值观差异

任何语言都根植于特定的文化背景中，各民族文化上的差异导致文化载体的语言在表达上也存有差异。当双方处于某种特定的社交语境时，不同文化在实施同一言语行为时所采用的语言形式也存在差异。东西方文化和价值观的渊源有别。中国人谦虚有礼、宽容仁义，西方人强调表现自我，重视个人价值。如在中国，称呼他人时不称名而称"姓+职务"，这是中国的礼貌原则，但英美等国家却奉行另一种礼貌原则，即在被称呼人姓前加上 Mr., Mrs., Ms, Miss, Prof. 或 Dr., 倘若按中国的礼貌原则称呼英美人 Manager John, Director Steven, 对方并不认为这是礼貌的表示。同样，"杨绛先生是名人之女"不能直译为 "Mr.Yang Jiang is a famous man's daughter"。因为 Mr 只用于男性，而杨绛是著名女作家，所以，正确的译文应是 "Prof.Yang Jiang is a famous man's daughter"。还有，英美人一般不说 cancer，而说 big C；不说 He is ill，而说 He doesn't feel well.

2. 思维方式差异

有学者认为，翻译活动的基础是人类思维规律的共同性，翻译的本质是共同思维形式的转换。思维方式即思维主体获取、加工和输出思维信息的方式。从总体上说，东方人，尤其是中国人具有较强的综合思维、具体思维和顺向思维方式；而西方人则具有明显的分析思维、抽象思维和逆向思维方式。思维方式的不同，突出反映在语言表达上的差异，正是这种差异，构成了不同民族间交往的障碍。比如同样一句话"他75岁了，可是并不显老"，中国人大多译为 "He is 75, but he doesn't look so old"，而外国人地道的表达是 "He is 75, but he carries his years lightly"。

3. 民族文化缺省

民族文化缺省是一种极具鲜明文化特性的交际现象。这种现象主要出现在中国特色的公示语翻译中，如果译者不能填补译文读者背景知识中的文化空位现象，那就会造成误解甚至不知所云。如前些年我们国人所熟悉的"五讲四美三热爱"被译为 "Five talks, four beauties and three loves"。由于国外较少此类口号，西方读者看完上面的译文根本摸不着门，这就需要译者对译文内容进行解释，弥补文化缺省。戈玲玲将其译为 "Stress on decorum, manners and hygiene, discipline and morals; beauty of the mind, language, behavior and the environment; love of the motherland, socialism and the Communist Party." 译文也许显得过长，但至少不会产生误会，能让人读懂。像"三个代表"若简单地译为"Three Represents"，一定无人能懂，需要对其内容进行补充说明"The CPC represents the development trend of advanced productive forces, the orientation of advanced culture, and the fundamental interests of overwhelming majority of the people in China."还有汉语里的"松竹梅"因其不畏严寒、无所畏惧的精神被称为"岁寒三友"，英文被译为"three companions of winter"若在后面标注上"pine, plum and bamboo"则让人一目了然。

导游词的翻译与创作过程也是信息的语际转换过程，译者必须了解源语语言和译语语言的文化。文化是一个民族信仰、价值、态度、等级、知识、经验及时空观念的总和。其深层次的信仰、价值通过人们的行为规范和准则体现在民风习俗、服饰礼仪、婚丧庆典、节日禁忌等活动形式中。这种具有一贯性、持久性、渗透性的文化影响，已深埋于人的大脑皮层之下，成为集体潜意识。人从生到死，甚至死后的葬礼也摆脱不了文化的制约，由此可见，语言不仅仅是文化的载体。翻译是植根在文化的沃土之上，导游词翻译体现的应是深刻的文化内涵，传递的是丰富的文化信息。我国旅游机构抽样调查显示，26%的外国游客来中国旅游的目的是欣赏历史古迹，56%的游客来中国的目的是为了体验异域文化下的生活方式和风土人情，所以文化旅游翻译需要理性的态度，它是为了满足游客了解中国传统文化需求的理论与实践相结合的翻译。

（二）导游词的翻译与创作中，译者要把具有跨文化思想的内核，译到最近似的自然等值或完全类似

作为旅游活动，不应仅仅满足游客的视觉快乐，还应与文化相对接，提升旅游活动的内在文化品位，传承历史文化。

1. 注重研究文化底蕴，精选关键词语

导游在翻译景点名称时必须持严肃谨慎的科学态度，尤其要注意的是许多景点名称的翻译。由于这些名称源远流长，或经历了历代文人墨客的想象夸张，再加上某些汉字词义的宽泛和指称意义的笼统，翻译时同一个汉字词语在英译时需要根据景点的寓意译为不同的英文词语。这就需要译者对本国文化和语言文字具有较深的了解和研究，选择恰当的词语，避免出现名不副实的情况。对于旅游景点名称的翻译应该注意研究词语的文化底蕴，要观其名，知其实，切忌望文生义。如"大观园"内有个"稻花村"，从字面上看是个村，但实际上它不是一处村落，而是一座古朴的农舍，因此，就不能直译为"Paddy Sweet Village"，宜译为"Paddy Sweet Cottage"。另外，有些景点名称用词典雅，且多有历史渊源，故翻译时要注意查实资料，避免以讹传讹。如杭州的"虎跑泉"的英文译名，包括当地的导游，甚至不少关于杭州著名景点介绍的英文资料和书报杂志中，都将其译为"Tiger

Running Spring"。殊不知"跑"是个多音字,有两个读音、两个意思:一念 pǎo,表示奔,迅速进;另念 páo,表示禽或兽等用爪或蹄刨地。而"虎跑泉"中的"跑"应取"跑"的第二个读音和意思,那么英译名也应是"Tiger-Clawed Spring"或"Tiger Dug Spring"才更准确也更符合其命名的深意。

下面这则导游词介绍了位于西安临潼的华清池,译者在翻译的时候注重词语的选择和使用,导游词内容容易被受众所理解:

原文:坐落在距西安市30公里临潼区境内的骊山北麓的华清池,以它袅娜的春色以及唐玄宗与杨贵妃的浪漫爱情故事而享誉盛名。悠久的历史和位于西安奇妙景观之中的优越地理位置使得它吸引许多游客前来参观、沐浴温泉。

译文:Situated at the northern foot of Mt.Lishan in Lintong County, 30 kilometers from Xi'an, Huaqing Hot Spring is famed for both its dainty spring scenery and the romantic love story of the 10th emperor Li Longji and his concubine Yang Guifei in the Tang Dynasty.Its long history and location among the wonderful landscapes of Xi'an should entice any visitor to visit and bathe in this hot spring.

2. 采用异化策略,加强本土文化传真

对于包含很强文化色彩和民族性的特定形式和表达方式,异化手段最能体现源语的这种民族色彩,使外国游客感到新颖、生动,从而大开眼界,获得知识和启迪。为了满足文化交流的需要,译者在进行导游词的翻译与创作时应尽可能地采用异化策略,最大限度地保留源语中的异质成分,把源语中的信息尽量原原本本地传递给游客。此外,异化手段的运用还能够丰富目的语的语言表达方式,并给目的语文化输入新鲜血液,使目的语的语言和文化不断得以发展,保持活力。在大量的翻译实践中,许多其他民族的文化因素借助于异化翻译手段进入中国,给中国传统文化增添了不少异域文化因子,并极大地丰富了汉语语言,如掉鳄鱼眼泪(to shed crocodile tears)、蜜月(honeymoon)、象牙塔(ivory tower)等通过异化手段翻译过来的表达法早已为人们所熟知和使用。近些年来,美国英语中出现的 Long time no see!(好久不见)、gongfu(功夫)、qigong(气功)等便是汉语文化丰富美国文化的例证。中国灿烂的文明、悠久的历史,一直是国外游客注目之焦点。导游词翻译必须把有关中国文化事物的信息传递给生长于另一种文化环境的游客,以便使他们产生与我们相近的感受。例如,有人把亚洲四小龙译为"four tigers",认为龙(dragon)使西方人产生邪恶怪物的联想,把龙译成 tigers 达到动态对等。然而,中国是龙的故乡,中国人是龙的传人,在中国,关于龙的文化是不应该避开的。因而还是译成 four dragons,并对中国寓意于龙的蓬勃腾飞形象加以解释为好。再者,中国菜肴名称很美,有的因形生名,有的以文化背景或典故命名,外国游客赞叹"poetic"。这些往往需要直

译加以解释。如"霸王别姬"是鳖和鸡做成的一道菜,利用谐音喻著名典故。如直译成"an ancient conqueror parting his lady",闻者莫名其妙;如简单意译成"turtle with chicken",则其优美内涵尽失。可以直译加意译,再加适当的解释,但需言简意赅,使客人感兴趣。

3. 灵活运用归化策略,以客为主

翻译中的归化是把源语中的语言形式和文化因素尽量用目的语中最切近的对等形式来表达,转化为目的语听众所熟悉和了解的形式。这无疑避免了因源语文化和目的语文化的差异而造成的文化冲突和理解障碍,使听众能更好地理解原文,以便于交谈双方的互动性交流。

导游词最为显著的特点是服务游客,所以我们在翻译时要始终遵循服务游客的原则。导游词是以口语形式介绍给游客的,转瞬即逝,考虑到游客的接受性及介绍的现场效果,我们要选择考虑目的语和译文读者的归化策略。也就是说,导游词翻译应尽可能地为外国游客所接受和理解。看下面这句导游词"开元寺建于唐垂拱二年",有的导游译为"The Kai Yuan temple was built in the 2nd year of Chui Gong of the Tang Dynasty",这样的译法想让外国人听懂确实不易,其实,对普通外国游客来说,译为"The Kai Yuan temple was built about 1,300 years ago in the Tang Dynasty"更易理解。但是在运用归化手段处理文化因素时,也应看到,归化手段在降低游客接受及理解难度的同时,也牺牲了源语中不少文化特色,有可能造成大量附载信息的丢失,使游客不能完全领略到源语的风貌和异域文化的原本内涵。比如,对于想学习汉语的外国朋友来说,将汉语成语"她有沉鱼落雁之容、闭月羞花之貌"用归化手段翻译为"She is as beautiful as beautiful can be"或"Her beauty is beyond description"这就不能准确地传达该成语的原汁原味。在这种情况下,导游就应该采用异化手段,将其译为"Her beauty would make the fish sink, the wild geese fall down and the moon hide herself, and put the flowers to shame",以便解释其中包含的文化意味。

总之,在导游词的翻译与创作中,英译工作应保持文化个性,平衡文化效果,并以此为依据和基础,译出历史渊源,译出文化传统,译出纵横区别,既是英译的目的,游客的期待,同时也是全球一体化形式下维护文化多样性的需要。由于在地理位置、自然环境、种族渊源、历史变迁、宗教信仰及经济发展水平等方面存在着很大的不同,因此,中西方文化差异较大。导游词的翻译创作过程实际上是语言的交融及文化整合过程。现在每年全世界有越来越多的人通过旅游了解中国,认识中国。因此,对我国导游从业人员来说,在文化旅游中如何保持其核心要素——文化底蕴,并通过语言作为桥梁和纽带来不断地传承和传播文化历史,是我们应关注的问题。

第五节　生态美学视域下旅游文化负载词的翻译

一、旅游外宣资料翻译中的文化因素

文化是旅游的灵魂，旅游资料中包含的丰富文化内涵，使旅游表现出极大的魅力。现代旅游，实际上是一项以精神、文化需求和享受为基础的综合性大众活动。旅游外宣资料，即旅游对外宣传资料，其功能是向游客介绍旅游地的风景名胜、历史典故、人文习俗，以激发游览兴趣，达到传递文化信息的目的。旅游外宣资料涵盖的信息以文化为主，涉及文化的各个方面，上到天文地理，下到风俗民情，无所不有。其语言也有着文笔优美，讲究意境，擅长运用成语、诗歌、隽句等特点。这些都彰显着中国旅游文化中的独特民族特色。因此，在翻译时，应巧妙地处理这些蕴含在语言当中的文化因素，力争将含有中国文化特色的信息准确传递给外国游客。并坚持两条原则：以中国文化为取向，尽量保留中国文化信息，尽可能多地宣传中国文化；以外国游客的接受能力为重点，旅游外宣翻译的目的就是让外国游客能够欣然接受中国文化，增加旅游兴致。所以译者在翻译时应在不损害原意的基础上，重点考虑外国游客的接受能力，使旅游资料的原语信息最大化被游客所接受。

二、文化负载词及其导致的翻译障碍

语言本身不仅是文化的重要组成部分，也是文化的载体。不同的历史条件、地理环境、宗教信仰、社会习俗，使两种语言中的一些词汇表现出非对应和非重合的现象，他们之间没有语义共鸣，有的只是语义空缺和词汇空缺，这就是所谓的"文化负载词"（culture-loaded or culture-bound words or culturally-loaded words）。"文化负载词"是特定文化范围内的词，是民族文化在语言词汇中直接和间接的反应。翻译这些文化负载词往往使译者在译入语中难以找到与之对应的词语，不得不采用音译或音译加注的方法表达其大概的语义，有的甚至只得"望词兴叹"略而不译。比如，在介绍苏州园林的时候，经常会在宣传资料中看到这样的句子"江南园林甲天下，苏州园林甲江南"。其译文为"Suzhou gardens are the best of those in southern China that are the best of the world"。可见中文文字优美、对仗工整，且富地方特色，但这句话的英译却让人困惑。困惑一：译文中的江南用的是直译（in southern China），显然不符合原文，不够准确。江南，在汉语中，其字面意义为江之南面，在人文地理概念中特指长江以南。在不同历史时期，江南的文学意象不尽相同。这一词汇在英语中并无对应词，这就形成了所谓的词汇空缺。因此，江南只能释义。但这样会使译文过长，既不符合中文原句的句式特点，其含义也无法表达"江南"所承载的文化内

涵。困惑二，此词若用音译，其优点是文字简洁，但大部分外国游客会对此音译名称不知所云，正如陈刚教授所言"我们只能寄希望于跨文化交流的不断深入，外国游客会逐渐接受这个音译词并领会其中所蕴含的文化意义"。因此，在旅游外宣翻译的实践中如何处理好语言中的文化个性，也就成了文化翻译成功与否的关键所在。因此，笔者对旅游外宣资料中文化负载词的翻译提出了三个翻译补偿策略，即增词达意策略、文化对应策略和虚实互化策略。

三、旅游英语中的文化负载词翻译补偿策略的应用

1. 增词达意策略

中国许多旅游景观中的地名、人名、人文典故等都是历史沉淀的结晶，既是中国所特有的也反映着中国独特的语言表达习惯。在翻译中很难找到与之对应的词语。因而，在翻译实践中，译者可根据实际需要，运用适当的手法，如释义、增补背景知识、再创造等对译文进行调整，尽量做到言之有物、言之有理、言之有情、言之有趣。

例如，古代建筑中的"角楼"。角楼是中国古建筑物中常见到的一种辅助建筑，这种建筑主要设于防守式建筑物的棱角转弯之处，故名"角楼"。"角楼"在翻译时，若直译为"Angle tower"就无法体现它的功能性和普遍性，易被游客视为一处景观的名称。因此，可采用增词达意策略，将其翻译为"The watch tower"。

再如，景观名称"江南贡院"江南贡院，又称南京贡院、建康贡院，是中国古代最大的科举考场，因出过唐伯虎、郑板桥、文天祥、林则徐、施耐庵、曾国藩、左宗棠、李鸿章、陈独秀等名士名震古今。而在一些旅游资料中将其直译为"Jiangnan Examination Office"，这种翻译显然是不恰当的，既抹杀了江南贡院的赫赫历史名声，又误导了游客。因此，"江南贡院"的翻译可采用音译加增补背景知识的方法，译为"Jiangnan Gongyuan"（the Place of Imperical Examinations），用适当的背景注释，还原其历史名称。

2. 文化对应策略

著名的翻译家和翻译理论家彼得·纽马克在他的著作《A Textbook of Translation》中阐述了翻译文化负载词的方法——文化对等法（Culture Equivalent），即用译语的文化负载词翻译源语的文化负载词。为使旅游信息在英语游客中产生反响，也可以用"以此比彼"的方法拉近游客与中国文化的距离，使他们产生亲近感，激发他们的游兴。译者可以把中文资料中有关文化的内容转化为外国游客熟悉的同类的译入语文化内容。

例如，在有的外宣资料中，将海南三亚比作东方夏威夷（oriental Hawaii）。

将民间传说中的"梁山伯与祝英台"比作罗密欧与朱丽叶（Romeo and Juliet）；中国的苏州比作东方的威尼斯（Vience of the Oriental）等。

这样，外国游客在自己的文化基础上理解异域文化，既可以较为准确地接受人物及景点名称，更能加深对景观的印象。

3. 虚实互化策略

由于中英旅游外宣文本在表达特征和文体风格上的差异，在翻译表述过程中，译者必须准确把握原文的实质，理解原语和译入语之间的文化差异，结合语境，对原语信息内容进行取舍判断，做到虚实互化、各展其长，使译入语的语言既能够符合其自身文化标准，又能规范并准确地传递旅游外宣翻译的功能，让游客能够欣然接受。实际操作时，译者不妨跳出原文，发挥想象力，使具体的抽象化、抽象的具体化，即做虚实互化的处理。

例如：漫漫长江两岸青葱翠绿的山脉山峰矗立，顶上欲坠的悬崖直入云霄，陡峭险要的绝壁跃上天空，岩石千仞怪异……

如果将原文按直译只会弄得游客一头雾水，不知所云，不妨用虚实互化策略进行翻译，更能体现原文韵味：

Along the banks of the Yangtze River, the high peaks rise in emerald verdure, overhanging rocks tower into the clouds, dangerous cliffs seem to reach the sky, rocks are jagged and grotesque…

附录

中国著名旅游景区中英文名称

北海公园 Beihai Park

故宫博物院 the Palace Museum

天安门广场 Tian'an men Square

毛主席纪念堂 Chairman Mao Zedong Memorial Hall

保和殿 the Hall of Preserving Harmony

中和殿 the Hall of Central Harmony

长城 the Great Wall

午门 the Meridian Gate

紫金山天文台 Purple and Gold Hills Observation okky

紫禁城 the Forbidden City

御花园 Imperial Garden

颐和园 Summer Palace

天坛 Temple of Heaven

周口店遗址 Zhoukoudian Ancient Site

太和殿 the Hall of Supreme Harmony

祈年殿 the Hall of Prayer for Good Harvest

少年宫 the Children's Palace

烽火台 the Beacon Tower

人民大会堂 the Great Hall of the People

清东陵 Eastern Royal Tombs of the Qing Dynasty

乾清宫 Palace of Heavenly Purity

民族文化宫 the Cultural Palace for Nationalities

劳动人民文化宫 Working People's Cultural Palace

北京工人体育馆 Beijing Worker's Stadium

仙人洞 Fairy Cave

黄果树瀑布 Huangguoshu Falls

避暑山庄 the Imperial Mountain Summer Resort

龙门石窟 Longmen Stone Cave

苏州园林 Suzhou Gardens

庐山 Lushan Mountain

天池 Heaven Pool

大雁塔 Big Wild Goose Pagoda

华山 Huashan Mountain

峨眉山 Emei Mountain

石林 Stone Forest

白马寺 White Horse Temple

布达拉宫 Potala Palace

大运河 Grand Canal

滇池 Dianchi Lake

杜甫草堂 Du Fu Cottage

都江堰 Dujiang Dam

黄花岗七十二烈士墓 Mausoleum of the 72 Martyrs

华清池 Huaqing Hot Spring

昭君墓 Zhaojun's Tomb

毛泽东故居 Mao Zedong's former Residence

周恩来故居 Zhou Enlai's former Residence

岳阳楼 Yueyang Tower

武侯祠 Temple of Marquis

黄鹤楼 Yellow Crane Tower

黄山 Huangshan Mountain

天下第一关 the First Pass Under Heaven

桂林山水 Guilin Scenery with Hills and Waters

秦始皇兵马俑 Qin Terra-Cotta Warriors and Horses Figurines

参考文献

[1] 曹波. 类型学视野下的旅游翻译 湖南旅游资源对外译介研究 [M]. 长沙：湖南师范大学出版社，2017.

[2] 陈刚. 旅游翻译 [M]. 杭州：浙江大学出版社，2014.

[3] 陈莉. 中西旅游文化与翻译研究 [M]. 北京：中国商务出版社，2018.

[4] 陈清贵，杨显宇. 翻译教程 [M]. 成都：电子科技大学出版社，2006.

[5] 程尽能，吕和发. 旅游翻译理论与实务 [M]. 北京：清华大学出版社，2008.

[6] 丁大刚. 旅游英语的语言特点与翻译 [M]. 上海：上海交通大学出版社，2008.

[7] 耿秀萍. 生态翻译学及其批评体系研究 [M]. 长春：吉林人民出版社，2017.

[8] 韩竹林，果笑非. 生态翻译学及其应用研究 [M]. 哈尔滨：哈尔滨工程大学出版社，2015.

[9] 胡庚申. 生态翻译学 建构与诠释 [M]. 北京：商务印书馆，2013.

[10] 胡锐，任虹. 旅游英语翻译实训教程 [M]. 北京：机械工业出版社，2012.

[11] 纪俊超. 旅游英语翻译实务 [M]. 合肥：中国科学技术大学出版社，2014.

[12] 贾延玲，于一鸣，王树杰. 生态翻译学与文学翻译研究 [M]. 长春：吉林大学出版社，2017.

[13] 金惠康. 跨文化旅游翻译 [M]. 北京：中国对外翻译出版公司，2006.

[14] 李明，卢红梅. 语言与翻译 [M]. 武汉：武汉大学出版社，2010.

[15] 林竹梅. 旅游翻译理论与实践 [M]. 北京：对外经济贸易大学出版社，2014.

[16] 刘安洪，谢柯. 传播学视阈下的旅游翻译研究 [M]. 北京：外语教学与研究出版社，2014.

[17] 吕和发，等. 文化视域下旅游翻译 [M]. 北京：外文出版社，2011.

[18] 彭萍. 实用旅游英语翻译 英汉双向 [M]. 北京：对外经济贸易大学出版社，2016.

[19] 桑龙扬，赵联斌. 跨文化旅游营销翻译 [M]. 南昌：江西人民出版社，2017.

[20] 夏康明. 旅游文化汉英翻译概论 基于功能目的论视角下的跨文化旅游翻译研究 [M]. 北京：中国社会科学出版社，2013.

[21] 徐丹. 旅游英语文化透视与翻译解析 [M]. 成都：四川大学出版社，2018.

[22] 杨贤玉，乔传代，杨荣广. 旅游英汉比较与翻译 [M]. 武汉：武汉大学出版社，

2014.

[23] 岳中生 . 生态翻译学理论应用研究 [M]. 北京：中国水利水电出版社，2018.

[24] 张潮，吴叔尉 . 翻译跨文化旅游研究 [M]. 北京：中国文史出版社，2013.

[25] 张东东，姜力维 . 功能翻译理论与应用笔译研究 [M]. 哈尔滨：哈尔滨工程大学出版社，2015.

[26] 张杏玲 . 生态翻译学视域下彝族文化的外宣翻译研究 [M]. 北京：中国社会科学出版社，2018.

[27] 朱慧芬 . 生态视域下的商务英语翻译理论与实践研究 [M]. 北京：北京理工大学出版社，2013.

[28] 朱梅 . 旅游英语与翻译实践研究 [M]. 石家庄：河北人民出版社，2017.